Theorien der Verfassung zur Einführung

Christoph Möllers/Sabine Müller-Mall

# Theorien der Verfassung zur Einführung

JUNIUS

Junius Verlag GmbH
Stresemannstraße 375
22761 Hamburg
www.junius-verlag.de

Umschlaggestaltung: Florian Zietz
Titelbild: Jacques-Louis David,
Le Serment du Jeu de paume (1791)
Printed in the EU 2024
ISBN 978-3-96060-332-0

Bibliografische Information der Deutschen Nationalbibliothek
Die Deutsche Nationalbibliothek verzeichnet diese Publikation in der
Deutschen Nationalbibliografie; detaillierte bibliografische Daten
sind im Internet über http://dnb.dnb.de abrufbar.

# Zur Einführung ...

... hat diese Taschenbuchreihe seit ihrer Gründung 1977 gedient. Zunächst als sozialistische Initiative gestartet, die philosophisches Wissen allgemein zugänglich machen und so den Marsch durch die Institutionen theoretisch ausrüsten sollte, wurden die Bände in den achtziger Jahren zu einem verlässlichen Leitfaden durch das Labyrinth der neuen Unübersichtlichkeit. Mit der Kombination von Wissensvermittlung und kritischer Analyse haben die Junius-Bände stilbildend gewirkt.

Seit den neunziger Jahren reformierten sich Teile der Geisteswissenschaften als Kulturwissenschaften und brachten neue Fächer und Schwerpunkte wie Medienwissenschaften, Wissenschaftsgeschichte oder Bildwissenschaften hervor. Auch im Verhältnis zu den Naturwissenschaften sahen sich die traditionellen Kernfächer der Geisteswissenschaften neuen Herausforderungen ausgesetzt. Diesen Veränderungen trug eine Neuausrichtung der Junius-Reihe Rechnung, die seit 2003 von der verstorbenen Cornelia Vismann und zwei der Unterzeichnenden (M.H. und D.T.) verantwortet wurde.

Ein Jahrzehnt später erweisen sich die Kulturwissenschaften eher als notwendige Erweiterung denn als Neubegründung der Geisteswissenschaften. In den Fokus sind neue, nicht zuletzt politik- und sozialwissenschaftliche Fragen gerückt, die sich produktiv mit den geistes- und kulturwissenschaftlichen Problemstellungen vermengt haben. So scheint eine erneute Inventur der

Reihe sinnvoll, deren Aufgabe unverändert darin besteht, kompetent und anschaulich zu vermitteln, was kritisches Denken und Forschen jenseits naturwissenschaftlicher Zugänge heute zu leisten vermag.

*Zur Einführung* ist für Leute geschrieben, denen daran gelegen ist, sich über bekannte und manchmal weniger bekannte Autor(inn)en und Themen zu orientieren. Sie wollen klassische Fragen in neuem Licht und neue Forschungsfelder in gültiger Form dargestellt sehen.

*Zur Einführung* ist von Leuten geschrieben, die nicht nur einen souveränen Überblick geben, sondern ihren eigenen Standpunkt markieren. Vermittlung heißt nicht Verwässerung, Repräsentativität nicht Vollständigkeit. Die Autorinnen und Autoren der Reihe haben eine eigene Perspektive auf ihren Gegenstand, und ihre Handschrift ist in den einzelnen Bänden deutlich erkennbar.

*Zur Einführung* ist in der Hinsicht traditionell, dass es den Stärken des gedruckten Buchs – die Darstellung baut auf Übersichtlichkeit, Sorgfalt und reflexive Distanz, das Medium auf Handhabbarkeit und Haltbarkeit – auch in Zeiten liquider Netzpublikationen vertraut.

*Zur Einführung* bleibt seinem ursprünglichen Konzept treu, indem es die Zirkulation von Ideen, Erkenntnissen und Wissen befördert.

Michael Hagner<br>
Ina Kerner<br>
Dieter Thomä

# Inhalt

**Anhang**

# Einleitung

Mit dem Begriff der Verfassung werden institutionelle Versuche beschrieben, die Ausübung politischer Herrschaft zugleich zu begründen und zu begrenzen. Dabei handelt es sich um kein einfaches Unterfangen. Zum Ersten ist schon nicht klar, wie die Begründung einer Ordnung funktioniert. Wie schafft man soziale Fakten? Sind Verfassungen – mit einem Ausdruck der viel jünger ist als die moderne Verfassungstradition – »konstitutive Normen« (Austin 1975: 53–66), also Normen, die neue soziale Fakten etablieren? Zum Zweiten wäre zu verstehen, wie sich Begründung und Begrenzung zugleich denken lassen. Kann eine begründende Gewalt nicht alles ändern, was sie begründet hat? Oder anders gefragt: Wie kann eine Ordnung gleichzeitig begründet und auf Dauer gestellt werden?

Trotz solcher theoretischer Anfechtungen hat sich die Idee der Verfassung in der Praxis als höchst wirkmächtig erwiesen – seit dem Aufkommen moderner Verfassungen mit den Revolutionen in den USA, Frankreich und Haiti um 1800 haben sich Ideen, Begriffe und Formen von Verfassung über den gesamten Erdball verbreitet. Nahezu jeder Staat hat eine Verfassung, ob geschrieben oder ungeschrieben.

*Dass* ein Staat eine Verfassung hat, sagt wiederum relativ wenig über den Zustand seiner politischen Ordnung, darüber, welche Rechte Bürgerinnen dort haben oder wie demokratisch dieser Staat ist. Denn Verfassungen können verschieden gestaltet und von unterschiedlicher Relevanz für die politische Praxis sein. Lassen sich die Vielfalt empirischer Verfassungen, ihre unterschiedlichen normativen Aspirationen und die Diversität ihrer Begründungsfiguren auf den einen Begriff der Verfassung bringen?

Diese Fragen sind alt, sie müssen allerdings für jede Gegenwart wieder neu und anders aufgerollt werden. Mit dieser Einführung werden wir keinen fertigen Begriff der Verfassung anbieten und auch keine Anleitung, um einen solchen Begriff zu bestimmen. Stattdessen machen wir uns auf die Suche nach Spuren der Begriffsbildung: historisch, theoretisch, entlang des empirischen Materials. Auf diese Weise wollen wir zugleich Wegpunkte einer Theoriebildung um das Phänomen der Verfassung markieren und gewissermaßen beiläufig einen Überblick über Begriffsgeschichte, institutionelle Erträge von Verfassungsentwicklungen und gegenwärtige Theorien der Verfassung geben. Es wird sich zeigen, dass es ganz und gar keine triviale Aufgabe ist, Ausgangspunkte einer solchen Theoriebildung zu beschreiben, sobald man die Verfassungserzählung der Moderne verabschiedet hat.

Aber wie kann eine Theorie der Verfassung aussehen? Zunächst ist eine solche Theorie nicht mehr als eine Bestimmung des Begriffs der Verfassung. Damit wird klar, dass Verfassungstheorie die Theorie eines Typs sein muss, von dem es mehr als ein Exemplar gibt. Es ist sinnlos, über ein einzelnes Phänomen zu theoretisieren, so wie es keine Theorie einer individuellen Person geben kann. Hinter dieser trivialen Beobachtung verbirgt sich ein praktisches Problem der verfassungstheoretischen Forschung, weil der Weg, Verfassungstheorie zu betreiben, heute nicht selten darin besteht, eine bestimmte Verfassung zu betrachten und von dieser ad hoc zu abstrahieren. Konkret bedeutet dies, dass viele aktuelle Verfassungstheorien eigentlich nur eine bestimmte, häufig die US-amerikanische Verfassung als Modell verwenden, um von dieser auf alle anderen Verfassungen zu schließen. Dies hat einiges mit der – freilich seit längerem schwindenden (Law 2012: 785–809) – politischen und akademischen Dominanz der angloamerikanischen Welt zu tun, während derer die Kenntnis des US-amerikanischen Verfassungsrechts auch als gemeinsame Sprache diente, mit deren Hilfe sich Verfassungsrechtlerinnen anderer Ordnungen miteinander zu verständigen suchten. Solche Theorien mit beschränkter Grundierung durch Phänomene gibt es aber auch in anderen Ordnungen als in der amerikanischen. Sie zeigen sich etwa in der Tendenz der deutschen verfassungsrechtlichen Literatur, die weitestgehende Kontrolle politischen Handelns durch ein Verfassungsgericht für den Endpunkt einer grundsätzlich erstrebenswerten Entwicklung zu halten.

Dagegen muss eine Theorie der Verfassung, die nicht allein eine Beschreibung einer spezifischen Verfassung sein will, stets eine Theorie verschiedener historischer oder gegenwärtiger Verfassungen sein, so wie die Verfassungstheorie bei Aristoteles mit einer Sammlung von Verfassungen beginnt (Aristoteles 1991 [4. Jh. v. Chr.]: Pol. 1278b, dazu Stourzh 2007: 83 f.). Dass Verfassungen synchron für eine historische Epoche verglichen werden können, ist dabei nicht bestritten. Weniger klar ist, ob auch historische Verfassungen für die Theorie der Verfassung ergiebig sein können. Wenn sich die Geschichte nicht wiederholt, könnte man daran zweifeln. Doch hat der Anspruch auf die Einmaligkeit der Gegenwart auch etwas mit dem Fortschrittsglauben zu tun, der das revolutionäre Verfassungszeitalter kennzeichnet und der in unserer Gegenwart an Überzeugungskraft verloren hat. Wenn aus liberalen Verfassungen autoritäre werden können, und dies lässt sich ohne Weiteres beobachten (→ Autoritärer Konstitutionalismus), dann mag es auch ergiebig sein, vergangene Verfassungen als Material für die Verfassungstheorie der

Gegenwart zu nutzen. Ob Beiträge zu einer solchen Theorie historisch, qualitativ, quantitativ, vergleichend oder begrifflich-deduktiv vorgehen, kann dabei zunächst offenbleiben.

Eine Theorie der Verfassung kann auf dieser Grundlage ganz unterschiedliche Fragen beantworten und Funktionen erfüllen, so wie der Begriff »Theorie« sehr unterschiedliche Bedeutungen annimmt (Abend 2008: 174–181): Theorien können schlicht begriffliche Raster über die Art und Weise bilden, wie Verfassungen ausgestaltet sind und wie sich diese Ausgestaltungen quantitativ verteilen. Sie können die Wirkungen untersuchen, die eine konstitutionelle Regel hat oder auch nicht hat. Sie können klären, auf welche Art von Rechtfertigung sich Verfassungen berufen und inwieweit diese nachvollziehbar ist. Verfassungstheorie ist insoweit ein methodisch und disziplinär offenes Feld, das von Juristinnen, Philosophen, Historikerinnen, Soziologinnen und Ökonomen betrieben wird (zu einer neueren Kartografie des Gebiets Bumke 2023). Diese Einführung wird Verfassungstheorie aber enger verstehen und nicht jedwede Form der Theoriebildung über Verfassungen, sondern Theorien über den Begriff der Verfassung selbst behandeln.

Dieser Konzentration liegen zwei Beobachtungen zugrunde: Zum einen bedeutet Verfassung immer mehr als die Summe ihrer Regelungen, Ordnungsmuster und tatsächlichen Wirkungen. Verfassungen verbinden in graduell sehr unterschiedlichen Relationen normative Ansprüche mit politischen Zielen. Ob sie Ordnungen gründen oder stabilisieren, mit einer Rahmung versehen, Minderheitenpositionen oder die »Mitte« (Voßkuhle/Wischmeyer 2016: 27–48) eines Gemeinwesens repräsentieren und verstärken sollen, ob es sich bei einer entsprechenden Konstellation überhaupt um eine Verfassung handelt – solche Einordnungen können regelmäßig weder aus Verfassungstexten unmittelbar herausgelesen werden, noch ergeben sie sich aus einer spezifischen sozialgeschichtlichen Situation. Sie bedürfen einer begrifflichen Fundierung, die entsprechend konkrete Aussagen abzuleiten erlaubt (und nicht umgekehrt).

Zum anderen, dies ist die zweite Beobachtung, kann der Begriff der Verfassung weder einen andauernden Zustand noch einen diskreten Zeitausschnitt zum Gegenstand haben, denn jede Verfassung ist zugleich holistischer Entwurf und Prozess. Dabei reicht es zu kurz, Verfassung und Verfassungswirklichkeit gegeneinanderzustellen oder einer eigentlich unbelebten »papierenen« Verfassung politische Lebendigkeit zuzuordnen, um den komplexen Zeitbezug des Begriffs der Verfassung in den Griff zu bekommen. Eine Verfassung ist immer schon zeitlich in alle Richtungen verstrickt. In die Vergangenheit, wenn sie bestehende Ordnungen stabilisiert, in die Zukunft, wenn sie ein Gemeinwesen verändern soll, und in die Gegenwart, die jede normative Anordnung einer Verfassung tatsächlich herausfordert. Diese Verstrickung ist keine auszublendende Nebensache, sondern ein wesentliches Merkmal von Verfassungen.

Verfassungstheorie im hier verstandenen Sinne geht es also um die Frage, was wir unter einer Verfassung verstehen können. Was bedeutet es, sinnvoll von Verfassung zu sprechen – und nicht (bloß) von einer politischen Ordnung, einem Rechtekatalog oder einer Reihe staatsorganisatorischer Prinzipien? Welche Probleme löst der Einsatz von Verfassungen? Und welche Antworten liefern Theorien der Verfassung auf diese Fragen?

Die vorliegende Einführung wird solche in vielem noch nicht ausgelotete Fragestellungen in fünf Schritten angehen. Im ersten werden wir den Begriff der »modernen Verfassung« betrachten, der in der Verfassungstheorie oft als historischer und systematischer Ankerpunkt verwendet wird. Bei genauerer Hinsicht wird sich allerdings zeigen, dass schon die hier unterstellten Kontinuitäten in der Gegenwart schwer zu halten sind und viele Probleme des Verfassungsbegriffs verdecken, die bereits in seinen Ursprüngen um 1800 angelegt sein dürften. Nicht nur ist der Begriff der »modernen Verfassung« um 1800 ein anderer als der Begriff der Verfassung heute. Auch schon damals war die Verfassung ein umstrittenes und vieldeutiges Projekt. Außerdem sind viele vermeintliche Errungenschaften des »modernen« Verfassungsbegriffs Erfindungen der Zeit nach 1945 und damit nicht nur wesentlich jünger, sondern auch weniger beständig (siehe Kapitel I).

Wenn mit dem Begriff der »modernen Verfassung« Unterstellungen transportiert werden, die sich nicht von selbst verstehen, so zeigen Stichproben in die antike und vormoderne Verfassungsgeschichte nicht notwendig etwas ganz Anderes, sondern vielmehr ein Interesse an Problemen, die auch für die Gegenwart von Bedeutung sind, die aber in der Moderne in den Hintergrund gedrängt wurden. Fragen wie die, ob es auch unverfasste politische Ordnungen geben kann oder ob eine Theorie der Verfassung auch fundamentale Wechsel der Legitimationsgrundlagen mitdenken kann, dürften in der Gegenwart an Bedeutung gewinnen (siehe Kapitel II).

Heute werden Verfassungen oft als verfestigte Institutionen verstanden, die dem politischen Prozess einen »Rahmen« (Böckenförde 1991 [1983]: 50) geben. Damit verbindet sich die Idee der Verfassung als gerichtlich überprüfbarer höchster Rechtsnorm, die bestimmte Institutionen wie Gewaltenteilung und Grundrechte mithilfe bestimmter Formen wie einer verbrieften Urkunde oder einer erschwerten Änderbarkeit absichert. So wichtig solche Institutionen für den Verfassungsbegriff sind, dürfen sie doch nicht nur als institutionelle Stabilisierung verstanden werden, sondern auch als Medien der Anpassung an sozialen Wandel und als Mittel politischer Veränderung. Veränderung durch Politik wird durch Verfassungen nicht nur begrenzt, sondern auch formalisiert und damit ermöglicht. Verfassung ist eben nicht nur ein normatives Gegenüber, sondern ein Prozess, in dem Institutionen erst geschaffen werden (siehe Kapitel III).

Verfassungstheoretische Begriffe wie »Vorrang der Verfassung« oder »Grundrechte« sind Ergebnis einer Abstraktion, ja einer Idealisierung, in der um der Öffnung verfassungsrechtlicher Tatbestände willen von bestimmten Zusammenhängen abgesehen wird. Beispielhaft: Rechte berechtigen jedes Rechtssubjekt, unabhängig von Herkunft, Klasse oder Geschlecht, oder die Bedeutung der Gewaltenteilung ist gegenüber der politischen Orientierung der Mehrheit gleichgültig. Verfassungstheorien der Gegenwart verbindet, dass sie sich unter verschiedenen Aspekten skeptisch zu solchen Formalisierungen verhalten. Wir sprechen von postformalen Theorien, die mit unterschiedlicher Berechtigung behaupten, dass es sehr wohl darauf ankommen kann, wer mit welchem Vorverständnis oder mit welcher Vorbelastung auf konstitutionelle Institutionen trifft (siehe Kapitel IV).

Entwicklungen wie Digitalisierung, Klimawandel und Migration verändern schließlich das soziale und politische Substrat, auf das sich eine Verfassung bezieht. Auf der einen Seite erscheint es schwierig, angesichts solcher Entwicklungen auf den Begriff der Verfassung einfach zu verzichten, auf der anderen Seite dürfte der Begriff in Zukunft einmal mehr seine Bedeutungsmöglichkeiten verändern (siehe Kapitel V).

Immer geht es uns in der Darstellung darum, von einem zu einfach auf Verfestigung und Verrechtlichung setzenden Verfassungsverständnis abzukommen, ohne deswegen Verflüssigung und Beweglichkeit zu idealisieren oder Institutionelles zu unterschätzen.

Eine zentrale Annahme unserer Darstellung liegt darin, dass Verfassungen über ihr Verfassen verstanden werden müssen – dass der Begriff der Verfassung nicht einfach einen Zustand oder eine Norm beschreibt, sondern immer auch einen Vorgang, das

Verfassen eines Gemeinwesens. Verfassungen schaffen neue institutionelle Realitäten. Der Prozess dieses Schaffens produziert einerseits institutionelle Verfestigungen. Andererseits kann eine Verfassung, wenn der Begriff zugleich dieses Hervorbringen und sein immer nur vorläufiges Produkt beschreibt, nicht einfach als abgeschlossen behandelt werden. Es geht dann um einen Zustand, eine *Konstitution* in ständiger Entwicklung. Eine solche Sicht begründet auf der einen Seite Zweifel gegenüber einer schlichten Gegenüberstellung von Norm und Wirklichkeit für die Verfassungstheorie, sie gibt auf der anderen Seite dem Begriff der Verfassung aber auch einen eigenen, über die Rechtsform hinausgehenden Gehalt – und versucht auf diese Weise, ihn aus einem zu eng geratenen Korsett moderner Begriffsentwicklung zu befreien. Verfassungen sind Formen, in denen Gesellschaften politische Institutionen begründen, begrenzen und wieder neu begründen und begrenzen. Aus dem sozialen Zusammenhang dieses Prozesses lassen sich Verfassungen nicht ohne Weiteres herausnehmen und der Gesellschaft als objektivierte Norm gegenüberstellen. Die Form des Rechts, die Normativität festzuhalten sucht, lädt zwar zu dieser Vorstellung ein, aber Verfassungen fügen sich dem nicht unbedingt. Sie konfrontieren die Form des Rechts vielmehr beständig mit tatsächlichen, von ihnen selbst begründeten und ermöglichten sozialen und politischen Entwicklungen. Trotzdem kann man mit Verfassungen einen normativen Anspruch verbinden, der zumindest behauptet, sich gegenüber der Gesellschaft, der die jeweilige Verfassung ursprünglich entstammt, durchsetzen zu können. Es ist dieser Zusammenhang, die Entkoppelung der Verfassung von ihren Entstehungsbedingungen, die gleichzeitig die Rückbindung an diese voraussetzen muss, der die Theorie der Verfassung zu einem intellektuell interessanten Projekt macht.

# I. Die »moderne Verfassung« – Grenzen eines Begriffs

Wenn wir heute von »Verfassung« sprechen, verwenden wir einen Begriff, von dem oft behauptet wird, dass er ein Produkt der Revolutionen des späten 18. Jahrhunderts sei. Es geht um die »moderne Verfassung« (McIlwain 1947; Mohnhaupt/Grimm 1995: 2–5), von der nicht nur in Bezug auf Verfassungen, die um 1800 entstanden sind, die Rede ist, sondern regelmäßig auch, wenn es um wesentlich jüngere Verfassungen geht. Allerdings hat sich die Welt, wenig überraschend, in den letzten zwei Jahrhunderten dramatisch verändert und es wäre seltsam, wenn dies nicht auch für Begriff und Praxis der Verfassung gelten sollte. Um genauer zu verstehen, worüber wir sprechen, wenn wir von »Verfassung« sprechen, dürfte es daher ergiebig sein, Verfassungsbegriffe um 1800 solchen der jüngeren Gegenwart gegenüberzustellen. Es kann dabei weniger um eine vergleichende Begriffsanalyse gehen – dazu sind die Einsätze der Verfassungsbegriffe historisch, politisch, aber auch in ihren räumlichen Anknüpfungspunkten zu verschieden. Im Vergleich zwischen den Anfängen des modernen Verfassungsdenkens und seiner Hochzeit in der jüngeren Vergangenheit, die wir um das Jahr 2000 herum ausmachen, zeigen sich viele Differenzen. Doch lassen sich Spuren des Verfassungsbegriffs extrahieren, die um 1800 zu erkennen sind und auch um 2000 herum noch das begriffliche Feld strukturieren – die also Anhaltspunkte für eine allgemeine Begriffsbildung und ihre Probleme markieren. Beginnen wir mit einer Konfrontation zwischen dem Damals und dem Heute.

## Verfassung um 1800

### *Drei Ambivalenzen*

Der Begriff der Verfassung, der »Konstitution«, ist vor den Revolutionen in Frankreich, den Vereinigten Staaten und Haiti durchaus in vielen Sprachen geläufig, doch verbinden sich mit ihm ambivalente Gehalte.

Eine erste Ambivalenz: Der Gebrauch des Verfassungsbegriffs kann entweder beschreibend oder normativ sein. Verfassung verweist *einerseits* auf einen institutionellen Zustand, auf die Ordnung so, wie sie ist, vergleichbar der medizinischen Bedeutung von körperlicher Verfassung (Mohnhaupt/Grimm 1995: 25–32) – der Konstitution. Ein solches körperliches Bild findet sich noch in den *Federalist Papers* der amerikanischen Verfassungsväter (Hamilton/Madison/Jay 2009 [1787–1788]: 187 f. [Federalist Nr. 38], dazu Stourzh 2007: 89 f.). Die »Verfassung Deutschlands« ist auch nach der Revolution für den Hegel des Jahres 1802 der Hinweis nicht auf eine Norm, sondern auf den traurigen Zustand des absterbenden Heiligen Römischen Reichs Deutscher Nation (Hegel 1998 [1799–1803]: 161–165). Verfassung in diesem beschreibenden Sinne kann auch als schwache Sortierung vielfältiger Ordnungselemente verstanden werden – als Begriff, der verschiedene institutionelle Praktiken und Regeln zusammenfasst, ohne sie zu vereinheitlichen. Beispielsweise wurde unter »Verfassung« auch eine Gesetzessammlung verstanden.

*Andererseits* aber wird mit dem Begriff im Laufe des 18. Jahrhunderts immer öfter kein Zustand, sondern eine Norm bezeichnet, die bestimmt, wie eine politische Ordnung aussehen *soll*. Die normative Bedeutung von Verfassung wird schon vor den Revolutionen verwendet, aber selten. Eine später viel zitierte Definition des Völkerrechtlers Emerich de Vattel aus dem Jahre 1758 zeigt den kommenden Wandel im Gebrauch bereits beispielhaft an: »Die grundlegende Regel, die die Art bestimmt, in der die öffentliche Autorität ausgeübt werden soll, ist es, was die Verfassung eines Staates ausmacht« (Vattel 1863 [1758]: 153).[1]

Beide Bedeutungen gehen auf verschiedene Ursprünge zurück – einerseits wird im England des 17. Jahrhunderts der Ausdruck *constitution* vom natürlichen auf den politischen Körper übertragen, und andererseits nimmt die Bezeichnung der *fundamental laws* als *fundamental constitutions* auf den römisch-rechtlichen und später auch kirchenrechtlichen Terminus *constitutiones* (königlich bzw. päpstlich erlassene Gesetze) Bezug (zum Ganzen Stourzh 1989: 11). Der Begriff der Konstitution setzt sich bis zum Beginn des revolutionären Zeitalters in den europäischen Staaten und in Amerika durch, allerdings können die beiden unterschiedlichen Bedeutungsstränge miteinander verschleifen. Es ist wie oft in Rechtssätzen auch für den Gebrauch des Ausdrucks »Verfassung« nicht immer eindeutig, ob ein Ist- oder ein Soll-Zustand zum Ausdruck gebracht oder gar beide Ebenen angesprochen werden sollen. Beispielsweise formuliert der Satz »Die Würde des Menschen ist unantastbar« eine Norm des Grundgesetzes, verwendet aber beschreibende Sprache, die nach einer Feststellung klingt.

Ein klares Indiz für eine normative Bedeutung liegt jedenfalls in einem kritischen oder negierenden Gebrauch des Verfassungsbegriffs, also dann vor, wenn ein Zustand als verfassungswidrig, als unkonstitutionell, bezeichnet wird. Genau dieser negierende Einsatz des Verfassungsbegriffs markiert gerade die spezifisch moderne Begriffsbildung um 1800. In der bis zu den

Revolutionen einflussreichen aristotelischen Staatsformenlehre wird die Ablösung verschiedener Verfassungsformen als Aufstieg oder Verfall beschrieben, etwa als der Übergang von der Aristokratie zur Demokratie (→ Das wertvolle Erbe der Mischverfassungslehren). In einem solchen Modell gibt es keinen verfassungswidrigen Zustand, sondern nur die Mischung von verschiedenen oder den Wandel von einem konstitutionellen Paradigma zum anderen. Auch die Behauptung, die Verfassung selbst sei in irgendeiner Weise verfehlt, wie sie sich in der Frühneuzeit öfters findet (vgl. Stourzh 2007: 85 f.), denkt noch nicht in verfassungswidrigen, unkonstitutionellen Zuständen. Denn in dieser Feststellung wird die Verfassung gerade nicht als *Maßstab* verwendet, sondern sie ist *Gegenstand* einer normativen Beurteilung. Ein Kriterium dafür, dass eine Verfassung »falsch« ist, kann entsprechend nicht aus der Verfassung abgeleitet werden. Die Behauptung, ein Zustand sei verfassungswidrig, bleibt vor der revolutionären Epoche eine Seltenheit. Eine bekannte Äußerung dieserart findet sich in der englischen Revolution, wenn James Whitelocke 1610 feststellt, dass die Zollprärogative James I. »against the natural frame and constitution of the policy of this kingdom« sei »and so subverteth the fundamental law of the realm« (Tanner 1961: 260). Aber das bleibt eine Ausnahme. Erst mit den Revolutionen wird sich dies ändern: »Unconstitutional« wird in den 1760er Jahren in den amerikanischen Kolonien ein gängiges Wort (Stourzh 2007: 95 f.). Aus der Verfassung wird damit langsam ein normativer Begriff, der seine deskriptiven Gehalte gleichwohl nicht vollständig verliert.

Eine zweite Ambivalenz kennzeichnet den frühen Gebrauch eines modernen Verfassungsbegriffs. Eine Verfassung kann konservativ oder transformativ sein. Sie kann einen bereits etablierten Status quo beschreiben und festhalten oder eine ganz neue politische Ordnung etablieren. Die Debatten in den revolutionären Generalständen im Paris des Frühsommers 1789, deren bürgerlicher Teil sich zur Nationalversammlung ausrufen wird, zeigen diese Ambivalenz (Baker 1990: 253 und passim). Man wird sich in diesem Forum schnell darüber einig, dass das Ziel der Verhandlungen die Verabschiedung einer Verfassung sein soll, aber zugleich herrscht Uneinigkeit, ob diese Verfassung den Status der Monarchie bewahren, reformieren oder – erst später – gar abschaffen soll. Damit kann eine Verfassung zunächst sowohl als Vehikel der Konservierung der politischen Verhältnisse als auch als ein solches des Wandels, und zwar des allmählichen, der Reform, oder des drastischen, der Revolution, dienen (contra Arendt 2020 [1963]: 216 f.).

Dies hängt – und darin liegt eine dritte Ambivalenz des Verfassungsbegriffs – auch damit zusammen, dass es in dieser Epoche zunächst noch alles andere als selbstverständlich ist, eine Verfassung ändern zu können (Dreier 2009: 37–40). Die monarchischen Staatsfundamentalgesetze, die die zentralen Regeln der Monarchie, namentlich die Erbfolge, festschrieben und deren lose Zusammenstellung oder Ordnung mitunter auch als »Verfassung« bezeichnet wurden (Dippel 2021: 345 ff.), galten allgemein als unabänderbar (Hofmann 1986: 276 f.), obwohl sie offensichtlich irgendwann in die Welt gekommen waren. Verfassungen konnten demnach entstehen und sich inkrementell entwickeln, trotzdem wurden sie als nicht veränderungsoffen verstanden. Vor den Revolutionen war es zumindest verbreitet, mit dem Begriff der Verfassung eine bestimmte institutionelle politische Praxis zu bezeichnen, in die man nicht einfach ändernd eingreifen konnte, wenn sie sich auch allmählich wandeln mochte. Dass Großbritannien eine politische Ordnung hat, wenn auch keine, deren Gehalt in einem einzigen geschriebenen Dokument zusammengefasst wurde, wird auch von den Zeitgenossen der vorrevolutionären Epoche festgestellt (Pocock 1987

[1957]: 30). Doch ist der Begriff Verfassung nur einer unter vielen, um diesen Sachverhalt zu bezeichnen, andere Begriffe sind verbreiteter, etwa der des »Instrument of Government« (Dippel 2021: 33 f.; Stourzh 2007: 90 ff.).

Diese drei Ambivalenzen – Sind Verfassungen normativ oder deskriptiv? Sind sie konservativ oder transformativ? Sind sie änderbar oder permanent? – hängen offensichtlich miteinander zusammen. Denn nur wenn eine Verfassung als Norm verstanden wird, wird mit ihr auch die Fähigkeit verbunden, die politischen und sozialen Zustände zu beeinflussen. Wenn man tatsächliche Begebenheiten aber mithilfe einer Verfassung verändern kann, dann liegt es auch nahe, diesen Veränderungsanspruch dadurch zu verstetigen, dass sich auch die Verfassung selbst ändern lässt. »Das entscheidende Neue was durch die französische Revolution in die Welt gekommen ist, ist das Aendern-Dürfen und das Aendern-Wollen« (Burckhardt 2009 [1859]: 19), stellt Jacob Burckhardt in seinen Vorlesungen zum revolutionären Zeitalter fest. *An diesem Anspruch, die Verhältnisse durch Politik zu ändern, hängt der Bedeutungswandel der Verfassung um 1800.*

Den Ambivalenzen des Begriffs einer »modernen Verfassung« kann man eine Unterscheidung zur Seite stellen. Verfassungen müssen weder Ergebnis einer Revolution sein noch eine revolutionäre Veränderung einleiten. Verfassungsstrukturen können durch eine politische Zäsur hergestellt werden oder in einem allmählichen Prozess des Verfassens entstehen. Dabei kann auch die *revolutionär* entstandene Verfassung die alten Verhältnisse festschreiben, während die allmählich *evolutionär* entstandene Verfassung (Luhmann 1990) zu tiefen Transformationen führen kann. Verfassungen müssen also nicht immer Ausdruck eines revolutionären Anspruchs sein, der mit allen überkommenen Elementen politischer Herrschaft bricht. Viele Figuren der Französischen Revolution wollten eine neue Verfassung mit dem alten

König. Auch die Geschichte der amerikanischen Verfassunggebung ist nicht so eindeutig revolutionär (Nelson 2014: 2–9). Der Bruch mit den britischen Kolonialherren war nicht für alle Beteiligten absolut, schließlich konnte – und wollte – man Großbritannien nicht einfach abschaffen, es blieb als außenpolitische Größe erhalten, mit der die neue Republik umzugehen hatte. Zudem war die bis heute geltende amerikanische Bundesverfassung kein revolutionäres Gesetz, sondern ein Vertrag, der zwischen den bestehenden Staaten der neuen Union abgeschlossen wurde. So bleibt das Verhältnis zwischen Revolution und Verfassunggebung einsinnig: Nicht jede neue Verfassung war (und ist) revolutionär, aber jede (gelungene) Revolution führt zu einer neuen Verfassung. Dabei ist schließlich nicht zu vergessen, dass der Begriff der Revolution selbst in der Epoche seine Bedeutung wandelt und erst dort zu einem »geschichtsphilosophischen Perspektivbegriff« wird, der nur eine historische Entwicklungsrichtung kennt, während er zuvor die Art von Kreisbewegung bezeichnete, die institutionell in den Mischverfassungstheorien beschrieben wurde (Koselleck 1979: 70, 78; → Mischverfassungstheorien).

*Vordemokratische Festschreibungen*

In den schnellen Übergängen der revolutionären Epoche gerät trotz dieser Ambivalenzen ein bestimmter Begriff der Verfassung in den Vordergrund: die Urkunde, die als Ergebnis eines beschleunigten politischen Umbruchs mit demokratischer Legitimation eine neue Ordnung konstituiert und dieser zugleich einen normativen Spiegel vorhält. Die Verfassung ist dann die höchste Norm, die diese Ordnung anleitet, indem sie Gewaltenteilung und Grundrechte garantiert und mit einem Vorrang gegenüber allen anderen rechtlichen Regelungen einer Ordnung ausstattet (Wahl 1981: 485 ff.; Schönberger 2011: 386–392;

Müller-Mall 2023: 34 ff.). Bevor man sich in diesem Begriff der Verfassung aber zu schnell einrichtet und ihn gar zu demselben Begriff erklärt, der auch im 21. Jahrhundert noch angemessen wäre, sind Relativierungen angebracht.

Denn auch unmittelbar nach den beiden Revolutionen in Frankreich und den USA führen die allermeisten Verfassungen tatsächlich *nicht* zu einem in gleicher Freiheit geschaffenen demokratischen Rechtsstaat, sondern sind Ergebnis einer Vereinbarung zwischen sozialen und politischen Kräften, etwa Verträge zwischen dem König und den Ständen oder Beschlüsse einer Versammlung, die vom Monarchen in Kraft gesetzt werden. Nicht zufällig ist die dominante nachrevolutionäre Regierungsform in Verfassungsstaaten auf der ganzen Welt bis zum Ersten Weltkrieg die konstitutionelle Monarchie (Kirsch 1999). Die Verfassungen kommen, aber die Königinnen bleiben. Die in der Verfassungstheorie notorisch überrepräsentierten Fälle der Vereinigten Staaten und Frankreichs nach der Restauration können nicht darüber hinwegtäuschen, dass die meisten neuen Verfassungen, wie zum Beispiel die dänische Verfassung von 1849, einen König oder eine Königin einbauen, den oder die es bereits vor der Verfassung gegeben hat. Nun kann man darüber streiten, ob ein verfasster Monarch nicht etwas ganz Anderes darstellt als ein unverfasster und in diesem Sinne »absoluter« – wenn er denn vorher wirklich völlig unverfasst war. Dieser Streit um die Bedeutung der konstitutionellen Monarchie wurde im 19. Jahrhundert politisch und akademisch ausgiebig geführt; aber unabhängig von seinem Ausgang ändert die Debatte nichts an der historischen Situation. Die meisten Verfassungen sind gemischt legitimiert. Die Idee der demokratischen Ordnung, die gar durch eine Revolution eingeführt wird, wurde erst nach dem Ersten Weltkrieg in vielen Ländern praktisch nachgeholt. Denn mit zwei zu diesem Zeitpunkt einsetzenden und miteinander zusammenhängenden Entwicklungen wird die Verfassunggebung auf einmal viel deutlicher zum Gegenstand revolutionärer Zäsuren: zum Ersten mit dem Untergang des Feudalismus in Europa und dem Zusammenbruch der großen Reiche Österreichs-Ungarns, Russlands und des Osmanischen Reichs und zum Zweiten mit dem Beginn einer intensiven, dann insbesondere nach dem Zweiten Weltkrieg an Fahrt aufnehmenden Phase der Dekolonisierung (vgl. Osterhammel/Jansen 2012: 43–45).

Die Revolutionen um 1800 stehen also durchaus am Anfang einer konstitutionellen Bewegung, die aber weder stetig auf eine bestimmte Modellverfassung hinausläuft noch sich global gleichmäßig oder gleichförmig ausbreitet. Zu verschieden sind die Ausgangssituationen, auslösenden Momente und Reichweiten von Verfassunggebungen, um hier von einer einheitlichen Verfassungsentwicklung auszugehen. Trotzdem lässt sich bei aller Diversität von einer konstitutionellen Bewegung sprechen, geben sich in diesem geschichtlichen Verlauf die allermeisten Staaten auf der Welt eine Verfassung – ein in dieser Streubreite wohl nur mit der Entwicklung von Staatlichkeit vergleichbarer Vorgang. Hinzuzufügen ist aber, dass vor dem Ersten Weltkrieg viele Territorien nicht als Staaten, sondern als Kolonialreiche organisiert sind, in denen die Kolonien nicht in die Verfassungsordnung einbezogen wurden.

Die Verfassungen des 19. Jahrhunderts enthalten Organisationsstatute, die die Befugnisse von Königen, Ministern, Gerichten und Parlamenten regeln und die in Föderationen die Kompetenzen zwischen den staatlichen Ebenen verteilen. Sie enthalten oft, wenn auch längst nicht immer, einen Katalog an Grundrechten. Hatte Art. 16 der Französischen Deklaration der Bürger- und Menschenrechte festgelegt, dass eine Ordnung ohne Grundrechte und Gewaltenteilung »gar keine Verfassung« hätte, so war damit ein sehr spezifischer normativer Begriff der Verfassung formuliert worden, im dem eine Verfassung nicht nur eine Norm, sondern eine bestimmte Norm sein musste. Diese Auffassung sollte einen Siegeszug erleben, der die Vorstellung von dem, was in eine Verfassung gehört, bis heute prägt – gleichwohl aber in der historischen konstitutionellen Entwicklung nicht immer den empirischen Verfassungen entsprach (→ Rechte und Grundrechte).

Der Erlass der Verfassung kann wiederum als ein politisch ambivalentes Ereignis verstanden werden. Einerseits kommt die politische, wenn nicht die revolutionäre Bewegung mit der Verfassung an ihr Ziel. Andererseits endet mit dieser Zielerreichung die revolutionäre Bewegung. Deswegen ist es kein Zufall, dass die Verfassunggebung besonders für die Art von Politik zum Anliegen wird, die beides zugleich will, die Errungenschaft des politischen Umbruchs bewahren, aber diesen Umbruch nicht auf Dauer stellen, sondern zugunsten einer Stabilisierung beenden. Zwischen rechts und links positioniert, wird die nachrevolutionäre Verfassungsbewegung des 19. Jahrhunderts vornehmlich ein Produkt des politischen Liberalismus sein, der eine geordnete Staatsform und eine Sphäre bürgerlicher Freiheit sichern will (→ Liberalismus).

Als demokratisch sind diese Verfassungen nicht angemessen verstanden, weil sie keine allgemeinen Freiheiten, insbesondere kein allgemeines Wahlrecht anerkannten, sondern in aller Regel unterschiedliche Formen der Exklusion nicht allein von Frauen, sondern auch von Männern ohne hinreichendes Eigentum vorsahen, wenn sie nicht sogar Sklaverei und andere Formen der Ausbeutung begünstigten. Selbst in Frankreich wurde die 1794 verfasste Abschaffung der Sklaverei bis 1848 nicht umgesetzt (Sala-Molins 2006: 69 ff.). Die Liberalen, die sich im Europa des 19. Jahrhunderts für die Konstitutionalisierung der Monarchie einsetzten, wollten zumeist kein allgemeines Wahlrecht. Frauen,

Arme und Kolonisierte hatten für sie »noch« nicht die Fähigkeiten, die es gestatten würden, ihnen politische Selbstbestimmung einzuräumen. Als das allgemeine Wahlrecht dennoch eingeführt wurde, verschwanden die liberalen Parteien in Europa weitgehend von der politischen Bildfläche.

Schließlich waren diese Verfassungen, selbst wenn sie einen normativen Anspruch erhoben, nur in einem eingeschränkten Sinn auch als *Rechts*normen zu verstehen. Für manche Verfassungstraditionen, namentlich die Vereinigten Staaten, wurde die Rechtsform früh wichtig, für andere, wie die französische, viel weniger (Dippel 2021: 14ff.). Die Normativität des Verfassungsrechts war außerhalb der Vereinigten Staaten maßgeblich eine politische Normativität, die eine neue Ordnung schaffte, welche sich in Form der parlamentarischen Gesetzgebung verwirklichen sollte. Dass Verfassungsnormen zum Gegenstand gerichtlicher Verfahren wurden, war außerhalb des amerikanischen Kontinents (zu Lateinamerika Gargarella 2012) bis zur Epoche nach dem Zweiten Weltkrieg relativ selten. Als politische Gründungsurkunden setzten Verfassungen Organe ein und gaben namentlich dem Gesetzgeber Aufträge wie jenen, bestimmte Rechte zu schützen, ohne dass diese sich gerichtlich durchsetzen ließen. Auch wenn viele Verfassungen des 19. Jahrhunderts einen Grundrechtsteil haben, gibt es in der Regel keine Gerichtsbarkeit, die den Gesetzgeber verpflichten kann. Das erste Verfassungsgericht mit einer eigenen ausdrücklichen Kompetenz zur Normenkontrolle und damit zur Grundrechtsdurchsetzung entstand im Februar 1920 in der damaligen Tschechoslowakei (Techet 2023: 300ff.), Vorläufer finden sich in Lateinamerika, namentlich in Kolumbien (in Art. 214 der Verfassung von 1886, Nagle 1995: 68) und in der, freilich so nicht ausdrücklich vorgesehenen, Spruchpraxis des US Supreme Court. So spielen auch in den Konflikten des 19. Jahrhunderts zwischen dem Monarchen und der Volksvertretung, die als »Verfassungskonflikte« in die deutsche Verfassungsgeschichte eingegangen sind (Boldt 1990: 106 ff.), Gerichte keine entscheidende Rolle. Gewonnen werden diese Konflikte von der über die politischen Gewaltinstrumente verfügenden Exekutiven, egal ob ein Gericht interveniert hat, wie in Hessen, oder nicht, wie in Preußen. Am Ende des langen 19. Jahrhunderts hat der politische Liberalismus eine bürgerliche Welt von Verfassungsstaaten geschaffen, deren Verfassungen den Verfassungen der Gegenwart zwar ähnlich sehen, ja mitunter wie in den USA sogar formell mit diesen identisch sind – und die doch ganz anders funktionieren.

## Verfassung um 2000

### *Normative Funktionalisierung von Verfassungen*

Um 1800 verändert sich, wie gesehen, der Begriff der Verfassung von einer Zustandsbeschreibung hin zu einem normativen Begriff. Diese Entwicklung ist nicht allein von theoretischer Relevanz, sondern markiert einen manifesten verfassungsgeschichtlichen Umbruch, der von revolutionären Situationen wesentlich vorangetrieben wird, hin zu einem modernen Konstitutionalismus der westlichen Welt. 200 Jahre später, um das Jahr 2000 herum, ist der Verfassungsbegriff weit davon entfernt, noch einmal ähnlich weitreichende Umdeutungen zu erfahren. Gut eine Dekade nach dem Ende des Kalten Krieges sind die Konturen dessen, was Verfassung genannt wird, jedenfalls auf den ersten Blick wesentlich deutlicher als jemals zuvor. Der Begriff der Verfassung wird ganz überwiegend normativ verstanden. Verfassungen sind schriftliche, beurkundete Gründungs- oder Folgedokumente. Die spezifische Verbindung von Grundrechten und Organisationsstatut, wie sie die Französische Revolution hervorgebracht hatte (→ Verfassung um 1800), prägt den Inhalt nahezu jeder Verfassung und wird nicht immer, aber häufig von einer demokratischen Einrahmung sowie Bezügen zur Rechtsstaatlichkeit ergänzt. Die Triade aus Demokratie, Grundrechten und Rechtsstaatlichkeit bildet den inhaltlichen Kern jener als Norm begriffenen Verfassung, die ein Gemeinwesen fundiert und ordnet.

Fast alle Staaten der Welt verfügen zu Beginn des dritten Jahrtausends über eine solche Verfassungsurkunde. Zwar verzichten einige wenige Staaten, Großbritannien, Israel, Neuseeland und Saudi-Arabien, weiterhin auf eine geschriebene Verfassung, sie *haben* aber gleichwohl eine Verfassung. Die Frage, ob ein Staat eine Verfassung hat oder nicht, wird obsolet.

Weniger einheitlich sieht es mit Blick auf die Beschreibung der *normativen Funktion* von Verfassungen um 2000 aus, wenn es um die Frage geht, was eine Verfassung im Verhältnis zu dem Gemeinwesen, das sie formiert, leistet. Die Ähnlichkeit der meisten Staatsverfassungen scheint zwar ähnliche Funktionen für ihre jeweiligen Gemeinwesen auszuweisen. Wenn alle Verfassungen staatsorganisatorische Regelungen und grundrechtliche Garantien enthalten, demokratische Grundprinzipien formulieren und rechtsstaatliche Verfahren etablieren, dann zeigt sich darin möglicherweise eine solche Ähnlichkeit. Eine solche Annahme erweist sich allerdings als Kurzschluss. Staaten haben zwar fast immer Verfassungen, sie werden aber nicht immer von diesen Verfassungen *normativ* wirkungsvoll formiert.

Auch wenn der Prototyp westlich-liberaler Verfassung zur Norm gemacht wird, vervielfältigen sich die Möglichkeiten, Verfassung normativ zu funktionalisieren und dadurch für unterschiedliche Zwecke einzusetzen. Ginsburg/Simpser unterscheiden verschiedene Techniken, Verfassungen zu instrumentalisieren: beispielsweise als »billboards« oder als »window dresser«, als »operating manuals« oder als »blueprints« (Ginsburg/Simpser

2013: 6 ff.). Verfassungen müssen nicht unbedingt rechtsnormativ bindend sein, um eine politische Signalwirkung zu haben (»billboards«), sie können tatsächliche politische und rechtliche Praktiken nach außen vertuschen und so etwa einer autoritären, auf basale Legalitätsprinzipien verzichtenden Staatspraxis ein liberales Angesicht geben (»window dresser«).

Die ubiquitäre Verbindung von Staatlichkeit und Verfassung, also das Verständnis eines Staates als notwendigerweise *verfassten* Staates, ist damit so richtig wie normativ belanglos. Ihr lassen sich keine Rückschlüsse auf den Begriff der Verfassung mehr entnehmen. Gleichzeitig gilt diese Verbindung von Staatlichkeit und Verfassung nur in eine Richtung als gesetzt; die Frage, ob eine Verfassung notwendig auch einen Staat voraussetzt, ist bis in die Gegenwart hinein umstritten (→ Globaler Konstitutionalismus).

Um die Jahrtausendwende verlagert sich also die Frage des Verfassungsbegriffs von einem Differenzierungsproblem – ist die Verfassung normativ oder deskriptiv? – hin zu einem Problem der internen Verhältnisbestimmung solcher Ansprüche: Es geht um die Frage, wie sich normative Ansprüche, Festschreibungen von Herrschaftsverhältnissen oder Aspekte der Außendarstellung einer Ordnung zueinander verhalten. Das ist die Frage nach der normativen Funktion einer Verfassung. Unterschiedliche Funktionen, die Verfassungen erfüllen können oder sollten, werden nun zu einem Problem des Verfassungsbegriffs selbst. Der Begriff der Verfassung kann normative wie deskriptive Aspekte enthalten, wie wir bereits gesehen haben. Um einzelne, konkrete Verfassungen aber verstehen und beurteilen zu können, sind Aussagen darüber zu treffen, wie sich mit einer Verfassung verbundene normative Ansprüche und tatsächliche, empirisch beobachtbare Zustände eines Gemeinwesens zueinander verhalten. Oder anders gesagt: Angesichts der Vielfalt von Verfassungen um 2000 wird die Frage zum Kriterium ihrer Einordnung, welche konkrete normative Funktion Verfassungen jeweils für das von ihnen verfasste Gemeinwesen ausüben. Gründen sie beispielsweise ein Gemeinwesen, organisieren sie seine Herrschaftsformen oder buchstabieren sie wesentlich ein Legalitätsprinzip aus, das Teil einer Normenhierarchie ist und vorwiegend juridisch genutzt wird? Letztlich muss für jede Theoriebildung über Verfassung um 2000 deswegen die Frage nach dem Verfassungsbegriff zu einer Frage nach der Funktion und der Funktionalisierung von Verfassung werden.

Das Problem, ob eine Verfassung den Zustand einer politischen Gemeinschaft nur beschreibt oder eine Norm darstellt, die diese Gemeinschaft bindet, orientiert oder formiert, taucht also in anderer Weise wieder auf: Verschafft eine Verfassung einem Staat ein liberales Antlitz, um dahinter autoritäre, antiliberale Strukturen zu verdecken? Oder beschreibt eine Verfassung einen normativ angestrebten politischen Zustand, der bislang noch von der tatsächlichen Situation eines Staates abweicht? Die Problemverlagerung macht sichtbar, dass ein normatives Verständnis von Verfassung immer in einem wie auch immer ausbuchstabierten Verhältnis zum tatsächlichen Zustand steht und es für jede Theorie der Verfassung darauf ankommt, dieses Verhältnis genauer zu beschreiben (→ Normativität und Praxis). Wenn normative Verfassung und tatsächlicher politischer Zustand eines Gemeinwesens unterschieden werden, dann gilt es, dieses Verhältnis eben nicht mehr als rein begriffliches Problem, wie es sich in der Frage nach dem normativen oder deskriptiven Verfassungsbegriff um 1800 zeigte (→ Drei Ambivalenzen), sondern über Mechanismen normativer Funktionalisierung zu verhandeln.

Entlang unterschiedlicher Formen normativer Funktionalisierung lassen sich mindestens drei Typen normativer Verfassung beschreiben: *politische*, *legale* und *nominale* Verfassung – diese sind idealtypisch zu fassen, weil sie selten in reiner Form auftauchen. Die Unterscheidung ist terminologisch angelehnt an Karl Loewensteins Unterscheidung von normativer, semantischer und legaler Verfassung (Loewenstein 1957: 147 ff.). Loewenstein hatte in seiner Verfassungslehre zwischen einer Verfassung, die lediglich eine bestehende Machtkonfiguration formal fasst, ohne Einfluss auf sie zu nehmen (semantisch), und einer Verfassung, die die Ausübung politischer Herrschaft tatsächlich formiert (normativ), sowie einer Verfassung, »die zwar positivrechtlich gültig ist, aber nicht oder nicht in vollem Umfang zur Anwendung kommt« (nominal), unterschieden (Loewenstein 1951/1952: 403 f.). Anders als in Loewensteins Verfassungslehre ist unsere Unterscheidung stärker funktional gedacht und von jeder ontologischen Klassifikation gelöst. Auch die nominale Verfassung lässt sich dann, anders als die semantische Verfassung, als einer normativen Funktion folgend verstehen (konkret schafft sie insbesondere Institutionen und Ämter), die allerdings ungleich schwächer wirkt als legale oder politische normative Funktionen von Verfassungen. Wir gehen davon aus, dass diese funktionale Unterscheidung es erlaubt, normative Wirkungsverhältnisse von Verfassungen differenzierter darzustellen.

*Politische Verfassungen* gründen Gemeinwesen, organisieren Herrschaft und formulieren Maßstäbe für Gesetzgebung und Verwaltung, ohne dieselben unbedingt justiziabel zu halten. Revolutionsverfassungen haben typischerweise in diesem Sinne einen deutlich politischen Charakter. Die französische Revolutionsverfassung von 1791 etwa wollte den französischen Staat als eine konstitutionelle Monarchie neuformieren, enthielt zahlreiche Regeln für deren Organisation und bezog die Erklärung der Menschen- und Bürgerrechte von 1789 programmatisch mit ein, ohne eine Verfassungsgerichtsbarkeit zu kennen.

*Legale Verfassungen* fungieren als (oberste) Rechtsnorm einer politischen Ordnung (→ Normhierarchien), die zentral auf ein

Legalitätsprinzip setzt, welches die legale Verfassung wiederum auch auf sich selbst anwendet. Jedes staatliche Handeln muss gesetzmäßig sein, um auch verfassungsgemäß sein zu können, die Beurteilung eines Handelns als verfassungsgemäß/verfassungswidrig erfolgt wiederum juridisch. Die Verfassung selbst wird also zum Gesetz, das sich so behandeln lässt wie jede andere Rechtsnorm auch. Beispielhaft lässt sich das deutsche Grundgesetz als eine Verfassung heranziehen, die wesentlich in diesem Sinne legal funktioniert: Jedes staatliche Handeln ist an die Regeln des Grundgesetzes gebunden und kann durch das Bundesverfassungsgericht auch daran überprüft werden.

Die *nominale* Verfassung schließlich wirkt weder politisch gründend noch rechtlich bindend. Ihre normative Funktion richtet sich an die rechtliche oder politische Umgebung eines Staates, an die ihn umgebende Staatengemeinschaft, manchmal auch an die eigene Bevölkerung. Sie kann beispielsweise anderen Staaten die Gründung eines *bestimmten* politischen Gemeinwesens signalisieren und/oder rechtlich die Umsetzung völkerrechtlicher Verpflichtungen markieren, ohne jedoch gleichzeitig eine politische oder legale Normativität in das von ihr – eben lediglich *nominal* – verfasste Gemeinwesen zu entfalten (siehe zum Ganzen unter dem Begriff des Symbolischen allerdings Neves 2022, insb. ebd.: 38 ff.). Eine nominale Verfassung kann auch nach innen wirken, wenn sie politische Kräfte, die eine Verfassung einfordern, ruhigstellt, ohne damit eine politisch gründende oder rechtlich bindende Verfassung des Staates zu etablieren. Eine solche Verfassung hat dann eine restabilisierende Funktion. Dennoch handelt es sich eben um keine Pseudoverfassung, weil sie auch normative – etwa politisch besänftigende – Zwecke erfüllt. Sie kann allerdings auch so weit entfernt von jeder Praxis sein, dass ihre normative Wirkung marginal ist und nur noch der Text übrig bleibt. So hat Nordkorea eine Verfassung, die den Bürgerinnen eine ganze Reihe an grundrechtlichen Garantien, darunter etwa Rede- und Versammlungsfreiheit, verspricht, ohne dass innerhalb oder außerhalb von Nordkorea jemand diesen Versprechen normative Wirkungen irgendeiner Art entnehmen dürfte (Elkins/Ginsburg/Melton 2013: 141).

Diese Typen normativer Funktionalisierung von Verfassungen lassen sich kaum in Reinform beobachten. Vielmehr stehen sie oft in einer einzigen Verfassung nebeneinander und verschieben sich im Laufe der Zeit auch ohne eine Änderung des Verfassungstextes. So wandelte sich die französische Verfassung der V. Republik seit ihrem Inkrafttreten von einer wesentlich politischen zu einer Verfassung mit einer sich vorsichtig ausprägenden rechtsnormativen Funktion – hauptsächlich, weil der Conseil constitutionnel nach und nach weitergehende Kompetenzen erhielt (Mouchette 2020).

Diese Typisierung normativer Funktionalisierung soll entsprechend keine unmittelbare Zuordnung leisten, sondern ein Beschreibungsinstrumentarium liefern, um die Verschiebungen normativer Funktionen von Verfassungen um 2000 zu erfassen (siehe dazu unten → Normative Funktionalisierung von Verfassungen). Dies ist vor allem deswegen interessant, weil die allermeisten geschriebenen Verfassungen sich, wie gesehen, textlich gleichen. Weder die sogenannte Verfassungswirklichkeit (zur Kritik Hennis 1968: 14–26) noch die Rückwirkungen dieser Verfassungswirklichkeit auf den Zustand einer Verfassung lassen sich dem schriftlichen Dokument entnehmen.

### *Verfassungsentstehung zur Jahrtausendwende*

Die Frage, wie eine Verfassung um 2000 idealtypisch aussieht, lässt sich vermutlich am besten von jenen Verfassungstexten her beantworten, die zu dieser Zeit entstehen – denn sie spiegeln nicht nur die zeitgeschichtliche Situation ihrer Hervorbringung, sondern auch die jeweilige Gegenwart verfassungstheoretischer Diskurse. Auf der Suche nach Blaupausen, die das gegenwärtige Verfassungsverständnis idealtypisch abbilden könnten, gibt es eine ganze Reihe unterschiedlicher Anknüpfungspunkte: In Lateinamerika sind um diese Zeit noch recht junge Verfassungen zu beobachten (z.B. die neue Verfassung Brasiliens von 1988 oder die neue Verfassung Kolumbiens von 1991)[2], auch in Subsahara-Afrika entstehen zwischen 1990 und 2005 neue Verfassungen (z.B. Äthiopien 1994, Benin 1990, Elfenbeinküste 2000, Kongo 2001, Ghana 1992, Nigeria 1999, vgl. Comparative Constitutions Project).

Eine manifeste neue Verfassungsentwicklung, die sich nicht nur durch eine Vielzahl nahezu gleichzeitig entstehender Verfassungen, sondern auch durch eine große Zahl *erster* Verfassungen im Sinne von Gründungsverfassungen auszeichnet, zeigt sich inmitten von Europa. Nach dem Ende des Kalten Krieges und dem Zerfall der Sowjetunion gaben sich viele ost- und zentraleuropäische Staaten neue Verfassungen: Einerseits sind diese Verfassungen junge revolutionäre Verfassungen, die politische Gründungsmomente beschreiben und insofern der atlantischen Verfassunggebung zweihundert Jahre zuvor gleichen. Andererseits zeigen diese Verfassungen viele Anknüpfungen an bereits bestehende Verfassungen, sie entwickeln keine vollkommen neue Form, wie sie etwa der Prozess der US-amerikanischen Verfassunggebung hervorbrachte, sondern sie schreiben sich in eine Umgebung wirkmächtiger Verfassungserfahrung ein (vgl. zum Ganzen Bos 2004: insb. 58). Unabhängig von dem ganz eigenen Problem, inwiefern diese Verfassungen Dekolonisierungsmomente aufzeichnen und transformieren (Hailbronner/Fowkes 2019: 499f.), bilden sie recht gut ab, was man in der westlich-europäischen Welt als Standard einer liberaldemokratischen Verfassung verhandelt – sie lassen eine Art Blaupause erkennen, bei aller Verschiedenheit im Einzelnen.

Gleichzeitig stehen solche Verfassungen unter dem Einfluss ihrer Zeit, ihres Kontextes und auch spezifisch transformativer Funktionen (→ Transformativer Konstitutionalismus). Sie sollen den postsozialistischen Übergang in eine soziale Marktwirtschaft begleiten, moderieren und teilweise auch antreiben. Indem sie die Gründung oder Wiedergründung vollsouveräner Staaten markieren, bringen sie durchaus auch einen »forcierten Nationalismus« (Häberle 1992: 184) mit sich, der sich etwa von föderal verfassten Strukturen unterscheidet. So begründen die neuen Verfassungen zwar pluralistisch orientierte demokratische Systeme, die sich von totalitärer Einheit bewusst und sichtbar abgrenzen (ebd.: 188 ff.), rücken aber gleichwohl nicht zwangsläufig Gewährleistungen des Minderheitenschutzes in den Vordergrund des Rechtesystems (Koplin 1995).

Trotz dieser spezifischen Einbindungen handelt es sich weder in den transformativen Dimensionen noch in den konkreten Anordnungen der Verfassungen um singuläre, allein auf die ost- und zentraleuropäische Revolution zugeschnittene konstitutionelle Formationen – die Orientierung hin zu einer sozialen Marktwirtschaft findet sich beispielsweise ebenso in den neueren Verfassungen Spaniens und Perus (Häberle 1992: 179). Vielmehr illustriert die Verfassungsrevolution eine erneuerte Form des nationalstaatlich bezogenen Konstitutionalismus, für die sich die Bezeichnung »New Constitutionalism« herausgebildet hat (z. B. Blokker 2010) – obwohl »New Constitutionalism« auch in anderen Zusammenhängen gebraucht wird und insofern kein unverwechselbarer Begriff ist (vgl. Gill/Cutler 2014).

Zentral für diesen Konstitutionalismus ist zunächst ein sehr starker Legalismus (Blokker 2010: 10). Die ausgeprägte Rolle der Legalität ist nicht allein als Abkehr von der Marginalisierung des Rechts im Sowjetsystem zu lesen (Arjomand 2003), sondern vor allem Anknüpfung an die westliche kontinentaleuropäische

Entwicklung seit dem Zweiten Weltkrieg (Blokker 2010: 8). Diese Entwicklung zeigt sich namentlich in der Einrichtung oder Stärkung von spezialisierten Verfassungsgerichten. Insofern Legalität und Verfassungsgerichtsbarkeit hier nicht zufällig zentrale Achsen der Verfassungsentwicklung bilden, geht der Legalismus des »New Constitutionalism« auch weiter als der westliche Konstitutionalismus der Mitte des 20. Jahrhunderts. Denn die Erfahrung totalitärer politischer Systeme, die rechtsstaatliche Prinzipien missbrauchten, ohne sie aufzugeben, machte gerade für die Transition solcher Systeme in Demokratien stärkere und neue Schutzmechanismen erforderlich – diese Rolle übernahmen zunehmend Verfassungsgerichte: »If the amplified notion of the rule of law is a reaction to the experience of totalitarian ideologies, the constitutional courts can be said to be the institutional response to the same experience« (Arjomand 2003: 13). Während die Einrichtung verfassungsrechtlicher Kontrollen zuvor noch ein mögliches gestalterisches Element einer Verfassung war, wird es seit dem Zweiten Weltkrieg mehr und mehr obligatorisch (Scheppele 2003: 219).

Gleichzeitig kommen Verfassungsordnungen, die sich durch große Stabilität auszeichnen, weiterhin ohne Verfassungsrechtsprechung im Sinne einer judiziellen Suprematie aus – in den skandinavischen Länder etwa oder Teilen des Commonwealth (siehe differenziert Gardbaum 2010: 169 ff.), Ordnungen also, die sich viel von ihren Ursprüngen aus der konstitutionellen Monarchie bewahren konnten. Verfassungsgerichte einzurichten verspricht also nicht immer, unabhängig von historischen Verfassungsentwicklungen, besondere Stabilität. Die Strahlkraft ihres Versprechens hängt jedenfalls auch an der Vorgeschichte. Revolutionäre Umbrüche oder häufige Systemwechsel lassen institutionelle Absicherungen einer Neuordnung notwendig erscheinen. Entsprechend sehen auch die neu entstehenden ost- und zentraleuropäischen Verfassungen Gerichte vor, die Rechtsnormen auf ihre Verfassungsmäßigkeit hin überprüfen können – so in Tschechien, Litauen oder Polen. Verfassungsgerichte sind um 2000 in der Regel einflussreiche Institutionen. Aber auch das gilt nicht immer. So ist etwa das russische Verfassungsgericht schon unmittelbar nach seiner Einrichtung in existenzielle Auseinandersetzungen mit der politischen Führung geraten und hat sich davon nicht mehr erholt (siehe Schwartz 2000: 109–163). Jenseits solcher Ausnahmen sind es überwiegend Verfassungsgerichte, die das Verhältnis von Recht und Politik prägen. Zentrales Verfahren ist dabei eine inkrementelle Verrechtlichung des politischen Prozesses. Wenn politische Entscheidungen, Gesetze und Verwaltungsakte jederzeit einer Bewertung im binären rechtlichen Schema verfassungsgemäß/verfassungswidrig unterzogen werden können, dann prägen die Maßstäbe der Verfassung *politische* Prozesse und Entscheidungen notwendig als *rechtliche* Maßstäbe. Die Maßstäbe der Verfassung klettern damit auch an die Spitze der *rechtlichen* Normenhierarchie (→ Normhierarchien).

*Eine konstitutionelle Blaupause*

Die Blaupause einer Verfassung um 2000 beschreibt insofern eine wesentlich, wenn auch nicht ausschließliche (→ Politisierung und Verrechtlichung; → Recht und Politik) legale Funktion, trotz politischer gründender Ursprünge. Auch die Rolle von Rechtsstaatlichkeit, quasi obligatorisches Moment jenes Verfassungstyps, lässt sich wesentlich unter ein Prinzip konstitutioneller Legalität fassen. Diese Konzentration auf eine legale normative Funktion der Verfassung wird schließlich durch die im historischen Vergleich deutlich gewachsene Bedeutung von Grundrechten verstärkt, wie die Bezeichnung als »rights revolution« für diese Verfassungsrevolutionen illustriert. Die jungen ost- und zentraleuropäischen Verfassungen zeigen eine teilweise emphatische, jedenfalls aber zentrale Einbindung von Grundrechten. Dies entspricht einerseits der zu dieser Zeit beinahe flächendeckend zu beobachtenden konstitutiven Rolle von Grundrechten für westlich-liberale Rechtsstaatlichkeit, andererseits hängt die noch einmal verstärkte Garantie insbesondere politischer Rechte mit ihrer transformativen Ausrichtung zusammen. Sie grundieren eine staatliche Verfasstheit, die sich gegen die zuvor erfahrene totalitäre Herrschaft wendet und formiert (Přibáň/Sadurski 2006). Neben ihrer legalen Funktion erfüllen die neuen Verfassungen um 2000 eine wesentlich politische Funktion – sie gründen Gemeinwesen, die sich durch ihre Differenz zum bis dahin herrschenden Staatsmodell definieren und insbesondere eine neue nationale und kulturelle Identität hervorbringen sollen (Blokker 2010: 11 f.).

Die Blaupause einer Verfassung um 2000 verbindet in diesem Sinne eine ausgeprägte legale mit einer emphatisch verarbeiteten politischen Funktion. Sie unterscheidet sich damit von politischen Revolutionsverfassungen um 1800. Letztere etablieren zwar eine legale Funktion durch die Verbindung von Verfassung und Normenhierarchisierung (→ Normhierarchien; vgl. auch Grimm 2012: 323 f.), nehmen sie aber nicht derart ausgeprägt wahr wie jüngere, stark verrechtlichte Verfassungen. Zudem unterscheiden sie sich von anderen, wesentlich legal funktionierenden Nachkriegsverfassungen, deren politisch gründende und etwa nationale und/oder kulturelle Identität fördernde Funktion marginal ausgeprägt ist, wie etwa im Fall des Grundgesetzes oder der italienischen und japanischen Nachkriegsverfassungen.

Was lässt sich nun daraus für die Frage nach dem Verfassungsbegriff gewinnen? Was hier als Blaupause am Beispiel der zentral- und osteuropäischen Verfassungen beschrieben ist, kann zwar einen Eindruck typischer Verstrickungen legaler und politischer Funktionen von Verfassung in Transformationsmomenten um die Jahrtausendwende vermitteln. Gleichzeitig darf die Typisierung nicht darüber hinwegtäuschen, dass wir es im Vergleich zur Epoche um 1800 mit einer Ausbreitung von Verfassungen über den gesamten Planeten zu tun haben, die gerade *keine* Vereinheitlichung der politischen Ordnungen der Welt mit sich bringt. So markant sich die Zahl verfasster Staaten bis zum Ende des 20. Jahrhunderts vergrößert hat, so deutlich zeigt sich auch die Vervielfältigung dessen, was unter Verfassung verstanden werden kann. Zwar gleichen sich viele Verfassungsdokumente hinsichtlich ihrer wesentlichen Bausteine, ihre Praxis sieht allerdings sehr unterschiedlich aus, namentlich was ihre Dauer angeht (→ Zeitlichkeit). Diese Dauer hat ihrerseits Rückwirkungen auf das Verfassungsverständnis: Es mag plausibel sein, eine Revolutionsverfassung wie die US-amerikanische wesentlich mittels der textlichen Gehalte des Dokuments zu verstehen. Wenn allerdings eine genügend lange Praxis diese Gehalte ausdifferenziert und entwickelt, wird man diese Praxis genauso wie ihren zeitlichen Verlauf als Elemente in den Verfassungsbegriff einbeziehen müssen. Denn ein Begriff der Verfassung, der allein an einen urkundlichen Text anknüpft, wird einer durch eine Praxis veränderten, in Bewegung geratenen Verfassung nicht mehr gerecht.

Die Expansion der Verfassung geht also mit einer Ausdifferenzierung einher – die Aussage, ein Staat habe eine Verfassung, kann dann als solche entsprechend wenig über den Staat, seine Ordnung, Organisation und seinen Zustand informieren. Der Verfassungsbegriff verliert dadurch an Aussagekraft wie an Bedeutung, weil Verfassungen selbstverständlich werden. Marginalisiert wird der Begriff seit 2000 deswegen nicht.

Eine andere Entwicklung verschafft dem Begriff nämlich gleichzeitig erneut Konjunktur, die Frage, ob auch jenseits staatlicher Gebilde Verfassungen gelten (könnten). Sie betrifft nicht allein eine Globalisierung konstitutioneller Elemente oder Strukturen im Bereich des Völkerrechts (→ Globaler Konstitutionalismus), sondern ganz unterschiedliche Entwicklungen, die konstitutionelle Momente in bislang als nicht verfasst geltende Konstellationen eintragen. Dazu zählt als prominentes Beispiel die Europäisierung. Trotz oder gerade wegen des gescheiterten europäischen Verfassungsvertrags von 2004 stellte sich die schon seit den 1980er Jahren diskutierte Frage, ob die Europäische Union eine Verfassung habe, in den 2000er Jahren noch einmal neu. Naturgemäß hängt die Beantwortung dieser Frage nicht allein von den tatsächlichen Um- und Zuständen der europäischen Integration ab, sondern auch vom jeweiligen Verfassungsbegriff. Klar ist, dass die Europäische Union vor und nach 2004 keinen auch so bezeichneten Verfassungsvertrag hat. Infrage stand vor 2004, ob die Europäische Union eine Verfassung brauchte (Grimm 1995) – sie war notwendig verbunden mit der Frage, ob Europa bereits eine Verfassung hatte. Waren die europäischen Verträge so etwas wie eine Verfassung oder gerade nicht? Das wichtigste Argument gegen ein Verständnis der Europäischen Verträge als Verfassung war und ist die umstrittene demokratische Legitimation (Grimm 1995: 582). Es wird auch nach dem Scheitern des Verfassungsvertrags ein wichtiges Argument bleiben, um der Europäischen Union eine Verfassung abzusprechen – und gleichzeitig eines, das die Problematik des Verfassungsbegriffs verschleiert, weil es auf einer normativen Ebene bleibt. Nur demokratisch zustande gekommene Verfassungen seien Verfassungen mit ausreichender Legitimationsgrundlage und könnten als solche bezeichnet werden. Abgesehen davon, dass unter einer solchen Zuspitzung des Verfassungsbegriffs viele unzweifelhaft als Verfassungen angesehene Gebilde aus dem Kreis der Konstitutionen herausfallen müssten oder ihre Zugehörigkeit zweifelhaft wäre, ist begrifflich damit, wie sich im Folgenden zeigen wird, wenig gewonnen. Um ein Verständnis davon zu erlangen, was Verfassung zu verschiedenen Zeiten und unter verschiedenen sozialen, politischen und kulturellen Bedingungen bedeuten kann, ist ein entscheidend normativ geprägter Begriff ungeeignet.

## Erträge für den Begriff der Verfassung

Die Begriffe der »modernen« Verfassung um 1800 und um 2000 unterscheiden sich also beträchtlich voneinander. Zugleich hängen beide von der Behauptung einer grundlegenden Diskontinuität ab. Im revolutionären Zeitalter soll sich der Begriff der Verfassung von früheren Verwendungen abgelöst haben. Diese Ablösung von seiner Vorgeschichte soll wiederum ausschließen, den Begriff der Verfassung etwa auf die Römische Republik oder auf frühneuzeitliche Stadtrepubliken anzuwenden. Was aber hängt an solchen begrifflichen Festlegungen? Ist es nicht schlicht eine Frage der Konvention, wie man den Verfassungsbegriff definiert? Kann man sich darüber ernsthaft streiten? Wenn etwa, wie in Art. 16 der Erklärung der Menschen- und Bürgerrechte, nur solche Ordnungen als Verfassungen bestimmt werden, die fundamentale Rechte und Strukturen der Gewaltenteilung garantieren, dann ergibt dies zwar einen relativ trennscharfen Verfassungsbegriff, der nur ganz bestimmte Ordnungen als Verfassungsordnungen beschreibt und andere nicht. Damit verbunden ist aber eine Abwertung aller anderen politischen Ordnungen, die gleichzeitig die Rede von und über Verfassung auf liberaldemokratische Verfassungsstaaten in einer Art »Verfassungsnaturrecht« beschränkt. Unter solchen Voraussetzungen lassen sich zwar klare Abgrenzungen vornehmen. Man kann von einem solchen, normativ stark aufgeladenen Verfassungsbegriff ausgehend, wie gesehen, darauf schließen, dass die Europäische Union nicht verfassungsfähig sei, weil sie nicht die Eigenschaften aufweise, die staatliche Verfassungen nach der Französischen Revolution aufwiesen (Grimm 1995: 582f.). Man kann behaupten, dass das nationalsozialistische Deutsche Reich keine Verfassung gehabt habe, sondern einfach nur ein »willkürlicher« Unrechtsstaat war. Ob solche Feststellungen allerdings weiterführen und ob sie das analytische Potenzial des Verfassungsbegriffs ausschöpfen, bezweifeln wir. Denn sie haben zu den Dynamiken verfasster Ordnungen und der oft prekären Nähe von demokratischer und autokratischer Herrschaftsausübung wenig zu sagen. Jedenfalls wird es schon für liberaldemokratische Verfassungstypen schnell widersprüchlich, sie zum normativen Zentrum des Verfassungsbegriffs zu erheben: Dass die USA bei Gründung ein Sklavenhalterstaat waren, ergibt sich implizit, aber eindeutig auch aus dem Verfassungstext (art. I sec (2) cl[3]). Dass sie deswegen kein Verfassungsstaat gewesen wären, hat, soweit ersichtlich, noch niemand behauptet.

Den Begriff der Verfassung weiter normativ aufzuladen hat verschiedene Nachteile: Es bürdet der Begriffsdefinition eine Rechtfertigungslast auf, die sich aus einer Definition eigentlich nicht ergeben kann. Dass man gegenüber der demokratischen Legitimation der EU skeptisch ist und dass man für die Realität der Sklaverei keine Rechtfertigung findet, ergibt sich nicht aus einer Definition von Verfassung, sondern muss und kann gesondert begründet werden.

Zugleich vergibt man sich eine Reihe von Beschreibungsmöglichkeiten, wenn man zwischen Verfassung im Allgemeinen und normativ gerechtfertigter Verfassung nicht unterscheidet. Die Unterscheidung erlaubt es erst, Strukturähnlichkeiten zwischen staatlichen und überstaatlichen (Beaud 2009 [2007]: 197–200;

Schönberger 2004: 97 f.) ebenso wie zwischen liberalen und autoritären Institutionen sowie deren Übergänge zu erkennen. Insbesondere Entwicklungen und Übergänge verfasster Gemeinwesen etwa von liberaldemokratischer hin zu autoritärer Gestalt, aber auch in umgekehrter Richtung, bleiben nur unter einem normativ entlasteten Begriff der Verfassung sinnvoll beschreibbar.

Aus diesem Grund soll die Annäherung an den Verfassungsbegriff, an der auch wir uns hier versuchen, keine zu starke Engführung erzeugen – und nicht einen bestimmten historischen Moment als denjenigen der begrifflichen Wahrheit einfrieren. Dass dies zumindest für Begriffsbildungen, die an den revolutionären Übergängen zur Moderne orientiert sind, nicht besonders überzeugend gelingt, zeigte sich beim Vergleich der Unterschiede zwischen den »modernen Verfassungen« um 1800 und 2000. Unser Versuch geht davon aus, dass gerade die Ambivalenzen und Begrenzungen des Begriffs der Verfassung, wie sie jeweils in konkreten Einsätzen zu beobachten sind, für eine nähere Bestimmung dessen, was Verfassung heißen kann, von Interesse sind.

Was lässt sich aus der Beobachtung der Ambivalenzen und Grenzen des modernen Verfassungsbegriffs entlang der Idealtypen um 1800 und um 2000 gewinnen? Weder können wir die doppelte Bewegung des modernen Begriffs der Verfassung, der sich einerseits ausdifferenziert und andererseits expandiert, kontextlos, also ahistorisch, beschreiben. Noch würde der ganz große Bogen, also die konsequente Verallgemeinerung einzelner Aspekte besonderer Verfassungen, einen sinnvollen Begriff ergeben – dafür sind die Verfassungen der jüngeren Geschichte auf der ganzen Welt zu verschieden. Gerade weil der Begriff der Verfassung immer wieder an Konjunktur gewinnt, in historischen Zusammenhängen gesucht wird (→ Die Römische Republik als verfasste Ordnung?) und politisch diesseits wie jenseits liberaldemokratischer Systeme ein Zielbegriff bleibt, verspricht seine Spur einiges darüber zu verraten, worum Gesellschaften ringen, die eine politische Ordnung haben oder suchen. Vergleichende Blicke auf die Idealtypen von Verfassungen der Moderne um 1800 und um 2000 erlauben es kaum, Merkmale eines universellen Begriffs der Verfassung zu identifizieren. Vielmehr werden sie sich als Wegmarken auf der Suche danach, die Verfassung begrifflich einzuhegen, erweisen. Wir sortieren sie nach unterschiedlichen Perspektiven ein: Normativität und Praxis, Stabilisierung und Transformation, Politisierung und Verrechtlichung. Diese Begriffspaare lassen sich nicht zu einem umfassenden Verfassungsbegriff zusammensetzen. Aber ihnen ist gemein, dass sie jeweils für das Ringen um politische Ordnung relevante Spuren beschreiben, die sich manchmal ergänzen und manchmal widersprechen, die manchmal an einen spezifischen Verfassungsbegriff anknüpfen und manchmal nicht. Diese Spuren zu verfolgen wird uns in den anschließenden Überlegungen immer wieder als Ausgangspunkt dienen, um einzelne Sedimente (→ Institutionelle Sedimente des Verfassungsbegriffs) oder verfassungstheoretische Begriffe (→ Postformale Verfassungstheorien) auf ihre Begriffsbildungen hin zu befragen. Die Konzentration auf die Moderne jedenfalls entspringt weder einer neutralen Perspektive, noch ist sie notwendig. Es muss also auch und immer wieder darum gehen, die Grenzen dieser Anknüpfung zu erkennen und zu beschreiben.

### *Normativität und Praxis*

Spätestens seit der Zeit der großen Revolutionen, als sich die Urkunde als Dokument einer normativen Verfassung etabliert (→ Urkunde – Text – Norm), wechselt die Frage nach dem Verhältnis von Normativität und Wirklichkeit einer Verfassung das Register. Sie handelt nicht mehr allein von der Frage, ob Verfassung als normativer oder als deskriptiver Begriff zu verstehen ist. Denn jede normative Verfassung wird früher oder später damit konfrontiert, dass Normativität immer auch eine tatsächliche Seite hat, die auf dieselbe zurückwirkt. Auch als Normen verstandene Verfassungen erweisen, entwickeln und verändern sich in der Wirklichkeit – sie haben (in der Begrifflichkeit der Gegenwart formuliert) eine *Praxis*. Diese Praxis kann mit Formulierungen der Verfassungsnorm übereinstimmen oder, umfänglich wie graduell, von ihr abweichen, wie wir in den Fällen der *billboard*- oder *window dresser*-Verfassungen gesehen haben. Jedenfalls verfügt der Verfassungsbegriff dann über keinerlei Beschreibungswert, wenn er die eine ohne die andere Seite behandelt – die Verfassung Nordkoreas allein über die Normformulierung zu analysieren kann keine sinnvollen Aussagen zulassen. Das gilt nicht nur für solche Extrembeispiele. Auch das Grundgesetz als Verfassung zu beschreiben ist nur sinnvoll, wenn der Begriff der Verfassung jene Ausdifferenzierungen und Weiterentwicklungen, die die Rechtsprechung des Bundesverfassungsgerichts in über siebzig Jahren vollzogen hat, aufnehmen kann. Auch die kolumbianische Verfassung – seit der Einrichtung des Verfassungsgerichts 1991 ein wichtiges Beispiel für eine transformative Verfassung (→ Transformativer Konstitutionalismus) im Globalen Süden (Bonilla Maldonado 2013) – kann ohne die aktivistischen Einlassungen des Verfassungsgerichts überhaupt nicht verstanden werden. Doch können nicht allein verfassungsgerichtliche oder rechtsdogmatische Arbeiten an den normativen Beständen eines Verfassungstextes, sondern auch politische, wirtschaftliche oder soziale Praktiken Elemente der Beschreibung einer Verfassung werden. Normativität und Praxis einer Verfassung bedingen und bearbeiten sich gegenseitig, sie sind konstitutiv miteinander verstrickt. Eine Verfassung ohne Praxis hat auch keine Normativität. Eine Verfassung ohne Normativität kann keine Praxis entwickeln. Begriffliche Unterscheidungen von Verfassung und Verfassungswirklichkeit oder Verfassungswandel (Böckenförde 1999 [1993]) bilden diese Verstrickung nur unzureichend ab (Häberle 1974: 129 f.), denn sie trennen weiterhin *Verfassung* von deren *Wirklichkeit* oder *Wandel*. Genau dies ist aber ein wichtiger begrifflicher Ertrag der Betrachtungen von Verfassung um 1800 und um 2000: Während der Blick auf die Revolutionsverfassungen den Begriff von Verfassung noch recht plausibel auf ihre normative Dimension im Unterschied zu einer beschreibenden Funktion konzentrieren kann, ändert sich dies umso deutlicher, je länger eine Verfassung in der Welt ist. Ihre Praxis, sei es die Auslegung durch Verfassungsgerichte oder ein sich allmählich änderndes Verständnis ihrer Inhalte, wirkt auf ihre Normativität zurück. Umgekehrt ist damit, wie gesehen, nicht gesagt, dass die Inhalte eines Verfassungstextes überhaupt keine Rolle für jeweilige Begriffe der Verfassung spielen. Vielmehr muss jeder Begriff der Verfassung das Verhältnis von Normativität und Praxis mitbehandeln – die Frage ist dann nicht mehr, ob ein Verfassungsbegriff normativ oder deskriptiv zu verstehen ist, sondern wie er die Verbindung normativer und tatsächlicher Aspekte zu erfassen und beschreiben vermag.

### *Stabilisierung und Transformation*

Ein weiteres Feld des Verfassungsbegriffs wird von der Unterscheidung zwischen Stabilisierung und Transformation aufgespannt. Es sind keine unmittelbaren Gegenbegriffe – mit einer Verfassunggebung verbundene Transformationsziele können etwa an eine Stabilisierung politischer Verhältnisse geknüpft oder von Stabilisierungsprozessen abgelöst werden. Das Begriffspaar legt eine Spur der Zeitlichkeit von Verfassung (→ Zeitlichkeit) in das Verhältnis von Normativität und Praxis hinein, die sich über jeweilige normative Funktionen (→ Normative Funktionalisierung von Verfassungen) abbildet. Was das genau bedeutet, lässt sich gut erkennen, wenn wir zwei Fragen unterscheiden.

Zum einen stellt sich die Frage, welche politischen Ziele mit einer Verfassunggebung verbunden sind. Soll eine Verfassung dazu dienen, grundlegende gesellschaftliche oder politische Transformationen zu ermöglichen? Revolutionen verfolgen mit Verfassunggebungen typischerweise transformative Ziele, aber auch nichtrevolutionäre Verfassungen können normativ darauf ausgerichtet sein, Gesellschaften zu transformieren – wie etwa das paradigmatische Beispiel der südafrikanischen Verfassung von 1996 zeigt (→ Transformativer Konstitutionalismus). Oder sollen Herrschaftsverhältnisse beruhigt oder gesichert werden, wie dies etwa die deutschen frühkonstitutionellen Verfassungen des beginnenden 19. Jahrhunderts leisten sollten, und damit eine bestehende politische Ordnung stabilisiert werden?

Zum anderen stellt sich die Frage, was nach dem Inkrafttreten einer Verfassung mit oder mithilfe derselben geschieht. Ziele und tatsächliche Entwicklungen können sich nahekommen oder, weitaus häufiger, deutlich voneinander entfernen. Während das Verhältnis von Normativität und Praxis den Zusammenhang von Anspruch und Wirklichkeit von der legalen Funktion einer Verfassung aus denkt, behandeln die Begriffe Stabilisierung und Transformation diesen Zusammenhang unter Bezugnahme auf die politische Funktion einer Verfassung, auf die mit ihr verfolgten oder eingelösten Ziele für eine politische Ordnung (→ Normative Funktionalisierung von Verfassungen). Das Begriffspaar setzt dort an, wo der Verfassungsbegriff normative und deskriptive Einsätze miteinander verschleift und entsprechend unklar ist, ob er schon einen Zustand oder noch einen normativen Auftrag beschreibt (→ Drei Ambivalenzen). Genauso wie die normativen Funktionalisierungen von Verfassungen regelmäßig graduell miteinander verstrickt sind, lassen sich auch jene Spuren, die die Begriffspaare Normativität und Praxis sowie Stabilisierung und Transformation für den Verfassungsbegriff legen, nicht vollkommen unabhängig voneinander betrachten. Ein rechtsnormativer Anspruch auf Stabilisierung kann etwa von einer erhaltenden Verfassungspraxis zu einem Transformationsvehikel werden und umgekehrt. Beispielsweise zielte das Grundgesetz ursprünglich vor allem auf eine stabile, wenig änderbare Ordnung ab, die erst nach einer möglichen Vereinigung Deutschlands von einer dann neu zu gebenden Verfassung verändert werden sollte. Trotzdem erwies sich das Grundgesetz als bewegliche Verfassung, die auch einschneidende Veränderungen wie die Deutsche Einheit im Jahr 1990 mittragen konnte – nicht zuletzt, weil sie relativ einfach zu ändern ist und oft geändert wurde. Auch auf der Ebene des Verfassungsrechts und seiner Praxis nahm das Grundgesetz eine Reihe massiv verändernder Entwicklungen auf, so dass es trotz stabilisierender Wirkungen als transformative Verfassung verstanden werden kann (Hailbronner 2015; → Transformativer Konstitutionalismus).

Ein Beispiel ist die durch das Bundesverfassungsgericht vorangetriebene Deutung der Grundrechtsverbürgungen als »objektive Wertordnung« (BVerfGE 7, 198–230 [205] [1958]). Mit dieser wurde die Reichweite der Grundrechte auch auf das Verhältnis zwischen Privaten ausgeweitet. Ein folgenreicher Schritt, durch den die gesamte Rechtsordnung von Grundrechten geprägt wird. Die Eigenart des Grundgesetzes, trotz einschneidender Veränderungen der politischen Ordnung, die es verfasst, fortzubestehen und gesellschaftliche Veränderungen gleichermaßen anstoßen wie aufnehmen zu können, macht es nicht zu einer »stabilen« Verfassung – diese mitunter verwendete Einordnung legt ein Missverständnis nahe, weil Stabilität der grundgesetzlichen Ordnung auf der Veränderbarkeit des Grundgesetzes beruht. Nicht jede Verfassung kann eine solche Dynamik herstellen. Ein deutlich transformativer Anspruch kann auch eine gerade umgekehrte Entwicklung auslösen: So reichte etwa die Paulskirchenverfassung,

1848/1849 von der verfassunggebenden Nationalversammlung in der Frankfurter Paulskirche ausgearbeitet, in ihrem transformativen Anspruch so weit, dass sie den meisten deutschen Staaten *zu* weit ging und nicht in Kraft trat. Hier hatte der transformative Anspruch letztlich restaurative Wirkung. Ganz ähnlich verhält es sich mit dem chilenischen Verfassungsentwurf von 2022 – ein progressiver Entwurf, der insbesondere breit gefächerte Rechtegarantien enthielt, wurde trotz eines vorgelagerten Referendums, das im Jahr 2020 eine breite Mehrheit für eine neue Verfassunggebung hervorbrachte, in der Abstimmung deutlich abgelehnt. Anders als 1848/49 hatte diese Ablehnung zwar keine unmittelbar restaurative Wirkung – über einen erneuerten, weniger progressiven Vorschlag wurde im Dezember 2023 wiederum abgestimmt, und auch dieser fand keine Mehrheit. Ist es aber Zufall, dass ein als zu progressiv eingestufter Entwurf abgelehnt und die Erneuerungsbewegung dann von einer rechtskonservativen Verfassungsbewegung abgelöst wurde? Ein Verfassungsbegriff muss, um solche variierenden historischen Folgen und normativen Funktionen beschreiben zu können, unterschiedliche Anordnungen und Dynamiken stabilisierender und transformierender Momente aufnehmen können.

### *Politisierung und Verrechtlichung*

Die Normativität einer Verfassung ist keine Garantie dafür, dass eine bestimmte Ordnung dauerhaft bleibt. Mit einer Verfassung verbundene normative Ansprüche bleiben auch nach der Verfassunggebung politisierbar. Trotz des Anspruchs, eine Ordnung oder eine Dynamik auf Dauer zu stellen und insofern zu verfestigen, sind Verfassungen weder um 1800 noch um 2000 Garantien dafür, dass eine Ordnung, Rechte, ein politisches System tatsächlich in einer Zukunft bestehen. Einer amerikanischen Studie zufolge liegt die durchschnittliche Geltungsdauer einer modernen Verfassung bei 19 Jahren (Elkins/Ginsburg/Melton 2019: 1 f.). Doch werden Normativität und Faktizität im Umgang mit Verfassungen häufig verwechselt. Die normativen Funktionen einer Verfassung können keine bestimmte Zukunft *sichern*. Denn die Geltung einer Verfassung ist genau wie die Geltung einer Rechtsnorm eine normative Geltung. Es gilt, dass etwas auf eine bestimmte Weise sein *soll*, nicht, dass es auf eine bestimmte Weise *ist*. Nur als konstitutive Norm (zum Konzept Möllers 2015[1]: 227–230), die Institutionen und Ämter schafft, die Ordnung mit einem Staatsnamen »tauft« oder Verfahren der Normsetzung einrichtet, schafft die Verfassung neue soziale Wirklichkeiten, die aber ihrerseits von der Geltung der Verfassung abhängig sind.

Es ist eine enorme Errungenschaft demokratischer Versionen moderner Verfassungen, dass sie nicht versuchen, diesen Unterschied zu ignorieren oder zu unterlaufen, sondern ihn gewissermaßen begrifflich zu ihrem Programm machen, indem sie Verrechtlichung und Politisierung miteinander verknüpfen. Dies muss sich auch im Begriff der (in diesem Fall: demokratischen) Verfassung widerspiegeln. Verrechtlichung und Politisierung bilden ein Paar von Gegenbegriffen, das natürlich verwandt, aber nicht identisch mit einer älteren, auch auf nicht-demokratische Verfassungen anwendbaren Verbindung ist – jener von Recht und Politik. Verfassungen, die ein politisches Gemeinwesen formulieren, verknüpfen regelmäßig die Sphären der Politik und des Rechts (→ Recht und Politik). Dies gilt keineswegs allein für liberaldemokratische Verfassungen – auch eine konstitutionelle Monarchie verrechtlicht die politische Herrschaft der Monarchin. Verfassungsrecht wird typischerweise als ein Rahmen verstanden, der politische Entscheidungen seinerseits in eine rechtliche Form zwingt. Wenn es allerdings für ein verfasstes Subjekt jederzeit möglich ist, in der Form des Rechts kondensierte Entscheidungen zu re-politisieren, dann befinden wir uns im Bereich demokratisch verfasster Ordnungen. Die organisatorischen Einrichtungen einer demokratischen Verfassung, die Gewalten, ihrer Kontrolle und ihrer Handlungssphären ermöglichen gerade, deren politisches Handeln auf die Rechtsform aus- und in ihr einzurichten – dieselbe also wiederum zu politisieren. Deswegen beschreibt eine wichtige moderne Formulierung des Verfassungsbegriffs Verfassung auch als die *Verbindung einer Politisierung des Rechts bei gleichzeitiger Verrechtlichung von Politik* (Preuß 1994: 9 ff.; Möllers 2010: 230 ff.). Entscheidend ist wiederum die Ebene der Zeitlichkeit: Nicht die Verhältnisse *des* Rechts zu *der* Politik werden durch das Begriffspaar beschreibbar, sondern Prozesse der Verrechtlichung und der Politisierung. Das Begriffspaar Politisierung und Verrechtlichung erlaubt es, die spezifische Dynamisierung von Verfassungen genauer zu beschreiben. Die Dynamisierung von Verfassungen seit 1800 lässt sich weder allein durch Politisierung beschreiben, noch steht die Verrechtlichung einem dynamischen Verständnis von Verfassung entgegen. Nicht obwohl, sondern gerade *wenn* politische Prozesse in rechtliche Formen übergehen, haben wir es mit dynamischer Verfasstheit zu tun.

Wir haben auf der Suche nach Theorien der Verfassung, nach Verfassungsbegriffen also zunächst Ambivalenzen moderner Verfassungsbegriffe (→ Verfassung um 1800), daran anknüpfend dann die Dynamisierung[3] dieser Ambivalenzen anhand der spätmodernen Verfassungspraxis beobachtet (→ Verfassung um 2000) sowie entlang normativer Funktionen sortiert, um die Ambivalenzen schließlich in begriffliche Spuren zu übersetzen (→ Erträge für den Begriff der Verfassung). Diese sollen nun weiter verfolgt werden: Normativität und Praxis, Stabilisierung und Transformation sowie Politisierung und Verrechtlichung grundieren als Begriffspaare immer wieder die Überlegungen. Sie legen nahe, was es im Folgenden historisch, begrifflich und institutionell sowie in der Auseinandersetzung mit in der wissenschaftlichen Literatur vorhandenen verfassungstheoretischen Ansätzen der Gegenwart auszubuchstabieren gilt – dass die Zeitlichkeit von Verfassung nicht ihre Endlichkeit und auch nicht ein »Dasein in der Zeit« beschreibt, sondern eine spezifische Dynamik, die sich im Begriff des Verfassens spiegelt. Verfassung heißt immer Verfassung im Werden, Verfassung heißt Verfassen.

# II. Heutige Perspektiven auf vormoderne Verfassungen

Jedes Verständnis des Verfassungsbegriffs ist unvermeidlich historisch imprägniert. Dabei kann die Sicht auf historische Verfassungen den Blick auf die Gegenwart schärfen. Gerade weil, wie wir gesehen haben, die Rede über Verfassungen sich oftmals auf eine stark stilisierte Form der »modernen« Verfassung bezieht, die die Veränderungen seit dem revolutionären Zeitalter eher unterschätzt – und auch, weil die Welt der Verfassungsstaaten heute jedenfalls darin, dass beinahe alle Staaten eine geschriebene Verfassung haben, von großer formaler Ähnlichkeit geprägt wird –, ist der Blick auf vormoderne Verfassungen von Interesse. Er hilft dabei, Perspektiven einzunehmen, die durch moderne Begrifflichkeiten ausgeblendet oder jedenfalls verstellt werden.

## Kratistische und nomistische Ordnungen

Der deutsche Althistoriker Christian Meier hat in seinen Untersuchungen zur Entstehung von Politik im antiken Griechenland den Begriff der »kratistischen Ordnung« eingeführt (Meier 1995 [1968]: 124; 1980: 279ff., 428). Damit beschreibt er nicht nur einen historischen Übergang, den er für die griechische Antike in das 5. Jahrhundert v. Chr. verlegt, sondern er führt auch eine Unterscheidung ein, die uns für die Gegenwart dabei helfen könnte, dem Verfassungsbegriff näherzukommen. Meier unterscheidet zwischen kratistischen und nomistischen Ordnungen. In nomistischen Ordnungen wird die Ausgestaltung der Ordnung selbst nicht zum Thema. Solche Ordnungen werfen als »vorgegebene« die Frage der Rechtfertigung von Herrschaft erst gar nicht auf – sondern bestehen einfach. Sie können auch mithilfe von Rechtsnormen eine Vielzahl von Praktiken regulieren, reflektieren dabei aber die Art ihrer eigenen Verfasstheit nicht. Solche Ordnungen haben also in einem sehr weiten Sinne eine »Verfassung«, die aber nicht in Begriffen von Herrschaft beschrieben wird. Die Einführung des Begriffs »Demokratie« in Athen (im Unterschied zum verwandten Begriff der »Isonomie«) impliziert für Meier eine tiefgreifende semantische Umstellung, in der das Faktum der Herrschaft den Beteiligten bewusst wird. Damit werden »Plan, Überlegung, Setzung – und Zweifel« (Meier 1995 [1968]: 140) Teil einer öffentlichen Debatte und so zum Motiv politischer Gestaltung, dessen, was Meier als spezifisch neues »Könnens-Bewusstsein« der Griechen bezeichnet (zu einer ähnlichen Formulierung von Burckhardt → Verfassung um 1800). Die so entstehenden »kratistischen« Ordnungen verstehen sich selbst als Herrschaftsform und verfügen dadurch überhaupt erst über einen Begriff, mit dem sie sich zu dieser Ordnung als etwas Bewert- und Veränderbarem verhalten können.

Welches Problem aber thematisiert die Meier'sche Unterscheidung, das für die Gegenwart der Verfassung von Interesse sein könnte? Zunächst ist wichtig zu sehen, dass der von Meier beschriebene Übergang weder allgemein-historisch noch irreversibel sein muss. Herrschaft kann, muss aber nicht thematisiert werden. Das bedeutet auch, dass die Möglichkeit nomistischer Ordnungen, die sich selbst als vorgegeben verstehen, im Hintergrund einer Verfassungsordnung immer weiter bestehen kann. Sie ist die stille Alternative zur Gesamtheit verfassungstheoretisch expliziter Möglichkeiten, Ordnungen zu transformieren und das Verhältnis von Stabilisierung und Transformation einer Ordnung zu politisieren. Dass diese nomistische Alternative für die Gegenwart der Verfassung nicht mehr aktuell ist, mag jedenfalls für demokratische Verfassungsordnungen stimmen, aber deswegen ist es nicht völlig auszuschließen, dass konstitutionelle Ordnungen wieder einmal als vorgegeben behandelt, dass sie naturalisiert oder eben in Meiers Unterscheidung als nomistische betrachtet werden. Hing eine solche Naturalisierung bei Meier an der religiös-kulturellen Anlage der Gesellschaft, so könnte sie in der Zukunft technische Ursachen haben (→ Digitalität). Im Übrigen schließt es auch ein hohes Maß an Ausdifferenzierung nicht aus, dass eine Ordnung sich als eine nur vorgegebene und nicht als gestaltbare versteht. In Meiers eigener Sicht war dies namentlich bei der Römischen Republik der Fall, die von den Teilnehmern trotz ihrer ausgebauten Institutionen als im Prinzip nicht änderbares System verstanden wurde (Meier 2015). Je mehr eine Ordnung in automatisierten Abläufen aufgeht, desto weniger ist sie in Meiers schöner Formulierung Gegenstand von »Plan, Überlegung, Setzung – und Zweifel«. Auch der weltweite Erfolg von verfassungsrechtlichen Klauseln, die bestimmte Inhalte einer Verfassung für unabänderlich erklären (→ Ewigkeit und Identitäten), könnte man als Form einer solchen Re-Naturalisierung innerhalb der Verfassungsentwicklung verstehen. Für die Gegenwart bleibt damit die Anforderung, das verfassungstheoretische Denken auch als eines der grundlegend anderen Seite der Verfassung zu verstehen, für deren Beschreibung die Meier'sche Unterscheidung ein Angebot macht.

## Die Römische Republik als verfasste Ordnung?

Die Römische Republik diente politischen Ordnungen in Europa, die keine Monarchien waren, viele Jahrhunderte als Vorbild (Millar 2002). Dies gilt namentlich für die frühneuzeitlichen Stadtrepubliken wie Venedig, Genf, Florenz oder die Hansestädte. Noch heute erinnern politische Amtsbezeichnungen wie »Konsul« oder Institutionen wie der »Senat« in vielen Verfassungsordnungen an diese Überlieferung. Zugleich wurde die Römische Republik in der Geschichtsschreibung wohl mehr als andere alte Kulturen über ihre Rechtsordnung beschrieben. Theodor Mommsens bis heute einflussreiche Darstellung der römischen Geschichte enthielt ein dreibändiges »Römisches Staatsrecht« und einen einbändigen »Abriß« zu diesem Thema. Eine ausgebaute politische Ämter- und Verfahrensordnung und die hohe Bedeutung des Rechts sprechen dafür, die Römische Republik mit verfassungstheoretischen Kategorien beschreiben zu können. Tatsächlich spielt der Begriff »Verfassung« aber in Mommsens Werk zum Römischen Staatsrecht keine Rolle (vgl. Mommsen 1907) – und bis heute geht wohl eine Mehrheit der Althistoriker davon aus, dass der Verfassungsbegriff auf die Römische Republik nicht recht passt (zum Diskussionsstand Walter 2017: 118 f.), wenn diese Annahme auch in jüngster Zeit wieder ausdrücklich bestritten wurde (Straumann 2016: 27–62). Solche Diskussionen sind auch für das Verständnis der aktuellen Kategorienwelt der Verfassungstheorie von Interesse. Warum sollte eine ausgebaute politische Ordnung wie die römische, die über eine hochdifferenzierte Ämter- und Verfahrensstruktur verfügt, keine Verfassung haben?

Betrachtet man die Art und Weise, in der Konflikte in der Römischen Republik ausgetragen werden, etwa ein Streit um die Frage, ob die Wahl eines Konsuls ordnungsgemäß verlaufen war, so spielen normative Argumente hier in der Tat eine herausragende Rolle (Lundgreen 2011: 86–92). Solche Argumente verweisen auf verfestigte Sitten oder auf exemplarische Einzelfälle, *exempla*, oder seltener auch auf geschriebene Gesetze. Ein festes Verfahren zur Entscheidung solcher Streitigkeiten gibt es aber nicht. Die Konflikte werden ausgehandelt, vielleicht auch mit Gewalt beendet, aber nicht in einem ausdefinierten Verfahren einheitlich entschieden. Eine formalisierte Hierarchie zwischen Normen oder Institutionen gibt es auch nicht. Eher könnte man von »Schleifen« sprechen, in denen sich Institutionen wechselseitig kontrollieren und Entscheidungen anderer Institutionen aufheben (Lundgreen 2011: 266). Spricht dieser Zustand gegen das Vorliegen einer Verfassung? So kann man es sehen – und es könnte moderneren Strukturen vorbehalten sein, mit der Umsetzung des modernen Souveränitätsbegriffs auch klare Entscheidungskompetenzen zu etablieren (ähnlich für die Frühe Neuzeit Stollberg-Rilinger 2016). Doch ist auch die Frage, ob »moderne« Verfassungen in jedem Fall klare formalisierte Konfliktlösungen vorsehen, nicht eindeutig zu beantworten. Dies gilt, wie wir sehen werden, sowohl im Konflikt zwischen Institutionen wie Parlament und Regierung (→ Gegliederte Gewalten) als auch im Konflikt zwischen föderalen Ebenen (→ Föderalismus). So gesehen spräche die auf Konsensbildung setzende, aber immer weniger zu Konsens führende Verfahrensstruktur der Römischen Republik nicht zwingend dagegen, hier eine Verfassungsordnung am Werk zu sehen.

Aber es gibt ein zweites Argument, das gegen das Vorliegen einer Verfassung sprechen könnte. Wie erwähnt berufen sich die Beteiligten in politischen Konflikten auf die verschiedensten Normen, auf religiöse Sitten ebenso wie auf vergangene Praktiken oder frisch beschlossene Gesetze. Sie berufen sich aber eben nicht auf eine gemeinsame normative Grundlage. Wenn sich der

US-amerikanische Präsident und der Kongress seit langem nicht darüber einigen können, ob der eine ohne Zustimmung des anderen in den Krieg ziehen darf, dann berufen sich doch beide auf dieselbe Verfassung, wenn sie diese auch unterschiedlich verstehen. Selbst in Großbritannien, das ein vergleichbares Gemisch aus alten und neuen Gesetzen, Gewohnheit und anderen Usancen kennt, wurde die unübersichtliche Vielfalt dieser Quellen durch Kategorien wie »rule of law« oder »sovereignty of parliament« ein Stück weit begrifflich vereinheitlicht. Nicht zufällig werden diese Begriffe dann auch unter dem Begriff »constitution« gefasst (Dicey 1961 [1885]), dessen Entsprechung der römischen Tradition völlig fehlt. Der Versuch, trotzdem eine römische Verfassung zu identifizieren, beruft sich auf ähnliche Begrifflichkeiten, auf zeitgenössische Versuche, aus der »res publica« oder der »salus publica« Verhaltensvorgaben für Amtsträger zu entwickeln (Straumann 2016: 256 ff.). Entscheidend ist dann aber die Frage, wie repräsentativ dieser Begriffsgebrauch ist, wer in der Römischen Republik auf diese Art und Weise argumentiert. Dies ist bei einzelnen Autoren wie Cicero oder Sallust der Fall, nicht in der weiteren politischen Praxis der römischen Republik. Das, was man die Verfassung der Römischen Republik nennen könnte, bleibt so ein Ansatz einzelner Autoren, die Ordnung zu beschreiben.

Die neuere Debatte um den Verfassungsbegriff in der Römischen Republik dreht sich also um die Suche nach einer angemessenen Kategorisierung für die Beschreibung einer bestimmten rechtlich-politischen historischen Praxis – in ihrem Verhältnis zur Normativität. Umgekehrt – und das ist für uns von besonderem Interesse – gibt diese Diskussion auch Aufschluss über Bedeutungsmöglichkeiten der Kategorie. Ein sehr basaler, deskriptiver Verfassungsbegriff würde Verfassung nur als Inbegriff einer politischen Ordnung verstehen (Schmitt 2010 [1928]: 20 ff.).

Aus dieser Sicht wäre die Verfassung der Römischen Republik die Summe der Gesetze, Sitten und *exempla*, auf die sich politische Institutionen berufen haben. Für einen anspruchsvolleren Begriff wäre es erforderlich, dass diese Berufung einen einheitlichen Bezugspunkt findet, sei es in einem bestimmten Dokument (→ Urkunde – Text – Norm), sei es in einem festen Satz an Begriffen. Einem solchen Begriff scheinen die Ordnungen der Römischen Republik nicht zu genügen. Das legt nahe, dass auch eine sehr ausdifferenzierte politische Ordnung nicht notwendig über eine Verfassung verfügen muss. Noch anspruchsvoller wäre es, das Vorliegen einer Verfassung nur für Ordnungen anzunehmen, die Verfahren vorsehen, in denen Konflikte nicht nur ausgehandelt, sondern auch entschieden werden können. Wir werden sehen, dass alles andere als klar ist, welche modernen Verfassungen diesem Kriterium genügen.

## Das wertvolle Erbe der Mischverfassungslehren

In der langen Epoche zwischen den Anfängen antiker Verfassungstheorie bei Herodot, Plato und Aristoteles bis zu den konstitutionellen Bewegungen des späten 18. Jahrhunderts waren Mischverfassungen das zentrale Modell eines theoretischen Nachdenkens über Verfassungen. Diese vielfältige Theorietradition ist aus verschiedenen Gründen von Interesse (übergreifend Nippel 1980). Die Mischverfassungstheorie kennt in einem Grundmodell drei Formen der Verfassung: die Herrschaft des Einen, der Wenigen und der Vielen, deren Vor- und Nachteile sich schon früh erörtert finden (Herodot 2017 [5. Jh. v. Chr.]: 80.1). Diese Formen können in einer gelingenden und einer misslingenden Form auftreten. Die Herrschaft des Einen als Monarchie oder als Tyrannis, die der Wenigen als Aristokratie oder als

Oligarchie und die Herrschaft der Vielen als Politie oder als Demokratie – und sie können sich in einem Kreislauf ablösen und wieder ablösen. Diese Grundformen beschränken sich nicht einfach auf die Organisation der Obrigkeit, vielmehr bilden sie verschiedene Sozialformen ab. Spuren davon finden sich noch in Montesquieus Abbildung des Modells der Gewaltenteilung auf die Trias von König, Adel/Klerus und Drittem Stand. Für die Antike erklärt Polybios in einer berühmten Erörterung die erstaunliche Langlebigkeit der Römischen Republik damit, dass sich in ihr die drei Verfassungsformen miteinander verbänden (Polybios 2012 [2. Jh. v. Chr.]: VI/11–18): die Monarchie in der Ämterordnung im Imperium, die Aristokratie im Senat und die Demokratie in den Volksversammlungen.

Mit solchen Modellen wie mit der Unterscheidung zwischen gelungenen und degenerierten Verfassungsformen eignen sich diese Theorien eine bemerkenswerte Dynamik an, die sich noch in der frühneuzeitlichen Literatur, etwa bei der Auseinandersetzung Machiavellis mit den Institutionen der Römischen Republik (Machiavelli 2007 [1531]) oder in Spinozas politischer Theorie (Spinoza 1994 [1677]), findet. Dieses Interesse an den Bedingungen der Haltbarkeit einer politischen Ordnung, dem die Einsicht zugrunde liegt, dass eine Ordnung nicht auf Dauer besteht, sondern unweigerlich von einer anderen abgelöst werden wird, verschwindet in der modernen Verfassungstheorie, obwohl ihr Problem kaum als gelöst gelten kann. Die nachrevolutionäre Verfassungstheorie hat sich nicht mehr für die Frage nach der weiteren Entwicklung interessiert, sobald ihr Verfassungsmodell etabliert war, sondern die Verfassungsgeschichte im demokratischen Konstitutionalismus zu Ende gehen lassen.

Warum sind die Mischverfassungstheorien aber in Vergessenheit geraten und interessieren heute nur noch Historikerinnen? Dafür lassen sich verschiedene Ursachen benennen. Moderne politische Theorien, die mit dem Begriff der Souveränität operieren, haben keinen Sinn für Verfassungsmodelle, die zugleich auf verschiedene Legitimitätsmodelle zurückgreifen. Verfassungsmodelle, die zumindest in der Idealisierung von einem allgemeinen Bürgerrecht ausgehen, können zudem die ständische Gliederung nicht verarbeiten, die den Mischverfassungslehren zugrunde liegt. Mischverfassungstheorien sind eben nicht wie moderne Verfassungstheorien vornehmlich Modelle der Organisation von Recht und Politik, sondern beanspruchen die gesamte ungeteilte soziale Ordnung.

Trotzdem hatte die Idee, verschiedene Formen der Entscheidung und modern gesprochen der Politisierbarkeit nebeneinander zu stellen, in der konstitutionellen Monarchie mit einem bi-kameralen Parlament, in dem Monarch, Stände und Bürger repräsentiert werden, ein recht langes nachrevolutionäres Nachleben. Die Theorie der Gewaltenteilung löst die Mischverfassungslehren ab (Nippel 1980: 292ff.), am deutlichsten im Übergang bei Montesquieu. Und nicht nur in der alten Monarchie, sondern auch in der jungen Republik finden sich weiterhin Spuren der Mischverfassungslehren. Die Zentrierung der Exekutivgewalt beim monarchischen Präsidenten, die wenigen mit einem langen Mandat ausgestatteten und damit vom politischen Prozess abgenabelten aristokratischen Mitglieder des »Senats« und die im Zwei-Jahres-Rhythmus dauerpolitisierten Angehörigen des demokratischen Repräsentantenhauses sehen tatsächlich nicht nur von weitem wie eine Struktur aus, die der Theorie der Mischverfassung etwas verdankt, obwohl alle drei Institutionen durch einen demokratischen Wahlakt kreiert werden. Letzteres aber wird entscheidend, weshalb James Madison gegenüber der Tradition selbstbewusst darauf hinweisen kann, dass die amerikanische Republik »unmixed« sei (Hamilton/Madison/Jay 2009 [1787–1788]: 68. [Federalist Nr. 14]).

Heute scheint die Mischverfassungstheorie nur noch von historischem Interesse zu sein. Man wird sie nicht wiederbeleben wollen, schon weil sich die Verengung der Verfassungsbegrifflichkeit auf den politischen Apparat, die sich schon bei Aristoteles (1991 [4. Jh. v. Chr.]: Polit. 1278b, dazu Stourzh 2007: 84) angedeutet findet, als methodisch ergiebig erwiesen hat – auch wenn dies Theorien des gesellschaftlichen Konstitutionalismus in Abrede stellen (→ Gesellschaftlicher Konstitutionalismus). Trotzdem erinnert diese Theorietradition an Möglichkeiten, die moderne Verfassungstheorien oft verpassen: Modelle des Vergehens konstitutioneller Ordnungen und Modelle pluraler Legitimitätsprinzipien innerhalb einer Ordnung zu entwickeln. Die Unterscheidung zwischen gelingenden und misslingenden Staatsformen enthält einen weiteren Vorteil dieser Tradition gegenüber der nachrevolutionären »modernen« Verfassungsbegrifflichkeit. Letztere ist fast unweigerlich normativ. Mit der Fortschrittsgeschichte des modernen Konstitutionalismus geht, wie wir gesehen haben, die Identifikation von »guter«, also liberaldemokratischer Verfassung mit dem Begriff der Verfassung selbst einher. Die Möglichkeit politischen Misslingens, heute die Möglichkeit autoritärer Verfassungen, muss in der Verfassungstheorie aber mitgedacht werden.

## Diskontinuität und Normativität vor der Revolution

Der Übergang von vormodernen zu modernen Verfassungen, den wir mit den Revolutionen in Frankreich und den Vereinigten Staaten zum Ende des 18. Jahrhunderts verbinden, bringt, wie gesehen, begriffliche und institutionelle Veränderungen mit sich. Verfassungen werden in einem emphatischen Sinne normativ und stehen für eine politische Diskontinuität, einen

Bruch im politischen Gefüge (→ Verfassungen um 1800). Doch muss man vorsichtig sein, bei der Beschreibung solcher Veränderungen nicht einfach eine begriffliche Bestimmung des modernen Verfassungsbegriffs mit einer historisch realen institutionellen Entwicklung gleichzusetzen. Konkreter formuliert: Aus der Verfassungsgeschichte der vorrevolutionären Frühen Neuzeit können wir lernen, dass sowohl ein normativer Gebrauch der Verfassungssemantik als auch institutionelle Diskontinuitäten kein Monopol der Moderne sind. Der Verfassungshistoriker Tim Neu (Neu 2013) hat dies an der Entwicklung der politischen Institutionen Hessens im 16. und 17. Jahrhundert gezeigt. In dieser Epoche institutionalisiert sich in Hessen eine Landständische Verfassung, also in Neus Definition eine normative Ordnung, in der unterschiedliche Stände sich zu einer gemeinsamen Institution politischer Partizipation zusammenfinden, die den Anspruch erhebt, das Ganze des Gemeinwesens zentral zu repräsentieren (ebd.: 58–60). Von Interesse ist diese historische Rekonstruktion für die theoretische Betrachtung, weil sie zweierlei zutage fördert: *Zum Ersten* zeigt sich, dass sich schon für die Frühneuzeit zwischen dem Hinweis auf politische Praktiken und deren normativen Vorgaben unterscheiden lässt. Auch im Bereich politischer Konflikte gehen Normen nicht in Praktiken auf. Unter Hinweis auf eine etablierte Rechtfertigungsordnung (ebd.: 374ff., Begriff im Anschluss an Boltanski und Thévenot) werden in Hessen bestimmte institutionelle Ansprüche erhoben. Wenn sich diese Ansprüche nicht mehr widerspruchsfrei in den eigenen normativen Rahmen einpassen lassen, reagieren die Akteure mit »Heuchelei«, also mit der Leugnung von Normbrüchen bei weiterer Bekräftigung der Geltung der von ihnen gebrochenen Norm. Diese Heuchelei ist eine genuin normative Praktik, weil an der Norm für die Zukunft festgehalten wird, auch wenn eine gegenwärtige Praxis augenscheinlich nicht mit ihr übereinstimmt. *Zum Zweiten* finden sich auch in dieser Epoche der Frühen Neuzeit in Neus Analyse schon explizite institutionelle Neuerfindungen (Aufzählung ebd.: 498f.). Die Beteiligten schaffen neue Institutionen, neue Verfahren und neue kollektive Akteure mit einem hoheitlichen Status, beschränken sich also nicht auf die für die Zeit der Vormoderne gerne angeführte allmähliche »evolutionäre« Entwicklung der Institutionen, sondern setzen eigene Zäsuren.

Beide Beobachtungen werden nicht dazu führen, die institutionelle Praxis in einem deutschen Territorium der Frühen Neuzeit und deren normative Einkleidung mit den revolutionären Verfassungen vor 1800 gleichzusetzen. Fragen, die uns beim Blick auf die antike Geschichte bereits begegnet sind, stellen sich aber auch hier: Wie genau sehen die Rechtfertigungsmodelle aus, auf die sich berufen wird? Fügen sie sich zu einem zumindest formalisierten Zusammenhang? Neus Rekonstruktion kann uns auf der einen Seite nicht auf eine Verfassungsurkunde oder eine kanonisierte Sammlung autoritativer Texte verweisen. Auf der anderen Seite zeigt die Entwicklung vom 16. zum 17. Jahrhundert eine institutionelle Vereinheitlichung, in der sich die verschiedenen Stände darin zusammenfinden, ein politisches Gemeinwesen gemeinsam zu repräsentieren. Darin mag man schon ein entscheidendes Mehr an institutioneller Vereinheitlichung erkennen, als wir oben in der zersplitterten Praxis der Römischen Republik ausmachen konnten. Entscheidend aber ist, dies verdeutlicht uns diese historische Rekonstruktion, dass vermeintlich klare begriffliche Eigenschaften des modernen Verfassungsbegriffs sich bei genauerer Hinsicht als graduierbare Phänomene mit einem längeren historischen Vorlauf erweisen könnten.

## Einsichten für eine systematische Verfassungstheorie

Die vier Stichproben können der historischen Debatte nicht gerecht werden, auf die sie sich beziehen. Sie geschehen auch gar nicht in historischer Absicht. Vielmehr spiegeln sie die oben entwickelte Kritik am Begriff der modernen Verfassung von der anderen Seite. Wohin sich Verfassungen entwickeln werden, kann man nicht wissen, und nichts spricht dafür, dass sie sich in einen vormodernen Zustand zurückbewegen. Trotzdem öffnet der Blick in die fernere Vergangenheit die Perspektiven: Er lehrt uns bei der Betrachtung der griechischen Antike mit einer Unterscheidung Christian Meiers, dass schon die Wahrnehmung einer Ordnung als Herrschaft selbst voraussetzungsreich und nicht selbstverständlich ist. Er hilft mit Blick auf die Römische Republik dabei, uns einen Begriff von einer politischen Ordnung zu machen, die gerade nicht durch eine normative Verfassung eingerahmt ist – und damit besser zu verstehen, welche Anforderungen sich an den Begriff der Verfassung stellen lassen. Er illustriert im Fall der Mischverfassungstheorien, dass Verfassungstheorien keinen erfolgreichen Endzustand der Konstitutionalisierung definieren müssen, wie er sich in der Theorie moderner Verfassungen oft behauptet findet, wenn sie die Entwicklung mit der liberalen Demokratie enden lassen. Schließlich zeigt er, dass sich institutionelle Zäsuren mit neuen normativen Ansprüchen auch jenseits moderner Revolutionen finden lassen.

# III. Institutionelle Sedimente des Verfassungsbegriffs

Die Frage, was eine Verfassung *ist*, erscheint *für jede Theorie der Verfassung zugleich zu einfach und unabweisbar. Die* Feststellung, dass es bei der Antwort auf die jeweilige Verfassungstheorie ankomme, die man zugrunde lege, ist ihrerseits nicht falsch, aber unbefriedigend. Mit der Vielheit von Verfassungstheorien und Verfassungsbegriffen müssen wir in einer einführenden Darstellung in jedem Fall umgehen. Dabei wird es in diesem Kapitel darum gehen, die institutionelle Seite des Verfassungsbegriffs vorzustellen, also Ideen wie die einer normhierarchischen Spitze, die bestimmte Inhalte transportiert, einzuführen, sie aber zugleich vor dem Hintergrund des Zusammenhangs von Verfassung und Verfassen auch wieder infrage zu stellen.

## Recht und Politik

Viel ist für die Verfassungstheorie gewonnen, wenn man davon ausgeht, dass in Verfassungen Recht und Politik miteinander verbunden werden. Dabei geht es im ersten Zugriff nicht darum festzustellen, wie diese Verbindung funktioniert, ob sie Widersprüche produziert oder wechselseitige Verstärkungen, wie sie praktisch real wird, wann sie auf welche Weise beginnt und endet – all solche Fragen sind natürlich zu bedenken. Davor sollte aber die Annahme stehen, dass es nicht weiterführt, Verfassungen sei es auf Recht, sei es auf Politik zu reduzieren oder zu behaupten, »im Grunde« oder »letztlich« gehe es bei Verfassungen nur um eines von beiden. Alles dem Verfassungsdiskurs Spezifische hat damit zu tun, dass er Recht und Politik miteinander verknüpft.

Die Unterscheidung von Recht und Politik einerseits und die Verknüpfung beider Sphären andererseits bieten sich aber an dieser Stelle dazu an, das verfassungstheoretische Diskussionsfeld in der Gegenwart zu sortieren: Wir können zwischen Theorien unterscheiden, für die Recht und Politik auf Kosten voneinander gehen, und solchen, die zwischen beiden einen wechselseitigen Verstärkungszusammenhang sehen.

Harte Theorien eines Gegensatzes oder Widerspruchs von Politik und Recht waren für eine lange Zeit in der Verfassungstheorie bedeutsam und sie gewinnen wieder an Bedeutung. Wenn Carl Schmitt in seiner *Verfassungslehre* (Schmitt 2010 [1928]) den rechtsstaatlichen und den politischen Teil der Verfassung als Antagonismen einander systematisch gegenüberstellt, dann spitzt er damit eine Sicht zu, in der die moderne Massendemokratie als politische Gegenspielerin liberaler Rechtsstaatlichkeit verstanden wird, die wesentlich individuelle bürgerliche Rechte schützt. Schmitts Sicht, dass liberale Elemente wie der gerichtliche Rechtsschutz nur ein Hindernis für den demokratischen Willen darstellten, hat dabei ebenso Vorläufer in den atlantischen Revolutionen, etwa wenn Thomas Jefferson die Gerichte zur gefährlichsten Gewalt erklärt (Jefferson 1905 [1823]: 486f.), wie auch autoritäre Wiedergänger in der Gegenwart, etwa die Proponenten einer illiberalen Demokratie in China oder Ungarn. Ihnen ist gemeinsam, dass sie nicht nur einen Widerspruch zwischen Verrechtlichung, insbesondere Vergerichtlichung, und demokratischer Politik behaupten, sondern diesen Widerspruch in einem zweiten Schritt zugunsten der Politik auflösen. Politik ist dabei aber keine Veränderung ermöglichende Politisierung, sondern die Festschreibung von Ansichten über die Identität des eigenen Gemeinwesens. Letztlich bleibt das Recht in einer solchen Sicht eine äußerliche Form, die sich der Politik nicht entgegensetzen kann oder soll. Dies ändert nichts daran, dass autoritäre konstitutionelle Systeme wiederum Techniken der Verrechtlichung benutzen, um (Re-)Politisierungen einmal erreichter illiberaler Politik zu verhindern oder zu erschweren (→ Autoritärer Konstitutionalismus).

Auch die Auflösung des Antagonismus zwischen Recht und Politik zur anderen Seite, zugunsten des Rechts, ist möglich und gerade bei juristischen Theorien beliebt. Diese argumentieren für eine Ordnung, die individuelle Rechte absolut vorrangig schützt (grundsätzlich Nozick 1974), indem sie eine durch ihre Expertise und Professionalität gerechtfertigte Verwaltung gerichtlich kontrolliert, ohne einen offenen demokratischen Prozess zuzulassen. Spuren eines solchen »autoritären Liberalismus« (Heller 1992 [1933]) finden sich im Napoleonismus, bei den französischen »Doktrinären« wie François Guizot (Rosanvallon 1985: 75 ff.), bei deutschen Autoren des Kaiserreichs wie Georg Jellinek (Neumeier 2022: 219 ff.) und auch bei gegenwärtigen Rekonstruktionen undemokratischer, aber liberaler Marktordnungen in Teilen des Ordo-Liberalismus (Slobodian 2023: 324–329) und des Neo-Liberalismus sowie schließlich immer wieder in der Selbstbeschreibung der Europäischen Kommission (Majone 1996: 284 ff.).

Verwandte Theorielinien gehen nicht von einem Widerspruch, aber doch von einem Primat sei es von Politik oder von Recht aus. Liberale Verfassungstheorien argumentieren normativ-individualistisch. Sie sehen in individuellen Rechten den rechtfertigenden Ausgangspunkt auch demokratischer Selbstbestimmung und darin zugleich Grund und Grenze politischen Handelns. Damit verbindet sich seit dem Zweiten Weltkrieg in vielen Ländern der Welt ein robuster gerichtlicher Rechtsschutz, namentlich in Form einer stark ausgebauten Verfassungsgerichtsbarkeit (→ Gerichte und Verfassungsgerichte). Dagegen nehmen republikanische Verfassungstheorien oder auch Theorien des politischen Konstitutionalismus (Bellamy 2007; Loughlin 2022) die demokratische politische Gemeinschaft zum Ausgangspunkt, deren Selbstverständigung es überhaupt erst ermöglichen soll, individuelle Freiheiten zu garantieren (→ Politische Verfassungstheorien). Diese Modelle stehen gerichtlichen Kontrollen der Politik kritischer gegenüber. Verfassungsgerichte wirken legitimatorisch anfechtbar, weil die Lösung von Freiheitskollisionen letztlich von Parlamenten mit einem demokratischen Mandat entschieden werden sollte (→ Gerichte und Verfassungsgerichte). Zwischen beiden Ansätzen finden sich viele Nuancen.

Doch lässt sich das Verhältnis zwischen Recht und Politik auch als ein solches wechselseitiger Bedingtheit und Verstärkung verstehen. Hier setzt die zweite Gruppe von Theoriebildungen um das Verhältnis von Politik und Recht herum an: Ein demokratischer politischer Prozess setzt einen gleichen, durch Recht institutionalisierten Respekt für alle einer demokratischen Gemeinschaft Zugehörigen voraus, so wie der Schutz von Rechtspositionen sich seinerseits auf eine legitime, demokratische politische Entscheidung berufen können muss, die diese Positionen geschaffen und ausgestaltet hat. In diesem Modell ergibt sich eine wechselseitige Verstärkung des Legitimationsanspruchs beider Sphären, in der die Rechtsform demokratische Selbstbestimmung ermöglicht und demokratische Entscheidungen die Einführung und Durchsetzung von Rechtsformen legitimieren. Zwei deutsche Theoretiker, die diesen Gedanken mit recht unterschiedlichen Erkenntnisinteressen zu Ende gedacht haben, sind Jürgen Habermas und Niklas Luhmann. Für Habermas sind individuelle und öffentliche Autonomie in einer Schelling'schen Formel »gleichursprünglich«, mithin die Wahrnehmung politischer Teilhaberechte und die privater Ansprüche von gleicher normativer Wertigkeit (Habermas 1992: 109 ff.). Hieraus lässt sich ein starker legitimatorischer Zusammenhang zwischen Rechtsstaatlichkeit und Demokratie herleiten (Habermas 1996). Niklas Luhmann verfolgte mit seiner soziologischen Theorie dagegen kein normatives Projekt. Wenn sich aber Recht und Politik in der Institution der Verfassung »strukturell koppeln« (Luhmann 1993: 470 ff.), dann können beide keine Suprematie über die jeweils andere Ebene beanspruchen. Beide Systeme unterstützen sich vielmehr darin, sich vom anderen abzuschließen: Hinter der Politik steht die höchste Rechtsnorm, hinter der Rechtsordnung steht die politische Entscheidung, die diese eingesetzt hat. Auch ohne ein system- oder diskurstheoretisches Theoriemodell übernehmen zu müssen, wirken solche Gleichordnungsmodelle attraktiv, weil sie es erlauben, das Verhältnis von Recht und Politik mit einer gewissen Komplexität zu beschreiben. Störungen sind Störungen einer Beziehung, die weder einfach einer der beiden Sphären zugerechnet werden noch durch eine allein behoben werden können.

Theoriemodelle, die die Widersprüche zwischen Recht und Politik im Ergebnis relativieren oder sogar aufheben, sind nicht zufällig ein Produkt der Epoche seit dem Zweiten Weltkrieg, in der an die Verfassungstheorien von Autoren des späten 18. Jahrhunderts wie die Federalists, Kant oder Rousseau angeschlossen wurde. Die politische Erfahrung mit Ordnungen eines intakten »Westens«, die zugleich liberal und demokratisch zu sein beanspruchten, und der Glaube an einen nicht nur zufälligen Zusammenhang zwischen demokratischer Politik und offener Marktwirtschaft machten Theorien, die Politik und Recht als sich wechselseitig legitimierend verstehen, lange Zeit auch politisch plausibel. Je mehr allerdings um den demokratischen Liberalismus gestritten wird und je deutlicher sich die Erfahrung verbreitet, die etwa mit dem Aufstieg Chinas verbunden ist – dass erfolgreiches kapitalistisches Wirtschaften auch ohne demokratische Politik funktioniert –, desto mehr lockert sich dieser enge Zusammenhang von demokratischer Politik und liberalem Recht. Mag normativ weiterhin einiges dafür sprechen, Recht und Politik demokratisch miteinander zu verknüpfen, namentlich die Einsicht, dass das eine selten ohne das andere erodiert, so wecken gerade entsprechende doppelte Erosionserfahrungen Zweifel an der praktischen Haltbarkeit solcher Modelle.

## Normhierarchien

Eine wichtige Eigenschaft von Verfassungen liegt aus einer Gegenwartsperspektive darin, dass sie anderen Teilen der Rechtsordnung übergeordnet sind. Eine Verfassung ist nach dieser Vorstellung nicht einfach nur ›erlassenes Recht‹, wie es noch der Ausdruck *constitutio* im Römischen Recht bezeichnete (Stourzh 1989: 38), sondern ein Recht von anderem Rang als einfache Gesetze und Kodifikationen. Diese Idee der Höherrangigkeit ergibt sich zunächst unspezifisch daraus, dass Verfassungen in einer revolutionären Lesart als Ursprung einer Ordnung verstanden werden, der sie zeitlich vorausgehen. Einem solchen verzeitlichten Vorrang stellen Verfassungen aber auch oft einen ausdrücklichen normativen Vorrang zur Seite. Das bedeutet vor allem, dass die Normen der Verfassung zum Maßstab für alle anderen Ebenen des Rechts werden. So nimmt die amerikanische Verfassung in Anspruch, föderal als »Supreme Law of the

Land« (art. VI cl. 2) zu dienen. Wenig später rechtfertigt Chief Justice Marshall seinen Anspruch, ein Gesetz zu überprüfen, damit, dass es in dem Fall um die Auslegung einer Verfassung, von »paramount law« (Marbury v. Madison, 5 U.S. [1 Cranch] 137 [1803]), gehe. All dies könnte darauf hinweisen, dass der normhierarchische Vorrang quasi eine begriffliche Selbstverständlichkeit ist, die jede Verfassung auszeichnet. Dem ist nicht so. Weder versteht sich von selbst, was mit Vorrang oder Hierarchie gemeint ist, noch kennen alle Verfassungen die gleichen hierarchischen Strukturen. Der Vorrang der Verfassung als normatives Prinzip der Höherrangigkeit von Verfassungsnormen gegenüber Normen des – erst durch diesen Vorrang: einfachen – Rechts entwickelt sich vielmehr für verschiedene Verfassungen ganz unterschiedlich und keineswegs zwangsläufig.

Mit der Einführung des Vorrangs der Verfassung gewinnen politische Hierarchien eine Form und werden zumindest in manchen Ordnungen auch verrechtlicht. Die Souveränität des King in Parliament oder einer gesetzgebenden Versammlung bzw. die Souveränitätsbehauptung des Bundes über seine Gliedstaaten sind noch Ausdruck eines politischen Führungsanspruchs. Dieser kann in Verfassungstexten festgehalten werden, muss es aber wie im englischen Fall nicht. Er kann dann in einem weiteren Schritt in eine rechtliche Normenhierarchie übersetzt und so formalisiert werden. Auch dies ist, wie wir jetzt sehen werden, keine Selbstverständlichkeit. Entscheidend für die Herausbildung hierarchischer Vorrangprinzipien sind die Entwicklung eines Verständnisses von Verfassungswidrigkeit (1), der Anspruch einer erschwerten Änderbarkeit von Verfassungsnormen (2) und andere institutionelle Einrichtungen (3).

(1) Schon Begriff und Idee davon, dass staatliches Handeln »verfassungswidrig« sein könnte, ist, wie wir gesehen haben, nicht selbstverständlich, auch wenn dies aus der Perspektive von

manchen wesentlich durch Verfassungsgerichte geprägten Systemen der Gegenwart so erscheinen mag. Vielmehr entwickelt sich die Vorstellung, dass bestimmte Akte oder Normen dem System der Verfassungsnormen inhaltlich entgegenstehen und dadurch gleichzeitig nichtig oder jedenfalls zu einem Verfassungsproblem werden, insbesondere mit der frühen US-amerikanischen Verfassungserfahrung. Zwar weist Stourzh nach, dass die Anfänge und Vorläufer der Ideen von Verfassungswidrigkeit schon im England der Glorious Revolution zu suchen sind (Stourzh 1989). Voll entwickelt und verwirklicht findet sich die Vorstellung, dass Gesetze verfassungswidrig (oder auch verfassungsgemäß) sein können, aber zuerst im US-amerikanischen Verfassungsstaat: »Nicht im englischen Mutterland, sondern in den Kolonien hat der Widerstand gegen die Suprematie des Parlaments und der Kampf für die Suprematie einer über dem Parlament, über dem Gesetzgeber stehenden und diesen eingrenzenden Verfassung Erfolg gehabt.« (Stourzh 1989: 50) Insbesondere in Systemen, die Verfassungsgerichte einsetzen und mit weitgehenden Prüfungsrechten ausstatten, wird die Unterscheidung verfassungswidrig/verfassungsgemäß in der Folge zur zentralen Technik, um politisches Handeln zu begrenzen. Gleichzeitig begründet die Unterscheidung einen wesentlich normativ gefassten Begriff der Verfassung mit und gestaltet die legale Funktion von Verfassungen aus.

(2) Als stützendes Element des Vorrangs der Verfassung – und nicht etwa als die übergeordnete Rolle von Verfassungen unterminierendes Moment – muss auch die Bestimmung von Verfahren der Verfassungsänderung innerhalb einer Verfassung verstanden werden. Sie bildet gewissermaßen die Kehrseite des Vorrangs der Verfassung. Die Verfassung ist nicht nur höheren Ranges als vom einfachen Gesetzgeber erlassenes Recht, sie kann eben auch nicht durch diesen geändert werden.

Viele Verfassungen des 19. Jahrhunderts sind Organisationsstatute mit Grundrechten, die nicht für sich in Anspruch nehmen, einfachen Gesetzen in einem rechtlichen Sinn vorzugehen. Sie sind besser als qualifiziertes Gesetz zu verstehen, das die Ordnung definiert und namentlich regelt, wie Gesetze gemacht werden. Qualifiziert sind sie zum einen durch ihren Ursprung in einem politisch hervorgehobenen Verfahren und zum anderen darin, dass sie nur erschwert abänderbar sind, etwa mit Zwei-Drittel-Mehrheiten. Diese Mehrheiten dienen im Ursprung dazu, den politischen Kompromiss, der jeder Verfassunggebung zugrunde liegt, abzusichern. Aber an der erschwerten Abänderbarkeit hängt auf Dauer auch jede weitergehende Annahme eines normhierarchischen Vorrangs. Wenn man einmal einen Vorrang der Verfassung vor dem Gesetz etabliert hat, dann ist dieser eben kaum sinnvoll zu verwirklichen, wenn man den Maßstab genauso einfach ändern kann wie das an ihm zu messende Gesetz. So gesehen lässt sich der Vorrang formell sogar graduieren. Je schwieriger es ist, die Verfassung zu verändern, desto stärker ist ihr Vorranganspruch. Diese Vorstellung stößt, wie wir sehen werden (→ Änderung und Mehrheitsregel), aber praktisch an Grenzen.

Verfahren der Verfassungsänderung von Verfahren einfacher Gesetzgebung zu unterscheiden ist also eine notwendige Voraussetzung dafür, den Vorrang der Verfassung zu denken. Allerdings zeigt sich an der Qualifikation der Verfassungsänderung in speziellen Gesetzgebungsverfahren auch ein Problem: Parallel zu den förmlichen Verfahren der Verfassungsänderung lassen sich in den meisten verfassten Gemeinwesen Prozesse der Verfassungsänderung beobachten, die als solche weder bezeichnet noch normiert sind. Das prominenteste Beispiel ist dabei sicherlich eine schöpferische Verfassungsinterpretation durch Verfassungsgerichte, die so weit gehen kann, dass sie neue Grundrechte entdeckt oder das Gegenteil einer vorherigen Auslegung des Verfassungstextes behauptet. Anders als Begriffe wie Verfassungswandel oder Verfassungswirklichkeit nahelegen, handelt es sich dabei weder um eine quasi-natürliche Evolution der Verfassung, die ohne Folgen für den Verfassungsbegriff bliebe, noch um eine von der ›eigentlichen‹, tatsächlich stabil fortbestehenden Verfassung zu unterscheidende sich wandelnde ›Wirklichkeit‹. Vielmehr geht es bei solchen Entwicklungen genauso um Verfassungsänderungen wie bei solchen Bearbeitungen des Verfassungstextes, die in förmlichen Verfahren vorgenommen werden – die Normativität einer Verfassung ist nämlich nicht auf ihren Text beschränkt, sondern hängt untrennbar mit ihrer Praxis zusammen (→ Normativität und Praxis). Mit Hegel: »Die Verfassung *ist* also, aber ebenso wesentlich *wird* sie, das heißt, sie schreitet in der Bildung fort. Dieses Fortschreiten ist eine Veränderung, die unscheinbar ist und nicht die Form der Veränderung hat.« (Hegel 1970 [1821], § 298, Z)

Aus dieser Perspektive lässt sich das Vorrangprinzip weniger ungebrochen in Verfassungen beobachten als häufig beschrieben: Wenn etwa Grundrechte durch Verfassungsgerichte auch ohne Bezug auf den Verfassungstext entdeckt werden können, dann muss der Vorrang einer Norm als Verfassungsnorm etwas sein, das sich erzeugen lässt – etwa durch ein Verfassungsgericht, nicht allein durch ein bestimmtes förmliches Verfahren der Verfassungsänderung oder der Begründung aus einer bestehenden Normformulierung (Müller-Mall 2023: 10 ff.). Wenn der Vorrang der Verfassung sich aber im Verhältnis von Normativität und Praxis einer Verfassung erzeugen lässt, kann er gleichermaßen nivelliert werden. Mit anderen Worten: Auch der Vorrang der Verfassung ist ein normatives Prinzip, das prekär werden kann. Er lässt sich nur erfassen und beschreiben, wenn förmliche und andere Verfahren der Verfassungsänderung gleichzeitig beobachtet werden – noch einmal anders gewendet: Auch der Vorrang der Verfassung wird im Verfassen erzeugt.

(3) Wenn ihr Vorrang Verfassungen nicht begrifflich inhärent ist (Santiago Niño 1996: 219), dann ist die Hierarchie als ein Produkt institutioneller Bedingungen zu verstehen (Schönberger 2011: 401). Es ist weniger die Hierarchie, die die Kontrolle schafft, als die Kontrolle, die die Hierarchie etabliert. So bezieht sich die amerikanische Formel vom »Supreme Law of the Land« auf die bundesstaatliche Struktur der USA (Amar 2015: 299 ff.). Das Recht des Bundes geht dem der Gliedstaaten vor. In föderalen Ordnungen, in denen verschiedene politische Gemeinschaften einen gemeinsamen Rechtsraum schaffen, stellt sich die Frage, was im Kollisionsfall passiert – und um der Einheitlichkeit willen wird diese Frage oft, aber nicht immer zugunsten der übergreifenden Einheit aufgelöst. Dabei ist dieser Vorrang genau genommen kein Verfassungsvorrang, sondern einer, in dem alle hierarchischen Stufen des Bundesrechts allen hierarchischen Stufen des gliedstaatlichen Rechts vorgehen sollen. Es ist der Vorrang einer Rechtsordnung über andere Rechtsordnungen. Zugleich ist es diese Art von Normhierarchie, die sich oft im Verfassungstext ausdrücklich formuliert findet (z.B. in Art. 31 des Grundgesetzes). Für die Existenz der bundesstaatlichen politischen Gemeinschaft ist diese von großer Bedeutung. In einer berühmten Formulierung verglich Justice Holmes die Bedeutung des föderalen und des internen Vorrangs und stellte fest: »I do not think the United States would come to an end, if we lost our power to declare an Act of Congress void. I do think the Union would be imperiled, if we could not make that declaration as to the laws of the several States.« (Holmes 1920 [1913]: 295 f.)

In einer föderalen Vorrangordnung spiegelt sich die Idee eines Verfassungsvorrangs also in konstitutiver Weise wider. Beide Ideen des Vorrangs sind dennoch voneinander zu unterscheiden. Denn unter dem Vorrang der Verfassung wird gemeinhin die normhierarchische Priorität der Verfassung einer Ordnung über andere Rechtsakte, insbesondere das parlamentarische Gesetz, der gleichen Ordnung verstanden. Zu erkennen ist ein solcher Vorrang nicht an den Normen der Verfassung. Es findet sich kaum ein Beispiel für eine Verfassung, die ihren Vorrang ausdrücklich behauptet, vielmehr ergibt sich ein solcher in aller Regel aus den Verfahren der Kontrolle der Verfassungsmäßigkeit. Dies zeigt sich schön an der Bedeutung der Grundrechte in den europäischen und lateinamerikanischen Verfassungsurkunden des 19. Jahrhunderts (Gargarella 2012: 14–16; Wahl 1981: 491 f.). Dort werden auch Grund- und Menschenrechte verbrieft, aber vorwiegend um der politischen Funktion der Verfassung (→ Normative Funktionalisierung von Verfassungen) willen. Freilich gelten diese Grundrechte weniger als Begrenzungen des Gesetzgebers denn als Aufträge an diesen, per Gesetz Presse-, Vereinigungs- oder Versammlungsfreiheit zu garantieren. Der Gesetzgeber schafft die Freiheiten, die die Grundrechte fordern. Weniger klar ist, dass der Gesetzgeber diese Freiheiten auch verletzen kann – und wie sich diese Verletzung fest- und abstellen ließe.

Die normhierarchische Struktur hängt also maßgeblich von institutionellen und prozessrechtlichen Vorgaben ab: Dass der Vorrang der Verfassung in Kanada anders als in Indien, in Indien anders als in den USA und in den USA anders als in Deutschland funktioniert, hat wenig mit dem zu tun, was über diesen Vorrang in den jeweiligen Verfassungen ausdrücklich steht (in der Regel wenig), viel dagegen mit den Änderungsregeln, dann mit der Gerichtsverfassung, dem Prozessrecht oder anderen Verfahrensregeln, mit den Regeln, die bestimmen, wer sich mit welchem Anliegen an eine Kontrollinstanz wenden und welche Aussage diese Kontrollinstanz treffen kann, ob sie etwa eine Empfehlung oder eine Entscheidung aussprechen kann. Diese

Kontrollinstanz kann, wie wir sehen werden, ein Gericht sein, muss es aber nicht. So ist den Verfassungstraditionen Skandinaviens (Ring/Olsen-Ring 2014: Rn. 151) oder der Staaten des Commonwealth (Gardbaum 2013: 25–36) die gerichtliche Kontrolle der Verfassungsmäßigkeit fremd.

Die Vorstellung, die Verfassung stehe als höchste Norm an der Spitze einer Hierarchie, ist also nicht falsch, aber auch nicht allgemein richtig und in jedem Fall zu einfach. Wie der Vorrang funktioniert, hängt, wie wir gesehen haben, von verschiedenen Faktoren ab, insbesondere dem Modus der Verfassungsänderung, der Art der Kontrolle, der föderalen Struktur. Der Hinweis auf den Vorrang einer Norm vor einer anderen löst nicht alle Probleme, denn mit dem Vorrang geht oft eine geringe Spezifität der Verfassung einher. Viele Fragen sind in einer Verfassung gar nicht geregelt oder nur auf eine äußerst allgemeine Weise. Die Verfassung soll das Handeln der von ihr eingesetzten Institutionen, wie wir gesehen haben, nicht nur begrenzen, sondern überhaupt erst ermöglichen. Aus der Normenhierarchie folgt also nicht einfach ein Programm, sondern vor allem eine Entscheidungsordnung.

Der Umstand, dass Verfassungen oftmals den föderalen Vorrang ausdrücklich regeln, verweist auf ein besonderes Vorrangproblem. Wenn verschiedene politische Gemeinschaften miteinander verbunden werden, dann ist die Frage des Vorrangs nicht mehr innerhalb einer Ordnung zu lösen, auch nicht durch Mehrheitsregel. Das gilt auch für Ordnungen, die solche Gemeinschaften miteinander vereinbaren. Das Völkerrecht, die zwischenstaatliche Rechtsordnung, steht nicht einfach über dem staatlichen Recht, sondern läuft neben diesem her. Ein Staat kann das Völkerrecht brechen, ohne damit zugleich staatliches Recht zu verletzen, eine staatliche Rechtsordnung kann auch das Völkerrecht zum Teil der eigenen Ordnung machen. Solche Verflechtungen lassen sich nicht mehr sinnvoll als Hierarchie beschreiben. Im

Recht der Europäischen Union zeigen sich viele dieser Probleme (→ Der Fall der Europäischen Union).

Am Anfang dieses Abschnitts haben wir gesehen, dass die Vorstellung eines normativen Vorrangs auch mit der Möglichkeit zu tun hat, eine Verfassung als normativen Ursprung einer Ordnung zu verstehen. So lesen mitgliedstaatliche Gerichte die europäischen Verträge als Kreation der Mitgliedstaaten. In dieser Deutung kann die europäische Vertragsordnung nur aus Normen bestehen, die die Mitgliedstaaten übertragen dürfen. Dies zu überprüfen wäre die Aufgabe mitgliedstaatlicher Gerichte. Ähnlich haben die Südstaaten vor Beginn des amerikanischen Bürgerkriegs argumentiert. Die Hierarchie ist Produkt einer Ursprungsbetrachtung. Das umgekehrte Argument des Europäischen Gerichtshofs, das er verwenden musste, bevor der Vorrang in die Verträge aufgenommen wurde, ist dagegen ein funktionales: Wenn es keinen Vorrang gäbe, würde das Europarecht seine Normativität verlieren, die Mitgliedstaaten könnten machen, was sie wollten. Es erinnert uns an das Zitat von Justice Holmes.

Aber ein Vorranganspruch kann sich immer auf einen spezifischen oder weniger spezifischen Gegenstand beziehen und so wird er auch in unterschiedlichen Bedingungen verstanden. Mit der Verfassung kann eine Norm in Hinsicht auf einen Fall außer Kraft gesetzt werden oder im Ganzen. Im Europarecht wird dies als Unterscheidung zwischen Geltungsvorrang und Anwendungsvorrang bezeichnet. Der EuGH kann nicht die Geltung einer mitgliedstaatlichen Norm aufheben, sondern nur ihre Anwendung in Bezug auf einen Sachverhalt mit Bezug zum Unionsrecht. Ein amerikanischer District Court des Bundes kann gleichfalls kein Gesetz des Kongresses außer Kraft setzen, aber seine Bedeutung für einen gegebenen Fall beanstanden. Der normhierarchische Vorrang kennt viele Varianten.

## Legitimation und Mehrheitsregel

Die schriftlich niedergelegten Teile einer Verfassung können, wie wir gesehen haben, in der Regel nur in einem gegenüber der normalen Gesetzgebung erschwerten Verfahren geändert werden. Ohne eine solche Vorkehrung würde der normhierarchische Vorrang der Verfassung vor dem Gesetz leerlaufen. Hier ergibt sich auf den ersten Blick ein legitimationstheoretischer Zusammenhang: Ist die Verfassung schwerer änderbar, so ist sie zum einen potenziell von größerer Dauer als das einfach zu ändernde Gesetz, zum anderen genießt sie durch eine qualifizierte Mehrheitsentscheidung eine höhere Akzeptanz der ihr Unterworfenen. Sie ist zugleich dauerhafter (→ Das wertvolle Erbe der Mischverfassungslehren) und besser legitimiert als einfache Gesetze. Tatsächlich speist sich viel von der Logik jedenfalls des demokratischen Verfassungsrechts aus diesen Annahmen. Zugleich wird damit klar, dass eine Definition der Verfassung als »Gesamtentscheidung über Art und Form der politischen Einheit« (Schmitt 2010 [1928]: 20) der Realität des Verfassungsrechts nicht zwingend gerecht wird. Denn in der Sache sind Verfassungen oft politische Kompromisse, auf die sich widerstreitende politische Lager einigen, um dann durch den institutionellen Rahmen der Verfassung eingehegt weiter streiten zu können. Die liberale politische Theorie, die von einem »overlapping consensus« spricht, also von einem Konsens, hinter dem einander widersprechende Motive und Interessen stehen (Rawls 2005 [1993]: 144–150), nimmt diesen Gedanken auf, wenn sie die Vorstellung zurückweist, dass freiheitliche politische Ordnungen sich auf ein geschlossenes Weltbild einlassen könnten. Die qualifizierten Mehrheiten, mit denen allein Verfassungen geändert werden können, erinnern noch an ein anderes wichtiges Element der liberalen Theorie: den Gesellschaftsvertrag, in dem alle Betroffenen der Einrichtung einer neuen Ordnung zustimmen (Kersting 2005: 19f.). Die qualifizierte Mehrheitsregel dient aus dieser Sicht als praktischer Kompromiss in der Mitte zwischen liberalem Konsens und demokratischer Mehrheitsregel.

Doch ist dieses Konsensideal, damit aber auch das ganze Modell der erhöhten Legitimation der Verfassung durch qualifizierte Mehrheitsentscheidungen alles andere als unanfechtbar. Denn allein die einfache Mehrheitsregel verwirklicht beides zugleich: eine demokratisch gleiche Anrechnung aller Stimmen und eine Neutralität gegenüber dem Status quo (grundlegend May 1952: 682; verfassungstheoretisch Hohnerlein 2020: 22f.). Unter qualifizierten Mehrheitsregeln können dagegen Minderheiten dafür sorgen, dass sich nichts ändert und es bei einem ihnen günstigen gesellschaftlichen Zustand bleibt. Häufig taucht in diesem Zusammenhang im konstitutionellen Denken Tocquevilles Ausdruck von der »Tyrannei der Mehrheit« (Tocqueville 2009 [1835]: 414) auf – denn konstitutionelles Denken sieht Politik oft als Bedrohung, die es einzufangen gilt. Zwei andere Gesichtspunkte werden dabei nicht immer hinreichend gewürdigt: zum Ersten, dass auch die Anwendung der Mehrheitsregel eine konstitutionelle Leistung darstellt, die Verfahren erfordert und die jedem Einzelnen Respekt zollt, weil jede Stimme zählt und gezählt werden muss, um eine Mehrheit zu ermitteln (Kelsen 2018 [1929]: 76–94); zum anderen, dass Konsensregeln das Gegenproblem, eine Tyrannei der Minderheit, ermöglichen, in der privilegierte, aber nicht mehrheitsfähige Teile einer Gemeinschaft jede unliebsame Veränderung verhindern können.

Für eine Theorie der Verfassung ergeben sich hier weitere Probleme. Eine Verfassung ist überhaupt nur denkbar, wenn sie über einen durch Änderungsregeln institutionell abgesicherten Vorrang verfügt, zugleich schafft dieser, wie gesehen, auch ein Legitimationsdefizit, weil sich privilegierte Veto-Positionen in einer

Ordnung einrichten können. Darin zeigt sich, dass der Begriff der »counter-majoritarian difficulty« (Bickel 1962), der Übertragung von politischen Entscheidungen durch nicht mehrheitlich legitimierte Institutionen, nicht allein ein Problem verfassungsgerichtlicher Kontrolle bezeichnet (→ Gerichte und Verfassungsgerichte), sondern ein allgemeines Problem des Verfassungsrechts. Denn wenn auf der einen Seite klar ist, dass sich auch eine Mehrheitsregel nicht von selbst etabliert, sondern institutionalisiert werden muss, dann könnte es auf der anderen Seite richtig sein, zumindest diese Mehrheitsregel so abzusichern, dass sie nicht durch eine einfache Mehrheit abgeschafft werden kann. Während uns diese Fragen in konkreter Gestalt beim Problem der gerichtlichen Kontrolle (→ Gerichte und Verfassungsgerichte) und bei der Untersuchung des autoritären Konstitutionalismus (→ Autoritärer Konstitutionalismus) wiederbegegnen werden, bleibt erst einmal festzuhalten, dass es keine einfachen normativen Aussagen über das Verhältnis von Konsens- zu Mehrheitsregel gibt.

Entsprechend gibt es auch praktische Uneinigkeiten über das richtige Maß, eine Verfassung änderbar zu halten. Die Regeln der US-amerikanischen Verfassung gelten als zu rigide, die Verfassung lässt sich unter heutigen politischen Bedingungen kaum noch ändern. Die deutsche Verfassung gilt dagegen als zu einfach änderbar, sehr viele Details, die nicht zwangsläufig in eine Grundordnung gehören, wurden im Laufe seiner Geltung in das Grundgesetz aufgenommen. Gibt es dann aber eine allgemeine richtige Antwort auf die Frage, wie leicht oder schwer eine Verfassung zu ändern sein sollte? Wohl nicht. Die Antwort hängt nicht zuletzt daran, wer im Prozess der Verfassunggebung welche Kompromisse eingegangen ist und wie diese sich politisch weiterentwickeln. Aus dem gleichen Grund gibt es auch keine allgemeingültige Antwort auf die Frage, welche Inhalte in eine Verfassung gehören und welche nicht.

Zugleich bleibt der Blick allein auf die Verfahrensregeln zwar für einen juristischen Zugang naheliegend, aber im Ergebnis verkürzt. Denn wie einfach es ist, eine Verfassung formell zu ändern, entscheidet sich allein in konkreten politischen Kontexten. Beispielsweise ist das Änderungsverfahren der mexikanischen Verfassung an dem der US-amerikanischen orientiert. Entsprechend hoch sind die Quoren. Trotzdem wurde die mexikanische Verfassung um ein Vielfaches häufiger geändert als die amerikanische. Ein Grund dafür liegt im gänzlich anders funktionierenden Parteiensystem (Velasco-Rivera 2021). Auch hier gewährt der Blick auf die Formalstruktur eine notwendige, aber keine hinreichende Beschreibungsperspektive, weil Verfassungen sich immer im Verhältnis von Normativität und Praxis bewähren.

## Zeitlichkeit

Schon das Problem des Verfassungsvorrangs verweist auf eine Problematik, die für jede Theorie der Verfassung zentral sein muss: die Frage der Zeitlichkeit. Wenn Verfassungen schwerer zu ändern sind, sind sie in höherem Maße auf Dauer gestellt als normale Gesetze. Diese Auf-Dauer-Stellung ist allerdings zunächst nur faktischer Art: Wenn es schwieriger ist, eine Verfassung zu ändern als ein Gesetz, dann wird es eben unwahrscheinlicher sein und entsprechend seltener geschehen, die Verfassung zu ändern. Die zeitliche Dimension einer Verfassung betrifft weder nur die Lebensdauer noch bloß die formale Geltung verfassungsrechtlicher Regelungen. Sie betrifft auch den Begriff der Verfassung in seinem Zentrum, in der Verbindung von zukunftsbezogener Aspiration mit der Fixierung an einen vergangenen Gründungsmoment. Denn mit der Entstehung moderner

Verfassungen, die politisch-gründende und legal-normierende Funktionen in ihrer Normativität kombinieren, wird die Verfassung mehr als ein Zustand. Sie wird zu einem Instrument, die Zukunft eines Gemeinwesens an Gründungsentscheidungen rückzubinden. Diese Gründungsentscheidungen, häufig niedergelegt in einem Dokument, einer Urkunde, werden im Wege der Legitimation ihrerseits an das Subjekt dieser Legitimation zurückgebunden. Damit spielt sich Verfassung spätestens seit den Revolutionsverfassungen in einem komplex verstrickten Bezugssystem ab, das maßgeblich zeitlich definiert ist. Die Verfassunggebung bildet einen Ursprung, den Nullpunkt, von dem aus die Dauer der Verfassung als Geltung beschrieben wird. Die Geltung der Verfassung verweist immer in die Zukunft. Sie betrifft aber nur die Normativität einer Verfassung, nicht ihre Praxis. Der Begriff der Geltung umfasst nämlich nur einen jeweiligen Zustand der Verfassung, nicht ihre Veränderung, nicht ihre Dynamisierung als solche. Dies kann dann zum Problem werden, wenn eine Verfassung sich im Laufe der Zeit so stark verändert, dass sie nicht mehr als eine spätere Version der ursprünglichen Verfassung erkennbar ist. Der Begriff der Geltung ist unabhängig von den Komplikationen der Praxis zu denken und damit zwar notwendig unvollständig, aber dadurch gleichzeitig geeignet, die Dimension der Zeitlichkeit zu verdeutlichen: Wir nehmen an, dass eine Verfassung, die uns heute eine Ordnung gibt, auch morgen noch gilt. Diese Annahme ist heute für ganz unterschiedliche Verfassungssysteme und -varianten derart selbstverständlich, dass sie im Begriff der Verfassung bereits enthalten sein *muss*. Gleichzeitig bespielen Verfassungen in diesem zeitlichen Bezugssystem aber auch Vergangenheiten: ihre eigene Vergangenheit wie Vor-Vergangenheiten, etwa vorhergehende Verfassungen des gleichen Gemeinwesens, die weiterhin einzelne Nachwirkungen haben. Verfassungen haben also einen Anfang und ein Ende, sie haben auch eine Dauer, nur können wir sie uns nicht als stetige Linien vorstellen, die an einem Punkt beginnen und an einem anderen enden. Vielmehr ist ihre Dauer vielfältig verstrickt: empirisch, normativ, legitimatorisch. Wir werden im Folgenden versuchen, dieses Netzwerk jedenfalls im Ansatz zu entfalten, um deutlicher zu machen, dass Vorstellungen wie Legitimation einer Verfassung, Geltung und Gründung wesentlich temporal strukturiert sind.

Die komplexe Zeitstruktur von Verfassungen schafft gleichzeitig ein Problem und eine Lösung: eine Lösung, weil sie Ordnungen stabilisiert (→ Stabilisierung und Transformation), und ein Problem, weil diese Stabilität auf Kosten derjenigen geht, die in solche stabilen Ordnungen hineingeboren und damit an ihrer Entstehung nicht beteiligt werden. Anders gesagt, soweit eine Verfassung Stabilität schafft, verhindert sie Veränderung. Die Rechtfertigung der Stabilität einer Verfassung durch die Gründungslegitimation führt aber nicht automatisch dazu, die erschwerte Veränderung für spätere Generationen zu rechtfertigen. Thomas Jefferson, der radikale Demokrat der amerikanischen Gründergeneration, hielt es für notwendig, dass sich jede Generation ihre neue und eigene Verfassung gebe, durchaus auch als Ergebnis eines gewaltsamen Umsturzes, der das politische System wieder in Übereinstimmung mit der eigenen Gegenwart bringen könne: »Der Geist des Widerstands gegen die Ordnung ist so wichtig, er müsste erhalten bleiben ... Ich mag ab und zu eine kleine Rebellion.« (Jefferson 1905 [1787]: 65) Das revolutionäre Potenzial permanenter Verfassunggebung führt hier zur beschränkten Geltungsdauer einer Verfassung. Allerdings ist Jeffersons Sicht für den modernen Konstitutionalismus untypisch, soll dessen Leistung doch gerade in langfristiger Umrahmung kürzer getakteter politischer Prozesse bestehen. So lautet jedenfalls sein normativer Anspruch.

Dass sich Probleme der Verzeitlichung in der Verfassungstheorie besonders verdichten, begegnet uns immer wieder: beim Streit um die richtige Auslegung einer Verfassung zwischen Originalisten und Funktionalisten, bei der Bedeutung des Moments der Verfassunggebung oder bei der Suche nach einem nachhaltigen Verfassungsrecht. Wichtig ist zunächst nur zu erkennen, dass sich hier nichts von selbst versteht. Verfassungen schaffen immer beides zugleich: den Moment der Gründung einer Ordnung einzufrieren bzw. für die Zukunft festzuhalten und diese Zukunft durch politischen Wandel zu beschleunigen. Einfach in eine Richtung auflösen lassen wird sich diese Widersprüchlichkeit theoretisch überzeugend nicht, auch wenn ein Teil der Verfassungstheorie in solchen einfachen Auflösungsversuchen besteht.

Wir werden stattdessen im Folgenden entfalten, wie verfassungstheoretische An- und Widersprüche an verschiedene Konstellationen von Zeitlichkeit gebunden sind und wie es der temporale Blick umgekehrt ermöglicht, dieselben zu sortieren. Dabei orientiert uns das zeitliche Bezugssystem, das auch den Begriff der Verfassung aufspannt: Gründungsmomente und Verlaufskurven, Zukunftsfragen und Vergangenheitswirkungen strukturieren die Normativität von Verfassungen.

### *Gründungsprobleme: Verfassunggebung*

Wenn eine Verfassung als höchste Norm einer Ordnung verstanden werden kann, dann gibt es keine Norm, die zu regeln vermag, wie eine Verfassung zu beraten und zu beschließen ist. Entstehung und Rechtfertigung der Verfassung beruhen nicht auf ihren eigenen Maßstäben, sondern sie sind Produkt eines gar nicht oder anderweitig geregelten Prozesses. Mitunter wird in diesem Zusammenhang ein Paradox ausgemacht (Loughlin/Walker 2007). Man kann sich aber auch damit begnügen, nach Kriterien für einen angemessen gerechtfertigten Prozess der Verfassunggebung Ausschau zu halten und darauf zu achten, dass die Kriterien der Verfassunggebung sich auch in der Verfassung wiederfinden (Patberg 2018: 196–216). Das wichtigste Angebot in der Tradition sind demokratische Kriterien. Verfassunggebung ist dann ein Prozess, in dem sich die von der Verfassung Betroffenen in einem repräsentativen Prozess oder einem Referendum verständigt und entschieden haben. Die Geltung der Verfassung ist so nicht mehr das Produkt einer Überlieferung oder einer transzendenten, namentlich religiösen, Geltungsquelle. Vielmehr ist sie Ergebnis einer Handlung, einer Entscheidung, die als eine solche auch einem Subjekt zugerechnet werden muss: der verfassunggebenden Gewalt des Volkes. Und dieses Volk nimmt, wenn es um die Etablierung einer neuen und höchsten Norm ringt, seine Volkssouveränität in Anspruch.

In einer starken Version werden mit der Idee der Verfassunggebung dann drei Eigenschaften verbunden: Diese ist *souverän* oder *revolutionär*, indem sie eine völlig neue Ordnung schafft, die in keiner Weise von der vorherigen abhängt. Sie ist *demokratisch*, indem sie allen Betroffenen gleiche Beteiligungschancen gibt. Schließlich ist die Verfassunggebung *unitarisch* oder *monistisch*, weil an ihr nur ein Subjekt beteiligt ist.

In einer historischen und vergleichenden Perspektive auf Verfassunggebung finden sich Prozesse, die diese Eigenschaften aufweisen, freilich selten. In den USA hatten die Angehörigen des Kontinentalen Kongresses, später dann Konföderationskongress genannt, kein demokratisches Mandat, um eine neue Verfassung zu schreiben. Entschieden wurde auch nicht durch das amerikanische Volk, sondern durch eine qualifizierte Mehrheit der Gliedstaatenvölker, also nicht unitarisch, sondern föderal-plural. In Ländern wie Afghanistan (Dann 2012) oder Japan waren Besatzungsmächte in die Verfassunggebung massiv einbezogen, von einer souveränen Entscheidung konnte nicht die Rede

# Reihe »Zur Einführung«

A

**Theodor W. Adorno**
von Gerhard Schweppenhäuser
3. Aufl., 15,90 Euro [D]
ISBN 978-3-88506-671-2

**Giorgio Agamben**
von Eva Geulen
3. Aufl., 13,90 Euro [D]
ISBN 978-3-88506-670-5

**Hans Albert**
von Eric Hilgendorf
13,50 Euro [D]
ISBN 978-3-88506-943-0

**Analytische Philosophie**
von Albert Newen
3. Aufl., 15,90 Euro [D]
ISBN 978-3-88506-611-8

**Anarchismus**
von Daniel Loick
4. Aufl., 16,90 Euro [D]
ISBN 978-3-88506-768-9

**Angewandte Ethik**
von Urs Thurnherr
2. Aufl., 15,90 Euro [D]
ISBN 978-3-88506-322-3

**Anthropozän**
von Eva Horn und Hannes Bergthaller
3. Aufl., 16,90 Euro [D]
ISBN 978-3-96060-311-5

**Antike und moderne Skepsis**
von Markus Gabriel
3. Aufl., 14,90 Euro [D]
ISBN 978-3-88506-649-1

**Antike politische Philosophie**
von Walter Reese-Schäfer
3. Aufl., 16,90 Euro [D]
ISBN 978-3-88506-971-3

**Theorien der Arbeit**
von Alexandra Manske und Wolfgang Menz
17,90 Euro (D)
ISBN 978-3-96060-330-6

**Architekturtheorie**
von Jörg H. Gleiter
17,90 Euro [D]
ISBN 978-3-96060-324-5

**Hannah Arendt**
von Grit Straßenberger
4. Aufl., 15,90 Euro [D]
ISBN 978-3-88506-089-5

**Argumentationstheorie**
von Josef Kopperschmidt
3. Aufl., 13,90 Euro [D]
ISBN 978-3-88506-320-9

**Aristoteles**
von Christof Rapp
6. Aufl., 16,90 Euro [D]
ISBN 978-3-88506-690-3

**Ästhetik**
von Stefan Majetschak
5. Aufl., 14,90 Euro [D]
ISBN 978-3-88506-634-7

**Ästhetische Bildung**
von Iris Laner
2. Aufl., 16,90 Euro [D]
ISBN 978-3-96060-300-9

**Augustinus**
von Johann Kreuzer
2. Aufl., 13,90 Euro [D]
ISBN 978-3-88506-609-5

B

**Michail Bachtin**
von Sylvia Sasse
2. Aufl., 14,90 Euro [D]
ISBN 978-3-88506-659-0

**Roland Barthes**
von Ottmar Ette
2. Aufl., 13,90 Euro [D]
ISBN 978-3-88506-694-1

**Georges Bataille**
von Peter Wiechens
2. Aufl., 15,90 Euro (D)
ISBN 978-3-88506-907-2

**Jean Baudrillard**
von Falko Blask
4. Aufl., 13,90 Euro [D]
ISBN 978-3-88506-067-3

**Begriffsgeschichte**
von Ernst Müller und Falko Schmieder
15,90 Euro [D]
ISBN 978-3-96060-317-7

**Walter Benjamin**
von Sven Kramer
5. Aufl., 13,90 Euro [D]
ISBN 978-3-88506-683-5

**Henri Bergson**
von Gilles Deleuze
5. Aufl., 14,90 Euro [D]
ISBN 978-3-88506-336-0

**Bildtheorie**
von Wolfram Pichler und Ralph Ubl
4. Aufl., 16,90 Euro [D]
ISBN 978-3-88506-074-1

**Bildungstheorien**
von Markus Rieger-Ladich
2. Aufl., 14,90 Euro [D]
ISBN 978-3-96060-304-7

**Biophilosophie**
von Kristian Köchy
14,90 Euro [D]
ISBN 978-3-88506-650-7

**Biopolitik**
von Thomas Lemke
2. Aufl., 13,90 Euro [D]
ISBN 978-3-88506-635-4

**Leo Strauss**
von Clemens Kauffmann
2. Aufl., 17,90 Euro (D)
ISBN 978-3-88506-963-8

T

**Taoismus**
von Florian C. Reiter
3. Aufl., 12,90 Euro [D]
ISBN 978-3-88506-386-5

**Charles Taylor**
von Ingeborg Breuer
2. Aufl., 15,90 Euro [D]
ISBN 978-3-88506-327-8

**Technikphilosophie**
von Alfred Nordmann
3. Aufl., 15,90 Euro [D]
ISBN 978-3-88506-724-5

**Theater- und Tanzperformance**
von Gerald Siegmund
16,90 Euro [D]
ISBN 978-3-96060-316-0

**Thomas von Aquin**
von Rolf Schönberger
4. Aufl., 13,90 Euro [D]
ISBN 978-3-88506-351-3

**Christian Thomasius**
von Peter Schröder
13,50 Euro [D]
ISBN 978-3-88506-997-3

**Tierethik**
von Herwig Grimm
und Markus Wild
2. Aufl., 15,90 Euro [D]
ISBN 978-3-88506-748-1

**Tierphilosophie**
von Markus Wild
4. Aufl., 15,90 Euro [D]
ISBN 978-3-88506-651-4

**Theorien des Todes**
von Petra Gehring
4. Aufl., 15,90 Euro [D]
ISBN 978-3-88506-676-7

**Trans- und Posthumanismus**
von Janina Loh
4. Aufl., 15,90 Euro [D]
ISBN 978-3-88506-808-2

U

**Umweltethik**
von Konrad Ott
3. Aufl., 15,90 Euro [D]
ISBN 978-3-88506-677-4

V

**Theorien der Verfassung**
von Christoph Möllers und
Sabine Müller-Mall
ca. 16,90 Euro [D]
ISBN 978-3-96060-332-0

**Visuelle Kulturen/ Visual Culture**
von Marius Rimmele
und Bernd Stiegler
2. Aufl., 14,90 Euro [D]
ISBN 978-3-88506-060-4

**Eric Voegelin**
von Michael Henkel
2. Aufl., 16,90 Euro [D]
ISBN 978-3-88506-976-8

W

**Michael Walzer**
von Skadi Krause
und Karsten Malowitz
13,50 Euro [D]
ISBN 978-3-88506-970-6

**Max Weber**
von Volker Heins
4. Aufl., 11,90 Euro [D]
ISBN 978-3-88506-390-2

**Alfred North Whitehead**
von Michael Hauskeller
13,50 Euro [D]
ISBN 978-3-88506-895-2

**Wirtschaftsethik**
von Felix Heidenreich
13,90 Euro [D]
ISBN 978-3-88506-689-7

**Wirtschaftsphilosophie**
von Ludger Heidbrink,
Alexander Lorch und
Verena Rauen
14,90 Euro [D]
ISBN 978-3-96060-308-5

**Wissenschaftstheorie**
von Martin Carrier
5. Aufl., 14,90 Euro [D]
ISBN 978-3-88506-653-8

Stand: August 2024
Der jeweils angegebene Preis ist der gebundene Ladenpreis in Deutschland. Irrtümer und Änderungen vorbehalten.

E

**Meister Eckhart**
von Norbert Winkler
2. Aufl., 16,90 Euro [D]
ISBN 978-3-88506-944-7

**Theorien des Eigentums**
von Niklas Angebauer
und Tilo Wesche
ca. 17,90 Euro [D]
ISBN 978-3-96060-340-5

**Mircea Eliade**
von Richard Reschika
13,50 Euro [D]
ISBN 978-3-88506-960-7

**Norbert Elias**
von Ralf Baumgart
und Volker Eichener
3. Aufl., 14,90 Euro [D]
ISBN 978-3-88506-070-3

**Theorien der Empathie**
von Susanne Schmetkamp
2. Aufl., 15,90 Euro [D]
ISBN 978-3-96060-310-8

**Theorien der Entfremdung**
von Christoph Henning
2. Aufl., 15,90 Euro [D]
ISBN 978-3-88506-704-7

**Epikur**
von Carl-Friedrich Geyer
4. Aufl., 14,90 Euro [D]
ISBN 978-3-88506-328-5

**Erkenntnistheorie**
von Herbert Schnädelbach
4. Aufl., 14,90 Euro [D]
ISBN 978-3-88506-368-1

**Erzähltheorie und Erzähltechniken**
von Michael Niehaus
16,90 Euro [D]
ISBN 978-3-96060-325-2

**Amitai Etzioni**
von Walter Reese-Schäfer
11,50 Euro [D]
ISBN 978-3-88506-342-1

**Evolutionäre Anthropologie**
von Marianne Sommer
14,90 Euro [D]
ISBN 978-3-88506-091-8

F

**Feministische Theorien**
von Regina Becker-Schmidt
und Gudrun-Axeli Knapp
8. Aufl., 15,90 Euro [D]
ISBN 978-3-88506-648-4

**Fernsehtheorie**
von Lorenz Engell
15,90 Euro [D]
ISBN 978-3-88506-692-7

**Filmtheorie**
von Thomas Elsaesser
und Malte Hagener
6. Aufl., 16,90 Euro [D]
ISBN 978-3-88506-078-9

**Formen philosophischer Schriften**
von Werner Stegmaier
16,90 Euro [D]
ISBN 978-3-96060-320-7

**Theorien der Fotografie**
von Peter Geimer
6. Aufl., 15,90 Euro [D]
ISBN 978-3-88506-666-8

**Michel Foucault**
von Philipp Sarasin
8. Aufl., 15,90 Euro [D]
ISBN 978-3-88506-066-6

**Sigmund Freud**
von Andreas Mayer
3. Aufl., 15,90 Euro [D]
ISBN 978-3-88506-090-1

G

**Theorien der Gabe**
von Iris Därmann
2. Aufl., 13,90 Euro [D]
ISBN 978-3-88506-675-0

**Hans-Georg Gadamer**
von Udo Tietz
4. Aufl., 14,90 Euro [D]
ISBN 978-3-88506-612-5

**Theorien der Gegenwartskunst**
von Juliane Rebentisch
5. Aufl., 15,90 Euro [D]
ISBN 978-3-88506-697-2

**Arnold Gehlen**
von Christian Thies
3. Aufl., 13,90 Euro [D]
ISBN 978-3-88506-329-2

**Philosophie des Geistes**
von Jasper Liptow
14,90 Euro [D]
ISBN 978-3-88506-072-7

**Theorie des Geldes**
von Axel T. Paul
15,90 Euro [D]
ISBN 978-3-88506-796-2

**Theorien der Gemeinschaft**
von Hartmut Rosa u.a.
2. Aufl., 14,90 Euro [D]
ISBN 978-3-88506-667-5

**Geopolitik**
von Niels Werber
2. Aufl., 16,90 Euro [D]
ISBN 978-3-88506-085-7

**Gerechtigkeitstheorien**
von Bernd Ladwig
3. Aufl., 16,90 Euro [D]
ISBN 978-3-88506-693-4

**Philosophie der Menschenrechte**
von Christoph Menke
und Arnd Pollmann
4. Aufl., 15,90 Euro [D]
ISBN 978-3-88506-639-2

**Maurice Merleau-Ponty**
von Christian Bermes
4. Aufl., 14,90 Euro [D]
ISBN 978-3-88506-399-5

**Metaethik**
von Markus Rüther
15,90 Euro [D]
ISBN 978-3-88506-709-2

**Philosophische Methoden**
von Tatjana Schönwälder-Kuntze
3. Aufl., 14,90 Euro [D]
ISBN 978-3-88506-092-5

**Globale Migration**
von Helen Schwenken
14,90 Euro [D]
ISBN 978-3-88506-805-1

**John Stuart Mill**
von Dominique Kuenzle
und Michael Schefczyk
2. Aufl., 15,90 Euro [D]
ISBN 978-3-88506-660-6

**Mimesis**
von Friedrich Balke
15,90 Euro [D]
ISBN 978-3-96060-302-3

**Michel de Montaigne**
von Peter Burke
4. Aufl., 12,90 Euro [D]
ISBN 978-3-88506-392-6

**George Edward Moore**
von Bert Heinrichs
14,90 Euro [D]
ISBN 978-3-96060-306-1

**Moralbegründungen**
von Konrad Ott
3. Aufl., 15,90 Euro [D]
ISBN 978-3-88506-614-9

**Theorien des Museums**
von Anke te Heesen
4. Aufl., 15,90 Euro [D]
ISBN 978-3-88506-698-9

**Musikphilosophie**
von Richard Klein
2. Aufl., 15,90 Euro [D]
ISBN 978-3-88506-087-1

## N

**Antonio Negri**
von Roberto Nigro
15,90 Euro [D]
ISBN 978-3-96060-342-9

**Neoliberalismus**
von Thomas Biebricher
4. Aufl., 16,90 Euro [D]
ISBN 978-3-88506-743-6

**Friedrich Nietzsche**
von Werner Stegmaier
4. Aufl., 15,90 Euro [D]
ISBN 978-3-88506-695-8

**Nikolaus von Kues**
von Norbert Winkler
2. Aufl., 16,90 Euro [D]
ISBN 978-3-88506-339-1

## P/Q

**Charles Sanders Peirce**
von Helmut Pape
2. Aufl., 14,90 Euro [D]
ISBN 978-3-88506-093-2

**Phänomenologie**
von Ferdinand Fellmann
4. Aufl., 14,90 Euro [D]
ISBN 978-3-88506-744-3

**Philologie**
von Marcel Lepper
13,90 Euro [D]
ISBN 978-3-88506-063-5

**Jean Piaget**
von Ingrid Scharlau
3. Aufl., 13,90 Euro [D]
ISBN 978-3-88506-646-0

**Platon**
von Barbara Zehnpfennig
6. Aufl., 15,90 Euro [D]
ISBN 978-3-88506-348-3

**Politische Philosophie**
von Elif Özmen
12,90 Euro [D]
ISBN 978-3-88506-069-7

**Neue Philosophien des Politischen**
von Uwe Hebekus
und Jan Völker
14,90 Euro [D]
ISBN 978-3-88506-663-7

**Populäre Kulturen**
von Niels Penke und
Matthias Schaffrick
14,90 Euro [D]
ISBN 978-3-96060-303-0

**Theorien des Populismus**
von Dirk Jörke und
Veith Selk
2. Aufl., 14,90 Euro [D]
ISBN 978-3-88506-798-6

**Postkoloniale Theorien**
von Ina Kerner
4. Aufl., 15,90 Euro [D]
ISBN 978-3-88506-665-1

**Pragmatismus**
von Hans Joas,
Hans-Joachim Schubert
und Harald Wenzel
2. Aufl., 15,90 Euro [D]
ISBN 978-3-88506-682-8

**Sören Kierkegaard**
von Konrad P. Liessmann
8. Aufl., 15,90 Euro [D]
ISBN 978-3-88506-625-5

**Friedrich Kittler**
von Geoffrey Winthrop-Young
13,90 Euro [D]
ISBN 978-3-88506-607-1

**Alexander Kluge**
von Rainer Stollmann
2. Aufl., 15,90 Euro [D]
ISBN 978-3-88506-975-1

**Lawrence Kohlberg**
von Detlef Garz
2. Aufl., 13,90 Euro [D]
ISBN 978-3-88506-647-7

**Siegfried Kracauer**
von Gertrud Koch
2. Aufl., 14,90 Euro [D]
ISBN 978-3-88506-669-9

**Kulturphilosophie**
von Ralf Konersmann
3. Aufl., 14,90 Euro [D]
ISBN 978-3-88506-674-3

**Kulturtheorien**
von Iris Därmann
3. Aufl., 14,90 Euro [D]
ISBN 978-3-88506-688-0

**Kulturwissenschaftliche Gedächtnistheorien**
von Nicolas Pethes
2. Aufl., 13,90 Euro [D]
ISBN 978-3-88506-656-9

**Kunstgeschichte**
von Ulrich Pfisterer,
17,90 Euro [D]
ISBN 978-3-88506-705-4

**Künstliche Intelligenz**
von Sebastian Rosengrün
15,90 Euro [D]
ISBN 978-3-96060-323-8

## L

**Jacques Lacan**
von Gerda Pagel
7. Aufl., 13,90 Euro [D]
ISBN 978-3-88506-364-3

**Bruno Latour**
von Henning Schmidgen
3. Aufl., 15,90 Euro [D]
ISBN 978-3-88506-680-4

**Philosophie der Lebenskunst**
von Ferdinand Fellmann
13,90 Euro [D]
ISBN 978-3-88506-664-4

**Gottfried Wilhelm Leibniz**
von Hans Poser
4. Aufl., 15,90 Euro [D]
ISBN 978-3-88506-613-2

**Emmanuel Levinas**
von Werner Stegmaier
3. Aufl., 15,90 Euro [D]
ISBN 978-3-88506-672-9

**Claude Lévi-Strauss**
von Thomas Reinhardt
2. Aufl., 13,90 Euro [D]
ISBN 978-3-88506-658-3

**Theorien des Liberalismus**
von Christine Bratu und Moritz Dittmeyer
14,90 Euro [D]
ISBN 978-3-88506-797-9

**Literaturtheorien**
von Oliver Simons
2. Aufl., 14,90 Euro [D]
ISBN 978-3-88506-083-3

**John Locke**
von Walter Euchner
3. Aufl., 13,90 Euro [D]
ISBN 978-3-88506-600-2

**Logik**
von Wilhelm Büttemeyer
16,90 Euro [D]
ISBN 978-3-88506-079-6

**Niklas Luhmann**
von Walter Reese-Schäfer
7. Aufl., 15,90 Euro [D]
ISBN 978-3-88506-696-5

**Jean-François Lyotard**
von Walter Reese-Schäfer
5. Aufl., 15,90 Euro [D]
ISBN 978-3-88506-913-3

## M

**Niccolò Machiavelli**
von Quentin Skinner
6. Aufl., 12,90 Euro [D]
ISBN 978-3-88506-350-6

**Theorien der Macht**
von Andreas Anter
6. Aufl., 15,90 Euro [D]
ISBN 978-3-88506-062-8

**Karl Mannheim**
von Wilhelm Hofmann
13,50 Euro [D]
ISBN 978-3-88506-938-6

**Karl Marx**
von Christian Schmidt
2. Aufl., 15,90 Euro [D]
ISBN 978-3-88506-806-8

**Neue Materialismen**
von Katharina Hoppe und Thomas Lemke
3. Aufl., ca. 15,90 Euro [D]
ISBN 978-3-96060-322-1

**Medizinphilosophie**
von Cornelius Borck
2. Aufl., 15,90 Euro [D]
ISBN 978-3-88506-746-7

**Geschichtsphilosophie**
von Johannes Rohbeck
4. Aufl., 14,90 Euro [D]
ISBN 978-3-88506-602-6

**Philosophische Geschlechtertheorien**
von Friederike Kuster
15,90 Euro [D]
ISBN 978-3-96060-305-4

**Theorien der Gewalt**
von Teresa Koloma Beck
und Klaus Schlichte
3. Aufl., 14,90 Euro [D]
ISBN 978-3-88506-080-2

**Antonio Gramsci**
von Thomas Barfuss
und Peter Jehle
4. Aufl., 15,90 Euro [D]
ISBN 978-3-88506-084-0

**Theorien des Guten**
von Martin Hähnel
und Maria Schwartz
14,90 Euro [D]
ISBN 978-3-96060-301-6

H

**Jürgen Habermas**
von Mattias Iser
und David Strecker
3. Aufl., 15,90 Euro [D]
ISBN 978-3-88506-668-2

**Stuart Hall und die Cultural Studies**
von Sauli Havu und
Juha Koivisto
ca. 16,90 Euro [D]
ISBN 978-3-96060-343-6

**Donna Haraway**
von Katharina Hoppe
2. Aufl., 16,90 Euro [D]
ISBN 978-3-96060-333-7

**Friedrich A. von Hayek**
von Hans Jörg Hennecke
4. Aufl., 15,90 Euro [D]
ISBN 978-3-88506-655-2

**G.W.F. Hegel**
von Herbert Schnädelbach
7. Aufl., 14,90 Euro [D]
ISBN 978-3-88506-352-0

**Martin Heidegger**
von Günter Figal
8. Aufl., 14,90 Euro [D]
ISBN 978-3-88506-750-4

**Johann Friedrich Herbart**
von Matthias Heesch
10,50 Euro [D]
ISBN 978-3-88506-999-7

**Johann Gottfried Herder**
von Jens Heise
2. Aufl., 11,50 Euro [D]
ISBN 978-3-88506-628-6

**Hermeneutik**
von Matthias Jung
6. Aufl., 15,90 Euro [D]
ISBN 978-3-88506-065-9

**Historische Anthropologie**
von Jakob Tanner
3. Aufl., 15,90 Euro [D]
ISBN 978-3-88506-601-9

**Historische Epistemologie**
von Hans-Jörg Rheinberger
4. Aufl., 14,90 Euro [D]
ISBN 978-3-88506-636-1

**Thomas Hobbes**
von Wolfgang Kersting
5. Aufl., 14,90 Euro [D]
ISBN 978-3-88506-673-6

**David Hume**
von Heiner F. Klemme
2. Aufl., 13,90 Euro [D]
ISBN 978-3-88506-637-8

**Edmund Husserl**
von Peter Prechtl
6. Aufl., ca. 15,90 Euro [D]
ISBN 978-3-88506-369-8

I/J

**Philosophie der internationalen Politik**
von Frank Dietrich
und Véronique Zanetti
13,90 Euro [D]
ISBN 978-3-88506-081-9

**Theorien der Intersektionalität**
von Katrin Meyer
2. Aufl., 15,90 Euro [D]
ISBN 978-3-88506-782-5

**Islam**
von Peter Heine
2. Aufl., 12,50 Euro [D]
ISBN 978-3-88506-365-0

**Karl Jaspers**
von Werner Schüßler
10,50 Euro [D]
ISBN 978-3-88506-914-0

**C.G. Jung**
von Micha Brumlik
3. Aufl., 14,90 Euro [D]
ISBN 978-3-88506-397-1

K

**Immanuel Kant**
von Arno Schubbach
15,90 Euro [D]
ISBN 978-3-96060-331-3

**Kapitalismus**
von Julian L. Garritzmann
16,90 Euro [D]
ISBN 978-3-96060-335-1

**Hans Kelsen**
von Horst Dreier
17,90 Euro (D)
ISBN 978-3-96060-336-8

**Queere Theorien**
von Mike Laufenberg
2. Aufl., 17,90 Euro [D]
ISBN 978-3-96060-329-0

R

**Radikale Demokratietheorien**
von Oliver Flügel-Martinsen
14,90 Euro [D]
ISBN 978-3-96060-314-6

**John Rawls**
von Wolfgang Kersting
4. Aufl., 14,90 Euro [D]
ISBN 978-3-88506-343-8

**Rechtsphilosophie**
von Alexander Somek
14,90 Euro [D]
ISBN 978-3-88506-809-9

**Rechtstheorie**
von Alexander Somek
14,90 Euro [D]
ISBN 978-3-88506-783-2

**Theorien der Revolution**
von Florian Grosser
2. Aufl., 14,90 Euro [D]
ISBN 978-3-88506-075-8

**Rhetorik**
von Melanie Möller
15,90 Euro [D]
ISBN 978-3-96060-328-3

**Joachim Ritter und die Ritter-Schule**
von Mark Schweda
14,90 Euro [D]
ISBN 978-3-88506-708-5

**Richard Rorty**
von Walter Reese-Schäfer
2. Aufl., 13,90 Euro [D]
ISBN 978-3-88506-623-1

S

**Jean-Paul Sartre**
von Martin Suhr
6. Aufl., 15,90 Euro [D]
ISBN 978-3-88506-711-5

**Ferdinand de Saussure**
von Ludwig Jäger
14,90 Euro [D]
ISBN 978-3-88506-622-4

**Friedrich W.J. Schelling**
von Franz Josef Wetz
2. Aufl., 16,90 Euro [D]
ISBN 978-3-88506-939-3

**Carl Schmitt**
von Reinhard Mehring
6. Aufl., 15,90 Euro [D]
ISBN 978-3-88506-685-9

**Arthur Schopenhauer**
von Volker Spierling
5. Aufl., ca. 14,90 Euro [D]
ISBN 978-3-88506-631-6

**Science Fiction**
von Isabella Hermann
15,90 Euro [D]
ISBN 978-3-96060-321-4

**Theorien des Sehens**
von Joerg Fingerhut und Eva Schürmann
ca. 16,90 Euro [D]
ISBN 978-3-96060-348-1

**Amartya Sen**
von Christian Neuhäuser
13,90 Euro [D]
ISBN 978-3-88506-076-5

**Theorien der Serie**
von Simon Rothöhler
14,90 Euro [D]
ISBN 978-3-96060-315-3

**Georg Simmel**
von Werner Jung
2. Aufl., 13,90 Euro [D]
ISBN 978-3-88506-769-6

**Adam Smith**
von Michael Aßländer
13,90 Euro [D]
ISBN 978-3-88506-641-5

**Sokrates**
von Christoph Kniest
2. Aufl., 13,90 Euro [D]
ISBN 978-3-88506-356-8

**Soziale Kognition**
von Tobias Schlicht
16,90 Euro [D]
ISBN 978-3-88506-810-5

**Soziale Marktwirtschaft und Ordoliberalismus**
von Thomas Biebricher und Ralf Ptak
15,90 Euro [D]
ISBN 978-3-96060-312-2

**Theorien des Sozialstaats**
von Stephan Lessenich
13,90 Euro [D]
ISBN 978-3-88506-699-6

**Sozialwissenschaften**
von Samuel Salzborn
13,90 Euro [D]
ISBN 978-3-88506-077-2

**Baruch de Spinoza**
von Helmut Seidel
3. Aufl., 13,90 Euro [D]
ISBN 978-3-88506-644-6

**Sprachphilosophie**
von Georg W. Bertram
4. Aufl., 15,90 Euro [D]
ISBN 978-3-88506-681-1

**Theorien der Strafe**
von Franziska Dübgen
14,90 Euro [D]
ISBN 978-3-88506-766-5

**Biorobotik**
von Marco Tamborini
16,90 Euro [D]
ISBN 978-3-96060-345-0

**Hans Blumenberg**
von Franz Josef Wetz
5. Aufl., 15,90 Euro [D]
ISBN 978-3-88506-684-2

**Theorien des Bösen**
von Jörg Noller
2. Aufl., 14,90 Euro [D]
ISBN 978-3-88506-788-7

**Pierre Bourdieu**
von Markus Schwingel
9. Aufl., 15,90 Euro [D]
ISBN 978-3-88506-380-3

**Judith Butler**
von Hannelore Bublitz
6. Aufl., 14,90 Euro [D]
ISBN 978-3-88506-678-1

## C

**Ernst Cassirer**
von Heinz Paetzold
5. Aufl., 14,90 Euro [D]
ISBN 978-3-88506-371-1

**Stanley Cavell**
von Elisabeth Bronfen
15,90 Euro [D]
ISBN 978-3-88506-608-8

**Chinesische Gegenwartsphilosophie**
von Fabian Heubel
15,90 Euro [D]
ISBN 978-3-88506-745-0

**Clausewitz**
von Sebastian Schindler
14,90 Euro [D]
ISBN 978-3-96060-309-2

**Theorien des Computerspiels**
von Gamescoop
14,90 Euro [D]
ISBN 978-3-88506-691-0

**Auguste Comte**
von Gerhard Wagner
11,50 Euro [D]
ISBN 978-3-88506-335-3

## D

**Charles Darwin**
von Julia Voss
13,90 Euro [D]
ISBN 978-3-88506-654-5

**Donald Davidson**
von Kathrin Glüer
12,90 Euro [D]
ISBN 978-3-88506-889-1

**Degrowth/Postwachstum**
von Matthias Schmelzer
und Andrea Vetter
3. Aufl., 15,90 Euro [D]
ISBN 978-3-96060-307-8

**Gilles Deleuze**
von Michaela Ott
4. Aufl., 13,90 Euro [D]
ISBN 978-3-88506-603-3

**Demokratietheorien**
von Francis Cheneval
14,90 Euro [D]
ISBN 978-3-88506-701-6

**Jacques Derrida**
von Susanne Lüdemann
4. Aufl., 15,90 Euro [D]
ISBN 978-3-88506-686-6

**René Descartes**
von Peter Prechtl
2. Aufl., 12,50 Euro [D]
ISBN 978-3-88506-926-3

**Theorien des Designs**
von Claudia Mareis
3. Aufl., 15,90 Euro [D]
ISBN 978-3-88506-086-4

**John Dewey**
von Martin Suhr
3. Aufl., 14,90 Euro [D]
ISBN 978-3-88506-396-4

**Digitale Literatur**
von Hannes Bajohr
und Simon Roloff
ca. 15,90 Euro (D)
ISBN 978-3-96060-339-9

**Philosophie des Digitalen**
von Gabriele Gramelsberge
2. Aufl., 16,90 Euro (D)
ISBN 978-3-96060-337-5

**Digitales Wissen, Daten und Überwachung**
von Thomas
Christian Bächle
15,90 Euro [D]
ISBN 978-3-88506-767-2

**Wilhelm Dilthey**
von Matthias Jung
2. Aufl., 14,90 Euro [D]
ISBN 978-3-88506-088-8

**Disability Studies**
von Anne Waldschmidt
15,90 Euro [D]
ISBN 978-3-96060-319-1

**Theorien des Dokumentarfilms**
von Oliver Fahle
16,90 Euro [D]
ISBN 978-3-96060-313-9

**Émile Durkheim**
von Heike Delitz
14,90 Euro [D]
ISBN 978-3-88506-068-0

JUNIUS

Theorien der Empathie
Wissenschaftstheorie
Technikphilosophie
Postkoloniale Theorien
Kulturphilosophie
Ästhetische Bildung
Leibniz
Analytische Philosophie
Butler
Biopolitik
Arendt
Simmel
Mimesis
Anthropozän
Kracauer
Elia
Bachtin
Dewey
Blumenberg
Pragmatismus
Lacan
Theorien des Museums
Sokrates
Theorien der Fotografie
Thomas von Aquin
Bildungstheorien
Gerechtigkeits-theorien
Tierethik
Darwin
Mill
Neoliberalismus
Phänomenologie
Philosophische Methoden
Philosophische Geschlechtertheorien
Theorien der Strafe
Historische Epistemologie
Cavell
Aristoteles
Barthes
Kant
Ästhetik
Feministische Theorien
Tierphilosophie
Philosophie der Menschenrechte
Durkheim
Neue Materialismen
Rawls
Adorno
Historische Anthropologie
Queere Theorien
Sprachphilosophie
Degrowth/Postwachstum
Radikale Demokratie-theorien
Wirtschaftsethik
Theorien der Serie
Theorie des Geldes
Luhmann
Gramsci
Foucault
Merleau-Ponty
Argumentationstheorie
Theorien der Gabe
Clausewitz
Künstliche Intelligenz
Theorien des Bösen
Musikphilosophie
Populäre Kulturen

sein. In Deutschland wirkten für das Grundgesetz Besatzungsmächte und bundesstaatliche Glieder zusammen (Möllers 2023: 393). In Südafrika war das Verfassungsgericht, also ein rechtlich bereits gebundenes Organ, an der Verfassunggebung beteiligt (für die Perspektive eines Teilnehmers: Goldstone 2008: 26 f.). In Argentinien ermöglichte das dortige Verfassungsgericht einen Putsch von einer Verfassung zu einer anderen (Gargarella 2012: 110). In Frankreich, in dem die Theorie der verfassunggebenden Gewalt maßgeblich mitentwickelt wurde (Rubinelli 2020: 46 ff.), trat die infrage stehende Verfassung erst gar nicht in Kraft. In vielen Ländern beginnen Verfassungen zudem mit religiösen Anrufungsformeln unterschiedlicher Art. Religion hatte dann jedenfalls in der Rekonstruktion des Verfassungstextes bei der Verfassung eine Hand im Spiel.

Die Vorstellung, ein Volk gebe sich in einem Akt der verfassunggebenden Gewalt eine eigene Verfassung, wird, je genauer man diese Praktiken beobachtet, desto deutlicher zu einem idealisierten Modell. Wenn es dem Selbstverständnis einer der Freiheit verpflichteten Ordnung entspricht, nicht einfach in eine tradierte Ordnung hineinzugeraten, dann muss der Frage, wer über die geltende Ordnung entschieden hat, nachgegangen und es müssen Kriterien für die Beurteilung des Prozesses entwickelt werden. Das methodisch Irritierende an dieser Reflexion dürfte dann darin bestehen, dass sich solche Kriterien einerseits nicht aus Hinweisen auf irgendeine Legalität ergeben können, denn es geht ja gerade darum, eine neue Rechtsordnung zu etablieren oder der bestehenden eine neue Grundlage zu geben. Andererseits können sie sich nicht aus irgendeiner politischen Theorie ergeben. Theorien der Verfassunggebung werden in einem rekursiven Prozess entwickelt, in dem einer bereits beschlossenen Verfassung Maßstäbe für die Legitimität der eigenen Verfassungsentstehung zu entnehmen sind. Diese können auch Widersprüche zutage treten lassen, wenn etwa das Grundgesetz das »deutsche Volk« anruft, ohne dessen Beteiligung es zustande gekommen ist, weil seine Entstehung eher als bundesstaatlicher und international eingebundener Prozess zu verstehen ist.

Spricht nichts gegen Theoriebildung, so sollte die Theorie aber über das Modell der volkssouveränen unitarischen Verfassunggebung hinauskommen: Modelle, die die föderalen Entstehungsbedingungen, namentlich die Entstehung durch Verfassungsvertrag (Oeter 1995: 666 ff.), bereits bestehende Bindungen und die Einbeziehung nicht-demokratischer Rechtfertigungsmuster mitdenken, wären vonnöten (vgl. Arato 2016: 94 ff., 108). Dabei geht es gerade nicht darum, aus normativer Perspektive demokratische Herrschaft abzuwerten. Vielmehr gilt es zu erkennen, dass es nicht immer weiterführt, Verfassunggebung am Maßstab eines sehr spezifischen Modells zu beschreiben. Gewiss ist nämlich auch, dass es funktionierende demokratische Verfassungsordnungen gibt, die *nicht* in einem demokratischen Prozess der Verfassunggebung entstanden sind.

*Verlaufsprobleme: Geltung und Umbrüche*

Auch jenseits von Gründungsmomenten ist die spezifische Zeitlichkeit von Verfassungen von Interesse. Sie sollen dauerhaft gelten, unterliegen aber Umbrüchen oder inkrementellen Veränderungsprozessen. Verfassungen bespielen, wie gesehen, das Verhältnis von Stabilisierung und Transformation einer Ordnung. Verfassungstheoretische Fragestellungen knüpfen normativ und deskriptiv an dieses Verhältnis an. Sie suchen beispielsweise nach transformativen Wirkungen von Verfassungen oder erheben den Anspruch an Verfassungen, stabilisierend zu wirken. Letztlich lassen sich die Probleme, die sich mit der Konfrontation von Verfassunggebung und andauernder Geltung verbinden, entlang einer Kernfrage entwickeln: Hat die verfassunggebende

Gewalt mit dem Inkrafttreten einer Verfassung ihre Schuldigkeit getan oder wirkt sie weiter, und wenn ja, wie wirkt sie weiter? Der systematische Kern dieser Frage ist älter als die Theorie der Verfassunggebung selbst. In einer wichtigen Theorielinie von Hobbes über Rousseau bis Schmitt ist zwischen der (verfassten) Regierung und der (unverfassten) Souveränität streng unterschieden worden (Tuck 2016). Souveränität schlummert im verfassungsrechtlichen Normalfall, um in bestimmten Konstellationen ihr Haupt zu erheben. In einer solchen Sicht hätte die verfassunggebende Gewalt als revolutionäre oder zumindest plebiszitäre Einbruchsmöglichkeit eine permanente Präsenz hinter der alltäglichen Verfassungspraxis (Rubinelli 2020: 2ff.; Böckenförde 1991 [1986]: 90f.). Radikale Demokratietheorien haben diese Sicht aufgegriffen (Negri 1992: 29ff. und passim). Dem steht eine andere Linie von Sieyès bis Kelsen entgegen, die daran zweifelt, dass es so etwas wie eine unverfasste demokratische Entscheidung überhaupt geben kann.

Diese Debatte zeigt, wie schwierig es ist, Theorien der Verfassung von anderen Theoriekomplexen, namentlich der Demokratietheorie zu isolieren. Die Vorstellung einer permanenten Verfassunggebung denkt an unorganisierte spontane Bewegungen oder an Volksversammlungen in kleinen Republiken als eigentlich demokratischen Formen. Kritiker wie Sieyès halten unter den Bedingungen moderner Arbeitsteilung alle demokratischen Entscheidungen für notwendig repräsentativ. Die Vorstellung, ein Volk könne sich außerhalb geordneter Verfahren Bahn brechen, ist anfechtbar. Vielleicht entpuppt sich dieses »Volk« nur als gut organisierte brutale Minderheit. Auch Verfassunggebung kann es aus dieser Sicht nur in repräsentativen Strukturen geben.

Das Dilemma, die Verfassunggebung nicht einfach als unorganisiertes Projekt sozialer Macht zu behandeln, sie aber auch nicht in den Routinen parlamentarischer Verfahren untergehen zu lassen, hat in den letzten Jahren mehr Aufmerksamkeit gefunden. In verschiedenen Ländern sind Versuche zu beobachten, eine Verfassungspolitik zu organisieren, die nicht in »normaler« Politik aufgeht, aber auch nicht unpolitisch operiert.

Alles wäre viel einfacher, wenn der Prozess der Verfassunggebung und der Verfassungsänderung in bestimmten Verfahren einzufangen bzw. darauf zu konzentrieren wäre. Aber dem ist nicht so. Historische konstitutionelle Umbrüche folgen häufig einfacher Gesetzgebung wie bei der Etablierung der Trennung von Kirche und Staat im Frankreich der III. Republik des Jahres 1905, dem Ausbau einer zentralen Wirtschaftsregulierung und eines Wohlfahrtsstaats im New Deal der 1930er Jahre in den USA oder der Einführung einer gerichtlichen Menschenrechtskontrolle durch Gesetz in Großbritannien 1998. Sie folgen auch bestimmten gerichtlichen Urteilen wie bei der Entwicklung einer Grenze der Verfassungsänderung durch den indischen Supreme Court (*Basic Structure Doctrine;* → Ewigkeiten und Identitäten; s.a. Krishnaswamy 2011), der Etablierung von Vorrang und unmittelbarer Anwendung des Europarechts durch den EuGH oder der Einführung einer verfassungsgerichtlichen Kontrolle selbst durch die Höchstgerichte in Israel und den USA. Solche Umbrüche, in denen neues Verfassungsrecht, ja sogar eine Verfassung selbst, auf Wegen etabliert wird, die im Verfassungstext formal nicht vorgesehen sind, gehören zu den am schwierigsten zu beschreibenden Phänomenen der Verfassung. Ganze Theorien wurden für sie entwickelt, die sich etwa an dem definierenden Moment des Verfassungsumbruchs in einer konkreten politischen Verfassungsgeschichte, an der verfassenden Wirkung gerichtlicher Urteile (Müller-Mall 2023) oder an der Beobachtung spezifisch gründender Verfassungsmomente (»Constitutional Moments«) (Ackerman 1991) orientieren, um solche Umbrüche zu beschreiben. Bei allen Unterschieden sind all diese Theorien wichtig, um die Komplexität verfassungsrechtlicher Entwicklungen zu verstehen. Es genügt nicht, sich die Verfahren der Verfassungsänderung anzuschauen, um beurteilen zu können, wie viel Widerstand diese Verfahren der Bildung hinreichender politischer Mehrheiten entgegensetzen (→ Änderung und Mehrheitsregel). Vielmehr ist die Weiterentwicklung der Verfassung nie vollständig und selten überwiegend in formalisierten Verfahren ihrer textlichen Änderung aufgehoben. Dies gilt mit Blick auf die Probleme der Auslegung von verfassungsrechtlichen Normen, aber es gilt viel tiefgreifender auch mit Blick auf die legitimatorischen Grundlagen der Verfassung selbst, die sich im Laufe der Zeit grundlegend ändern können, ohne dass diese Änderung formell abzubilden wäre. Weil Verfassungen, wie gesehen (→ Stabilisierung und Transformation), nicht einfach den Moment ihrer eigenen Entstehung dadurch perpetuieren wollen, dass sie die Zukunft binden, sondern zugleich auch dazu dienen, Veränderungen zu ermöglichen, kann man solche Brüche auch nicht als Panne oder Dysfunktionalität abtun. Dass Verfassungen die Grenzen überwinden, die sie selbst gezogen haben, ist nicht ungewöhnlich.

Sowohl angesichts der institutionellen Einsichten in die Grenzen des Konzepts der Verfassunggebung als auch wegen der soeben beschriebenen unvermeidlichen Entwicklungsoffenheit von Verfassungen erscheint es schließlich aussichtslos, deren normativen Gehalt an eine bestimmte ursprüngliche Textbedeutung zu binden, wie es seit einigen Jahren in den USA mit der Bewegung des Originalismus versucht wird. Nicht allein der historische Umstand, dass sich die amerikanischen Verfassungsväter erst nach Inkrafttreten der Verfassung darüber klar werden sollten, wie sie diese Verfassung verstehen, sollte zu denken geben (Gienapp 2018). Vor allem erscheint nicht nur die Ermittlung der Bedeutung eines Textes, sondern auch die Ermittlung der historischen Bedeutung eines Texts nur möglich zu sein, wenn sie durch eine gegenwärtige Fragestellung angeleitet ist. Gerade weil Verfassungen auf Dauer angelegt sind, sind sie auch darauf angelegt, unter wechselnden Umständen angewendet zu werden, zu denen die Zeitgenossen ihrer Entstehung nichts sagen konnten. Auch hier erscheint eine theoretische Debatte aus den sehr spezifischen Umständen der politischen Auseinandersetzung in den USA zu kommen, in denen der Originalismus zu Beginn der 1980er Jahre politisch propagiert wurde, um die ausgreifende Grundrechtsprechung des US Supreme Court methodisch einzufangen. Ist die Genese kein zwingendes Argument gegen die Geltung einer solchen Auslegungsmethode, so illustriert die Praxis, dass der Verweis auf eine ursprüngliche Auslegungspraxis schlicht nicht durchzuhalten war, weil viele Fragen offenblieben, ohne dass es eine Regel gab, wie mit dieser Offenheit umzugehen war. Auch hier zeigt sich, dass es ein Missverständnis wäre, Verfassungen als Instrumente zu verstehen, die historische Augenblicke einfrieren sollten oder könnten.

## Ausnahmezustand

Der »Ausnahmezustand« ist eine der wenigen genuin verfassungstheoretischen Kategorien. Ursprünglich bezeichnet der Terminus eine formalisierte Entscheidung darüber, bestimmte Regeln im Fall eines Krieges oder eines anderen Notfalls außer Kraft zu setzen. Die Geschichte des Ausnahmezustands (Boldt 1967; Rossiter 1948) ist deswegen zunächst nicht als Gegen- oder Antigeschichte zur rechtsförmigen Einhegung politischer Herrschaft zu verstehen. Denn den Ausnahmezustand zu denken und anzuwenden setzt ja bereits einen Bestand an Regeln voraus, der die Staatsgewalt bindet. Das ist nicht selbstverständlich.

Entsprechend lässt sich von Ausnahmezuständen auch erst nach dem revolutionären Zeitalter sprechen, wobei die kommissarische Diktatur in der Römischen Republik nicht selten als Vorbild diente (Schmitt 2015 [1921]: 1–6). Das Denken in konstitutionellen Kategorien ist also die Bedingung der Möglichkeit des Denkens über den Ausnahmezustand – oder anders gesagt: Die Verfassung ist die Regel, um deren Ausnahme es geht.

Wäre der Ausnahmezustand einfach nur eine Regelungstechnik, mit deren Hilfe bestimmte Normen unter definierten Bedingungen ausgesetzt werden können, gäbe es kein Problem. Er wäre nur eine von vielen Techniken, mit denen eine Ordnung sich an veränderte Umstände anpasst. Freilich ist auch eine solche Anpassung nicht per se unbedenklich, denn bei den Regeln, die der Ausnahmezustand suspendiert, handelt es sich regelmäßig um solche, die für die Legitimation der Ordnung eine herausgehobene Funktion erfüllen, konkret um Grundrechte und parlamentarische Beteiligungsregeln. Der Ausnahmezustand ist in diesem Fall also ein Zustand eingeschränkter individueller und politischer Freiheit unter der Bedingung auch verfahrenstechnisch erweiterter exekutiver Zugriffsmöglichkeiten. Seine Rechtfertigung nimmt er aus bestimmten, selten ausdrücklich gemachten institutionellen Vorannahmen, etwa der Annahme, dass Parlamente langsamer entscheiden als Regierungen oder dass Grundrechte der effektiven Lösung bestimmter Konflikte im Weg stehen könnten. Beide Annahmen sind anspruchsvoll und werden eigentlich so gut wie nie empirisch unterfüttert.

Dennoch wäre es aus der historischen Erfahrung falsch, den Gebrauch von solchen Ausnahmekompetenzen durch entbundene Exekutiven stets für eine autoritäre Anmaßung zu halten. Lincolns Gebrauch von Ausnahmekompetenzen im amerikanischen Bürgerkrieg (Foner 2019: 24 ff.) oder die Lösung der Weimarer Inflationskrise im Wege von Ermächtigungsgesetzen und

Notverordnungen (Holtfrerich 1980: 318–322) sind Beispiele für die demokratische Lösung bedrohlicher Krisen durch Sonderregeln. Demokratische Politik kann sich maßgeblich durch Regierungshandeln artikulieren. Trotzdem hat gerade eine entfesselte Exekutive autoritäres Potenzial – und dieses Potenzial kann sich eben auch unter demokratischen Bedingungen zeigen. An diesem Punkt stellen sich nun wenigstens zwei systematische Nachfragen.

Die *erste*, bereits angesprochene Nachfrage betrifft die Rechtfertigung eines exekutivbezogenen Ausnahmezustands. Die dem geregelten Ausnahmezustand zugrunde liegende Annahme lautet, es gäbe äußere Umstände, bei deren Vorliegen ein ansonsten geltendes Regelwerk außer Kraft gesetzt werden müsse. Der Beweis praktischer Problemlösungskapazität wird aber, wie gesehen, so gut wie nie angetreten. Dass eine Polizei ohne Grundrechtsbindung effektiver für die öffentliche Sicherheit sorgt als eine rechtlich gebundene, wäre zu belegen. Eine entfesselte Polizei hat es auch in der Hand, ihr ineffektives Handeln zu verdecken. Darüber hinaus können normative Bindungen die Handlungsfähigkeit von Organisationen auch erhöhen, einmal ganz abgesehen davon, dass diese Bindungen einen selbstständigen normativen Wert haben können. Ähnliche Erwägungen gelten für parlamentarische Verfahren. Wenn in parlamentarischen Regierungssystemen Gesetze das Produkt einer Kooperation von Parlamentsmehrheit und Regierung sind, ist ungewiss, inwieweit Zeitverluste bei einer Entscheidung der parlamentarischen Beratung oder doch auch der bürokratischen Vorbereitung der Beratung geschuldet sind. Wenn parlamentarische Verfahren marginalisiert werden, ist dagegen gewiss, dass die öffentliche Diskussion über den Inhalt der Maßnahmen Verluste erleidet.

Eine *zweite* Nachfrage betrifft den normalisierenden Effekt von Ausnahmeregelungen. In Carl Schmitts trotz allem einflussreicher und für die Gegenwart immer wieder aufgegriffenen Theorie des Ausnahmezustands (Vermeule 2022: 144) findet sich in großer Verdichtung ein ganzes Modell der Rechtsgeltung (Schmitt 2021 [1922]: 18–20; Heller 2018: 68, 107f.). Recht, so Schmitt, setzt einen bestimmten Zustand geordneter sozialer Normalität voraus. Fehlt es an dieser sozialen Normalität oder verändert sie sich grundlegend, dann gleitet die Rechtsordnung an den sozialen Zuständen gewissermaßen ab. Sie findet keinen Halt mehr, um sich durchzusetzen zu können. In diesem Fall bedarf es Schmitt zufolge einer neuen Ordnung. Dabei muss sich zeigen, wer diese neue Ordnung einsetzen und sich damit als Souverän etablieren kann. In Schmitts Theorie ist Recht die formalisierte Außenseite einer präexistenten stabilen sozialen Welt. Diese harte Realität prägt das Recht, während es umgekehrt nicht möglich sein soll, dass das Recht soziale Zusammenhänge verändert. Recht bewirkt im Prinzip nichts, was nicht ohnehin bewirkt werden würde.

Wenn wir einmal offenlassen, ob Schmitt hier eine gute Theorie der Formalisierung anbietet (zur Bedeutung von Formen: Möllers 2015[1]: 115ff.; Stinchcombe 2001: 18ff., 41–54) oder ob dabei nicht die Möglichkeiten einer Rechtsordnung eigenartig unterschätzt werden, verwendet er an dieser Stelle ein sehr starkes Modell von sozialer Normalität, das jeder Rechtsordnung zugrunde liege. Ein solches Modell hat weder einen rechten Platz für die Ausdifferenzierung von Recht gegenüber sozialen Praktiken, noch kann (oder soll) es die plurale Widersprüchlichkeit jeder sozialen Ordnung verarbeiten. In dieser Hinsicht wirkt das Modell nicht nur wegen seiner autoritären Unterstellung homogener sozialer Normativität problematisch, sondern vor allem völlig unrealistisch. Die Vermutung, normative Ordnungen ließen sich durch den Akt einer souveränen Gewalt mit einem Streich außer Kraft setzen, wirkt (zu) sehr vom Normativen her gedacht, eben als Fantasie eines Juristen. Wenn man dagegen in Kauf nimmt, dass noch den dramatischsten revolutionären Umbruch soziale Kontinuitäten begleiten, kann man den hart realistischen Anspruch von Schmitts Theorie nicht wirklich glauben. Hier beginnt Schmitts Theorie, das Normative wiederum zu überschätzen.

Doch lässt sich das Argument auch anders wenden: Weil die konstitutionelle Verregelung einer politischen Ordnung stets über deutungsbedürftige abstrakte Vorgaben erfolgt, liegt die eigentliche Macht von vornherein bei denen, die diese anwenden und durchsetzen können, also namentlich bei Polizei und Militär. So sah es schon Walter Benjamin in seinem berühmten Text »Zur Kritik der Gewalt«, der die kritische Schwester zu Schmitts Überlegungen darstellt (Benjamin 1999 [1921]: 43 ff.). Auch für Benjamin lassen sich die physischen Möglichkeiten, über die eine Polizeibehörde verfügt, letztlich nicht durch Regeln einhegen. Wer die Mittel hat, eine Norm gegen Widerstand durchzusetzen, hat mit diesem Gewaltmittel auch die Macht, über die Bedeutung der Norm zu verfügen. Das Problem liegt dann weniger in der richtigen Einhegung einer Staatsmacht als in deren Existenz. Die Unterscheidung zwischen Ausnahme und Regel wird auf dieser Grundlage letztlich überflüssig, weil sich die gewaltfähige Macht immer der Mittel bedient, derer sie sich bedienen will. Eine solche Kritik kann dann aber leicht die Tendenz entwickeln, politische Kriterien zur Beurteilung von Ordnungen über Bord zu werfen (kritisch zu Benjamin schon Derrida 1991, noch stärker zeigt sich das Problem bei Agamben 2004).

Die nach wie vor interessante Pointe in solchen Überlegungen liegt auch ohne diese Konsequenz darin, das Verhältnis von Regel und Ausnahme umzukehren. Eine Verfassungsordnung zeigt ihre wahre Struktur nicht im Regelbetrieb, sondern dann, wenn etwas passiert, das diesen Betrieb herausfordert. Dann zeigt sich auch die genuine politische Machtverteilung. So gesehen sind externe Schocks wie der Anschlag vom 11. September 2001, die Euro-Krise, die letzte Pandemie oder der Krieg mit der Ukraine Indikatoren für die wahre politische Verfasstheit der betroffenen Ordnungen. Zeigte sich nicht in der Terrorismus-Krise die Souveränität des US-Präsidenten (Vermeule 2008: 1166), in der Euro-Krise diejenige einer autoritären ökonomischen Technokratie (White 2015: 305, 312–314) und in der Pandemie das deutsche System des Exekutiv-Föderalismus von Kanzlerin und Ministerpräsidenten? Dass Ordnungen in Krisen besondere institutionelle Praktiken benutzen sollten, mag man für plausibel halten, doch gehen in einer solchen Feststellung Beschreibung und Bewertung ineinander über. Denn die gerade in kritischen Verfassungstheorien beliebte Beobachtung, dass in der Krise »die Exekutive handelt«, die dazu nicht hinreichend legitimiert sei, was die Ordnung im Ganzen ihrer Legitimation beraube, ist voraussetzungsreich. Sie mag einen richtigen Punkt treffen, oft stellt sie sich aber ihren eigenen Problemen nicht hinreichend. Da wäre zum Ersten die Frage nach ihrer empirischen Grundlage. An einem Beispiel: Wer in der Euro-Krise die Entscheidung getroffen hat, bestimmte Staaten mit Austeritätsmaßnahmen zu belegen, ist nicht so einfach zu sagen (Möllers 2015[2]: 356). War es in diesem Fall ein technokratisches, also undemokratisches Ausnahmeregime aus EZB, Währungsfonds und Europäischer Kommission – oder waren es doch die Mitgliedstaaten, in deren Parlamenten (!) es wie im Deutschen Bundestag keine Mehrheiten für mehr Geld für Griechenland gab? Im letzteren Fall wären diese Entscheidungen vielleicht politisch kritikwürdig, aber aufseiten der Geber jedenfalls nicht undemokratisch gewesen.

Ein zweites Problem einer solchen Argumentation liegt in dem ungeklärten und vielleicht auch nicht vollständig zu klärenden

Vorrangverhältnis von Normalbetrieb und Ausnahmezustand in einer Verfassungsordnung. Nehmen wir einmal an, eine Verfassungsordnung operiert über zwei Jahrzehnte mit offenen Wahlen und unabhängigen Gerichten in Übereinstimmung mit den eigenen demokratischen Vorgaben. Dann wird das Land von einem anderen Land kriegerisch angegriffen, fünf Jahre lang übernimmt der gewählte Regierungschef das Kommando und bricht dabei viele vorher beachtete Regeln: Er schränkt den Grundrechtsschutz ein, verlängert die Wahlperiode und bedient sich nur noch Verordnungen ohne Beteiligung des parlamentarischen Gesetzgebers. Nach dem Krieg wird der Regierungschef abgewählt, und die alten Standards werden wieder eingeführt. Ein solches Beispiel bietet Großbritannien um den Zweiten Weltkrieg (vgl. McKibbin 2010: Kap. 4). Für diesen Fall wird man durchaus sagen können, dass die Ordnung in einem exekutiven Ausnahmeregime operiert hat, und auch, dass uns dieser Umstand etwas sehr Wichtiges über das Funktionieren dieser Ordnung beschrieben hat. Hat aber der Hinweis auf den Ausnahmezustand im Krieg einen höheren Beschreibungswert für die Ordnung als die Betrachtung des verfassungsgemäßen Operierens unter Normalbedingungen? Ist das überhaupt eine sinnvolle Frage und ist es ergiebig, die beiden Zustände gegeneinander auszuspielen? Weder die Verdrängung (Böckenförde 1978) noch die Hypostasierung eines Ausnahmezustands wirkt überzeugend. Beide Strategien teilen das Bedürfnis, etwas »Eigentliches« aus einer unter Umständen in sich widerspruchsreichen institutionellen Praxis zu generieren.

Das ändert nichts daran, dass die Diskussion über Ausnahmezustände *en vogue* ist – und man sich durchaus fragen kann, ob dieser und verwandte Begriffe nicht auch genutzt werden können, um einen Zustand zu beschreiben, ohne die mit ihnen zu beschreibende Ordnung pauschal zu delegitimieren. Woher sich ein solcher Bedarf ergibt, zeigt sich an der Covid-Krise. Nehmen wir nun an, dass verschiedene Maßnahmen wie Ausgangsbeschränkungen und Schließungen öffentlicher Veranstaltungen, die wir während der Krise beobachten konnten, jedenfalls im Land A nach seinen verfassungsrechtlichen Standards allesamt verfassungsgemäß waren. Unterstellen wir außerdem, dass die Entscheidungen in A tatsächlich allein aus gesundheitspolitischen Motiven getroffen wurden, nicht aus einem politischen Interesse an einer institutionellen Machtverschiebung. Auch unter diesen guten Bedingungen wird man schwerlich umhinkönnen, einen Zustand, in dem etwa öffentliche Versammlungen und die Bewegungsfreiheit stark eingeschränkt sind, als einen solchen einzuordnen, der zugleich *legal und vorübergehend* sein muss. Für einen solchen Zustand fehlen uns Kategorien. Man kann beschreibend von einem Ausnahmezustand sprechen – denn er ist nur deswegen akzeptabel, weil er unter der Bedingung eines ausdefinierten und endlichen Zustands steht. Die zugrunde gelegte Annahme dieser Beschreibung wäre, dass die Pandemie nicht dauerhaft besteht. Verwendet man den Begriff des Ausnahmezustands in dieser Form, kauft man sich allerdings das abwertende Schmitt'sche Begriffsgepäck mit ein. Dies gilt es im Blick zu halten. Es fehlt aber an einer alternativen Begrifflichkeit für die Möglichkeit legitimierbarer Sonderregime.

Idealtypisch gibt es zwei Arten, mit einer solchen Situation praktisch umzugehen: Man kann parlamentarische Ausnahmezustände vorsehen, die für eine befristete Zeit bestimmte Rechte suspendieren. Der Weg, solche Ausnahmezustände zu erklären, wurde in verschiedenen Ländern gegangen, etwa in Frankreich oder Italien. Auch in Deutschland wurden bestimmte Ermächtigungen der Exekutive und Grundrechtseingriffe an einen befristeten Zustand, die »pandemische Notlage von nationaler Tragweite«, gebunden. Eine solche formalisierte Feststellung eines besonderen Zustands hat den Vorteil eines klaren demokratisch legitimierten Bruchs, der den abweichenden Zustand erkennbar, damit auch kritisierbar und dank seiner Formalität revisibel macht.

Eine andere institutionelle Lösung besteht in der rechtsinternen Abwägung von besonderen Umständen. So wurden in Deutschland zwar bald nach Ausbruch der Pandemie viele Gesetzesregelungen geändert, zunächst aber nicht die sehr allgemein gehaltene gesetzliche Norm, auf deren Grundlage alle Grundrechtseinschränkungen vorgenommen wurden (Dreier 2021: 230–234). Dass dies von den Gerichten zunächst akzeptiert wurde, dürfte auch damit zusammenhängen, dass diese im deutschen Recht viel mit Abwägungen arbeiten und so versuchen konnten, die neue Situation im Einzelfall in ihre Beurteilung miteinzubeziehen. Man kann ein solches Vorgehen als im Einzelfall freiheitsschonender bewerten, aber auf der anderen Seite leidet es an Intransparenz, und es ist auch nicht immer deutlich, ob die abgesenkten Standards an anderer Stelle wieder erhöht werden (Kaiser 2020: 233 ff.; vgl. Barczak 2021: 42 f.). Klare, aber die gerichtliche Überprüfung einschränkende Ausnahmezustände stehen insofern also einem Modus gerichtlicher Kontrolle in permanenter Abwägung gegenüber, der aber das Besondere des Gesamtzustands in Einzelfällen verschwinden lässt.

Der Ausnahmezustand wird die Verfassungstheorie nicht verlassen. Schon ist von der »Climate Emergency« die Rede. Interessant ist die Kategorie aber eben nur, wenn sich zwischen normalen Zuständen und anderen unterscheiden lässt. Auf Dauer wird der Ausnahmezustand ansonsten nur zur Chiffre für eine neue Normalität.

## Ewigkeit und Identitäten

Viele Verfassungen treiben das Problem der Zeitlichkeit noch weiter – sie machen Vorgaben, die sich nicht im Wege der regulären Verfassungsänderung ändern oder abschaffen lassen, sogenannte Ewigkeitsklauseln. Sie enthalten also eine Art qualifizierter Stabilitätsgarantie. Manche dieser Klauseln sind bloß verfahrenstechnischer Art: »vorausgesetzt, dass kein Staat ohne seine Zustimmung seiner gleichen Mitgliedschaft im Senat beraubt werden soll« (art. V US constitution), andere reichen bis zur Garantie von handfesten materiellen Rechten oder Prinzipien wie etwa in den Verfassungen Deutschlands, Südafrikas oder Guatemalas. Solche verfassungsimmanenten Grenzen der Verfassungsänderung haben sich in jüngerer Zeit global verbreitet (Roinai 2017: 18 ff., 47–68). Zwar kannten auch Verfassungen des 19. und des frühen 20. Jahrhunderts Prinzipien, auf die sie sich eingangs bezogen. Diese hatten aber keinen rechtlichen Anspruch in die Zukunft, sondern dienten der Anrufung des Gründungsmoments in der Vergangenheit und unterlagen schon gar keiner Kontrolle. Viel spricht dafür, dass solche Grenzen in der Geschichte des Verfassungsdenkens erst in dem Moment größere Bedeutung entfalten, in dem die gerichtliche Verfassungskontrolle sich gegenüber dem politischen Prozess ausdifferenzieren konnte. Denn eine manifeste Funktion entfalten solche Grenzen eben nur, wenn sie gegen verfassungsändernde politische Mehrheiten gerichtet sind und entsprechend wirksam werden können.

Das bekannteste Beispiel für die Entstehung eines unabänderlichen Gehalts dürfte die Konstruktion der sogenannten Basic Structure Doctrine durch den Indischen Supreme Court in den späten 1960er und 1970er Jahren gewesen sein. Das Gericht wandte sich hier gegen eine schnelle Abfolge von Verfassungsänderungen, die dem Zweck dienten, vorangegangene Urteile des Gerichts zu überwinden (Thiruvengadam 2017: 222–229). Entstand die Doctrine als eine Grundrechtsdogmatik, die sich ursprünglich vor allem gegen Eingriffe in das Eigentum richtete, so verbreitete sich ihre Reichweite im Laufe der Zeit. Für die Legitimation des Gerichts war gerade dieses inkrementelle Vorgehen prekär. Die bedeutendste Entscheidung, mit der die Doctrine festgezurrt wurde, erging mit sieben zu sechs Stimmen (Kesavananda Bharati v. State of Kerala, AIR 1973 SC 1461). Auf einen Konsens konnte sich das Gericht also nicht berufen. Dafür zog es Vorbilder aus anderen Verfassungsordnungen, auch aus Deutschland, zurate, in dessen Verfassung solche Grenzen aber ausdrücklich festgeschrieben sind. Im Laufe der Zeit erweiterte das Gericht die Anwendung der Doktrin. Heute zählt es auch sein eigenes Vorschlagsrecht für neue Richter zu den Anwendungsfällen. Im Ergebnis hat hier also ein Gericht mit knapper Mehrheit ein ungeschriebenes Verfahren zur Überprüfung von Verfassungsänderungen entwickelt, das nunmehr auch garantiert, dass alle neuen Richter vom Gericht selbst vorgeschlagen werden. Diese Doktrin wurde von anderen Gerichten in Südostasien, aber auch in anderen Ländern wie Kenia übernommen (Building Bridges Case, David Ndii & Others v. Attorney General & Others [2021], grundsätzlich zur Entwicklung Śuteu 2021: 125 ff.).

Man kann dieses Vorgehen mit Blick auf die Legitimation der Gerichtsbarkeit diskutieren (→ Gerichte und Verfassungsgerichte). An diesem Punkt ist es interessanter zu sehen, wie der Prozess der Verfassunggebung durch die Entwicklung von Unabänderbarkeiten perpetuiert wird, auch weil die vorgesehenen formellen politischen Verfahren der Gesetzgebung und der Verfassungsänderung als Problem wahrgenommen werden. Hier zeigt sich ein kompliziertes Ineinandergreifen von Problemdiagnose und Lösungsmöglichkeit auf verschiedenen Ebenen: Auf einer ersten Ebene hatten wir gesehen, dass moderne demokratische Ordnungen sich maßgeblich durch ihre Abänderbarkeit im Verfahren einfacher Mehrheiten rechtfertigen (→ Änderung und Mehrheitsregel). Dem zieht das Verfassungsrecht durch erschwerte Abänderbarkeit auf einer zweiten Ebene eine Grenze, die ihrerseits rechtfertigungsbedürftig ist. Aber selbst diese erschwerte Abänderbarkeit ist in der Wahrnehmung nicht allein der Verfassungsgerichte keineswegs ausreichend. Die Verfassung kann auf einer dritten Ebene ihren normativen Gehalt nur bewahren, wenn sie in bestimmten Hinsichten gar nicht zu ändern ist. Sie kann, weitergehend noch, nur Verfassung bleiben, wenn sie in bestimmten Gehalten formell unantastbar bleibt – obwohl sich ihre Bedeutung und mit ihr auch die Bedeutung dessen, was unabänderbar sein soll, unweigerlich verändern. Man fühlt sich an eine andere Organisation erinnert, die versucht, sich um einen unabänderlichen Kern zu organisieren, der sich doch unausbleiblich historisch wandelt: die Katholische Kirche (Seewald 2018).

Wo aber kann in einer politischen Organisation unveränderliche Normativität herkommen, und mit welchen Folgen lässt sie sich versehen? Man kann zwischen zwei Arten von Unabänderlichkeiten unterscheiden. Eine erste bezieht sich auf eine Art *moralischer Notwendigkeit.* Aus dieser Sicht wären bestimmte Gehalte Ausdruck einer normativen Wahrheit, wie sie in der Rechtsphilosophie etwa von Ronald Dworkin entwickelt wurde (Dworkin 1985: 167–179). Die Verfassungsordnung würde ihren normativen Anspruch aus dieser Sicht im Ganzen verlieren, wenn sie auf bestimmte moralisch gebotene Gehalte verzichten würde. Solche Gehalte werden in aller Regel menschenrechtlich inspiriert sein. Das Völkerrecht weist hier nicht zufällig den Weg, indem sich seit dem Zweiten Weltkrieg ein bestimmter intuitiv gerechtfertigter Bestand an moralisch inspirierten Vorgaben zum durch die souveränen Staaten nicht verfügbaren jus cogens entwickelt hat. Dazu gehören das Verbot der Sklaverei, der Folter, des Angriffskriegs oder des Völkermords (Kadelbach 2005: 21 ff.). Man wird sich fragen, was solche Feststellungen politisch tatsächlich bewirken, ob beispielsweise weniger gefoltert wird, seitdem das jus cogens anerkannt wird. Aber natürlich hängt der Bestand einer Norm nicht einfach von ihrer Befolgung ab. Bestimmte Handlungen oder Einrichtungen als grundsätzlich nicht legitimierbar zu behandeln hat auch dann einen expressiven Wert, wenn ein solches Prinzip von Staaten verletzt wird. Aufschlussreich ist, dass Staaten, die diese Grundsätze verletzen, dies leugnen werden.

Ein zweiter Weg bezieht sich auf eine spezielle *politisch-konstitutionelle Konstellation*. In diesem Fall sind die Inhalte, die sich nicht ändern lassen, nicht aus universellen moralischen Grundsätzen herzuleiten. Viele mit Unabänderlichkeit versehene Entscheidungen werden nicht von der starken moralischen Intuition unterstützt, die das Folterverbot deckt: Das Verbot der Einführung von Eigentumsbeschränkungen in Indien, die Beschränkung des Handelns der Europäischen Zentralbank auf monetäre, nicht wirtschaftspolitische Handlungen in Deutschland oder die Untersagung eines bestimmten weitreichenden politischen Projekts in Kenia wurden von Gerichten als Implikation unabänderlicher Normen bewertet. Es geht aber in solchen Fällen nicht um moralisch undenkbare Handlungen, sondern um strukturelle Verschiebungen der politischen Organisation. Deren Verbot lässt sich nicht mit moralischer Plausibilität rechtfertigen. Es ist vielmehr das Ergebnis einer in bestimmter Weise gerichtlich gedeuteten politischen Entscheidung in der Verfassung. Entsprechend weist diese Form der Unabänderlichkeit auch weniger auf eine absolute Grenze als vielmehr auf die Legitimität einer Verfassung im Ganzen hin. Ist die Erlaubnis des Angriffskriegs für das moderne Völkerrecht schlicht undenkbar (was nicht heißt, dass sich das, was als undenkbar gilt, nicht wandeln kann), so dass auch Angreifer leugnen, angegriffen zu haben, so hängen die politisch inspirierten verfassungsrechtlichen Änderungsgrenzen eben an einer konkreten Verfassung, deren Abschaffung auch andere Maßstäbe bringen könnte. Sie ist Folge einer politischen Entscheidung, nicht Ergebnis eines moralischen Entdeckungsverfahrens. Unabänderlichkeit enthält damit ein ambivalentes Verhältnis zur verfassunggebenden Gewalt: Auf der einen Seite wird deren Autorität maximal in Anspruch genommen, wenn in ihrem Namen bestimmte Entscheidungen kategorisch ausgeschlossen werden. Auf der anderen Seite bleibt das Potenzial der verfassunggebenden Gewalt präsent, weil es sein kann, dass der politische Druck hin zu den Änderungen, die die Verfassung »für immer« auszuschließen sucht, sich dann in der Schaffung einer neuen Verfassung ventilieren muss.

Wir hatten schon gesehen, dass der weltweit zu beobachtende Trend zu unabänderlichen Verfassungsinhalten institutionell mit dem weltweiten Erfolg verfassungsgerichtlicher Kontrolle zusammenhängen dürfte. Wo politisch häufig unabhängige, wenngleich nicht unpolitische Gerichte die Einhaltung verfassungsrechtlicher Vorgaben kontrollieren, stellt sich immer auch die Frage nach den Grenzen der verfassungsändernden Gewalt – insbesondere dann, wenn das politische System solche Verfassungsänderungen ohne großen Aufwand vornehmen kann. Denn in diesem Fall wird die Vorstellung eines juridischen Kontrastorgans zum Handeln politischer Mehrheiten praktisch verfehlt. Unabhängig von der Frage der Legitimation verfassungsgerichtlicher Kontrolle (→ Gerichte und Verfassungsgerichte) legt ihre Einführung eine solche Rollenbeschreibung ebenso nahe wie die Vorstellung von Kerninhalten einer Verfassung: von Inhalten, die sich nicht einfach im Wege von Änderungsverfahren abschaffen lassen sollen. Der Begriff der »Verfassungsidentität« ist in diesem Zusammenhang nicht unproblematisch, schon weil er eine irreführende Vorstellung zugrunde legt. – Verfassungen bleiben in ihrem »Normalverlauf« nicht über die Zeit mit sich identisch, vielmehr gehört ihre Änderung, ihre Entwicklung zum Programm und ist gerade in modernen Verfassungsordnungen ausdrücklich vorgesehen.

Trotzdem trifft der Ausdruck Identität eine relevante Frage: ob nämlich eine Verfassung sich *beliebig* ändern lassen kann. Diese Frage ist auch praktisch nicht trivial, namentlich wenn mit solchen Änderungen die Legitimitätsgrundlage der Verfassung berührt werden soll. Für die Mütter und Väter des Grundgesetzes sollte sich der Anspruch der Nationalsozialisten auf legale Machtergreifung, der sich in der formellen Fortgeltung der Weimarer Reichsverfassung zeigte, nicht wiederholen. Ihnen ging es bei der Einführung einer Unabänderlichkeit weniger um das Aufhalten einer politischen Entwicklung als um die normative Markierung eines Übergangs. Dies kann den mit der Behauptung unabänderlicher Inhalte einhergehenden Kontrollanspruch von Verfassungsgerichten nicht pauschal rechtfertigen. Es soll aber daran erinnern, dass die Einführung solcher Kontrollinstitutionen als ein Instrument der Stabilisierung verstanden werden kann. Und es wirft gleichzeitig die Frage auf, wann und bis wann eine Verfassung noch diejenige ist und sein soll, die sie bei ihrem Entstehen war. Zur Logik verfassungsgerichtlichen Entscheidens gehört es dann auch, bei der Entscheidung von Fällen neue Maßstäbe zu entwickeln (Müller-Mall 2023: 10 ff.). Normativität und Praxis, Stabilisierung und Transformation stehen eben in keinem simplen Ergänzungsverhältnis, sondern stoßen und widersprechen sich, erzeugen Spannungen – deswegen sind Bezeichnungen wie Ewigkeitsklausel und Verfassungsidentität letztlich zu schlicht.

## Urkunde – Text – Norm

Wer von »der Verfassung« spricht, bezieht sich nicht selten auf einen Text. Das versteht sich nicht von selbst, man kann Verfassungen auch als Set normativer Gründe verstehen, deren Geltung nicht davon abhängt, aufgeschrieben zu werden (Gardner 2011 [2009]: 175 ff.). Allerdings ist der Verweis auf einen Text handlich und plausibel. Nicht nur deswegen besteht eine Tendenz innerhalb der letzten zwei Jahrhunderte darin, die politischen Institutionen einer Ordnung in einem einheitlichen und knapp gefassten Dokument zu regeln. Diese Form, in der eine bestimmte institutionelle Funktion mithilfe eines überschaubaren Texts verbunden wird, hat besondere Qualitäten, die es ausschließen dürften, den Verfassungstext nur als Notation der eigentlichen Normen, als bloße Vorschriftensammlung zu verstehen. Zunächst kann ein einheitliches Dokument nämlich der Öffentlichkeit zur Verfügung gestellt (Colley 2021: 11, 127–133), verbreitet, von vielen gelesen, diskutiert und gedeutet werden. Die Form der Urkunde schafft eine eigene Publizität und eine spezifische Öffentlichkeit, der die Verfassung zugänglich wird. Als Urkunde wird die Verfassung praktisch eine öffentliche Angelegenheit und ihre Vorgaben möglicher Gegenstand einer allgemeinen Debatte, weil die handliche Form den allgemeinen Zugang erlaubt – ein Zugang, der aber nicht voraussetzungslos ist. Er hängt weiterhin von Bedingungen wie Alphabetisierung und politischer bzw. rechtlicher Informiertheit ab. Die bahnbrechende Bedeutung des Buchdrucks für die Reformation findet in der Verfassungsbewegung insoweit ihre Fortsetzung (Colley 2021: 127–133). Die moderne Verfassung ist eine Norm in der Form eines Flugblatts, das alle lesen sollen, die lesen können, um sich einen eigenen Reim auf die politische Ordnung zu machen. Aus dieser Bedeutung der Urkunde folgt umgekehrt auch, dass sie sich nicht auf verschiedenste Dokumente verteilen lässt, ohne ihren normativen Anspruch zu schmälern.

Zugleich lässt sich dieses Dokument, der gedruckte Text der Verfassung, nun auch zu einem Objekt der Verehrung machen oder sogar sakralisieren, wie es namentlich in den Vereinigten Staaten der Fall ist. Alle wissen, dass das »Original« der US-amerikanischen Verfassung in Philadelphia liegt, wo es jedes Jahr von Tausenden von Menschen besichtigt wird. (Kaum jemand weiß dagegen, dass sich das »Original« des Grundgesetzes im Büro des Bundestagspräsidenten befindet – und zur Besichtigung steht es auch nicht.) Ideen oder Normen kann man schlecht besuchen und anschauen. Um bestimmte Praktiken an sie anschließen zu können, müssen sie sich in einem Objekt verkörpern. Einen Ort der Verehrung kann nur haben, was eine materielle Seite hat. An dieser Stelle öffnet sich eine medientheoretische Perspektive auf die Verfassung, die aber bisher zu wenig erforscht und durchdacht worden ist (Ausnahme: Vesting 2011–2015).

Verfassungen in Urkunden zu verkörpern hat weitere praktische Konsequenzen. Wenn die Verfassung auf eine lesende Öffentlichkeit hin entworfen ist, dann bedarf sie einer verständlichen Sprache und eines hohen Maßes an Verdichtung. Die Sprache gerade von revolutionären Verfassungen bietet eine eigentümliche Kombination aus politischem Pamphlet, theoretischem Traktat und Gesetzestext. Sie ist weniger technisch als normale Gesetze und verwendet die großen Begrifflichkeiten der politischen Theorie: Freiheit, Gleichheit, Rechte – Begriffe also, die erst einmal nicht zwingend in den Begriffsschatz des Rechts gehören. Oftmals haben sie erst durch die Verfassungsbewegungen auch in die rechtliche Begriffswelt Eingang gefunden. Die Feststellung, eine Verfassung solle »kurz und dunkel« sein, wird Napoléon Bonaparte, einem der zentralen politischen Akteure des europäischen Frühkonstitutionalismus, zugeschrieben. Er soll hinzugefügt haben: »Sie sollte so gemacht sein, dass sie die Handlungen der Regierungen nicht behindert.« Hinter dieser Bemerkung kann man den Zynismus eines Politikers erkennen, der ja auch der Erfinder eines autoritären Scheinkonstitutionalismus in den von ihm besetzten Ländern war (differenziert aber Hecker 2015). Dennoch ist der Gedanke, dass die Kürze und Dunkelheit eines Textes auch etwas mit der Handlungsfähigkeit der konstituierten Akteure zu tun haben, nicht abwegig. Die Kürze der Verfassung verweist auf eine eröffnende und ermöglichende Form, die nicht zu viel Eindeutigkeit produzieren darf, um zu funktionieren. Zugleich ist diese Kürze das Produkt einer bestimmten politischen Konstellation, denn die Einigung auf gewagte Verdichtung gelingt nur unter Entscheidungsdruck bei Kompromissbereitschaft. Nicht alle Verfassungen sind kurz – und oft tritt zur zunächst poetisch verdichteten Sprache des politischen Pamphlets in späteren Änderungen eine bürokratischere Rechtssprache des Details, die anzeigt, dass es schwerer geworden ist, Kompromisse zu formulieren.

Schließlich ist die Form der Urkunde auch für die Änderbarkeit der Verfassung von Bedeutung. Wäre eine Verfassung mit dem Original ihrer Urkunde wirklich identisch, dann könnte man sie nicht ändern, sondern müsste sie immer neu schreiben. Und umgekehrt, wenn man eine Verfassung ändern kann, gibt es von ihr nach der ersten Änderung kein einheitliches Original mehr. »Das Grundgesetz« des Herbsts 2024 lässt sich nach etwa siebzig Änderungen nur als eine von manchen Verlagen und Internetseiten angebotene Rekonstruktion darstellen. Die amerikanische Verfassung dagegen kennt keine Zugriffe auf den Originaltext, sondern nur »amendments«, Ergänzungen, die als Anhänge hinter das Original gestellt werden. Die Originalfassung bleibt damit immer präsent. Eine solche Darstellungsform bewahrt mit dem Text auch den Moment der ersten Verfassunggebung, der in Änderungssystemen mit dem Verschwinden des Originaltexts zurücktritt. Gleichzeitig zeigt die amerikanische Verfassung mit der Form der Amendments an, in welcher Reihenfolge die Verfassung ergänzt wurde. Zeitlichkeit im Gründungsmoment wie in der Abfolge der Entwicklung spielt also eine größere Rolle als bei Verfassungen, die mit Änderungen den alten Text überschreiben.

Die Beziehung zwischen einer sich langsam entfaltenden politisch-juridischen Verfassungspraxis und der Verfassungsurkunde kann noch weiter gelockert werden. In manchen Ordnungen muss eine Änderung der Verfassung im Text niedergeschrieben werden. In anderen genügt es, eine Entscheidung mit verfassungsändernder Mehrheit zu treffen, ohne den Text anzutasten. Die praktische Bedeutung dieses Unterschieds ist immens. Denn in der zweiten Ausgestaltung ist es möglich, Ausnahmen von der Verfassung durchzusetzen, ohne dass diese in der Urkunde erkennbar würden. So kann per verfassungsänderndem Gesetz eine Person P bestraft oder begnadigt werden. Dies wäre zwar theoretisch auch unter der ersten Regel möglich, aber praktisch wäre es schwierig. Denn hier müsste diese Ausnahme in den Text der Verfassung hineingeschrieben werden. Es ergäben sich Normen wie: *Alle Menschen sind gleich. Dies gilt nicht für P mit Blick auf seine Verurteilung vom ...* Die Pflicht, Änderungen im Text zu dokumentieren, wirkt auf die Wirksamkeit der Verfassung zurück. Ihr genereller Anspruch kann nicht so einfach durch punktuelle Ausnahmen infrage gestellt werden.

Die Urkundlichkeit hat also für das Verständnis der Verfassung eine große theoretische und praktische Bedeutung, die bisher aber kaum aufgearbeitet ist. Sie erlaubt die Identifizierung dessen, was man als Verfassung bezeichnet, mit den Praktiken, die an sie anknüpfen. Sie determiniert, inwieweit sich eine konstitutionelle Praxis gegenüber ihrem historischen Ursprung verselbstständigt. Sie nimmt Einfluss darauf, wie sehr diese den Zugriff des politischen Prozesses beschränkt. Dabei ist das Versprechen der Vollständigkeit, die Erwartung, dass alles, was Gegenstand einer konstitutionellen Regelung ist, sich in der Verfassung wiederfindet, mehr oder weniger gut, aber aus zwei Gründen niemals vollständig zu erfüllen. Zum einen, weil sich eine auf Texte berufende Praxis niemals vollständig auf diese Texte reduzieren lassen kann (oben, → Normativität und Praxis). Zum anderen kann das Versprechen der Vollständigkeit einer Verfassungsurkunde nicht ganz eingelöst werden, weil Verfassungen niemals nur eine Innenseite haben, die sich auf eine geschlossene Gemeinschaft bezieht. Vielmehr werden sie immer auch horizontal, durch andere Staaten, und vertikal durch Untergliederungen und die internationale Ebene geprägt (→ Föderalismus; → Globaler Konstitutionalismus). Der Blick in die Verfassungsurkunde allein gibt in keinem Fall ein vollständiges Bild vom Zustand der Verfassung.

Gerade umgekehrt wird die Textlichkeit der Verfassung dann oft auch gegen sie verwendet. Sie erscheint wie eine machtlose Fiktion. James Madison begründet seine Zweifel an einer genau fixierten Gewaltenteilung für die amerikanische Verfassung berühmterweise damit, dass eine solche pergamentene Grenze (»parchment barrier«, Federalists Nr. 48) sich gegen machtvolle Institutionen nicht durchsetzen könne. Hier scheint auf der einen Seite die politische Macht zu stehen, auf der anderen Seite – bloß ein Blatt Papier. Madisons Lösung aber ist ebenso interessant wie seine Problembeschreibung. Wenn sich die Organe nicht durch eine Beschreibung ihrer Kompetenzen beschränken lassen, dann doch durch ihre innere Organisation, dadurch, wie sie zusammengesetzt sind und wie sie mit anderen zusammenarbeiten müssen (Fed. 50). Der normative Biss der

Verfassung kommt nicht von außen, indem den Organen Vorschriften gemacht werden, wie sie handeln sollen, sondern von innen, indem Organe durch bestimmte Verfahren kreiert werden. Diese genuin konstitutive Schicht der Verfassung, in denen Rechtspersonen, Institutionen oder Organe geschaffen und benannt werden und die Verfassungen aller politischer Ausrichtung gemeinsam ist, könnte sich auch als die effektivste erweisen, fallen doch in ihr Herrschaftsbegründung und Herrschaftsbegrenzung zusammen.

## Gegliederte Gewalten

*Gewaltenteilung – ein missverständlicher Begriff*

Art. 16 der französischen Deklaration der Menschen- und Bürgerrechte von 1789 statuiert, dass eine Ordnung ohne Gewaltenteilung (genauso wie eine ohne fundamentale Rechtsverbürgungen) keine Verfassung habe. Woher kommt die im wörtlichen Sinne konstitutive Bedeutung, die die Revolutionäre der Gewaltenteilung zusprechen? Die historische Antwort ist untrennbar mit dem Absolutismus verknüpft – einer Regierungsform, in der der Anspruch ungeteilter, von allen Bindungen gelöster Herrschaftsgewalt des Monarchen zwar praktisch selten realisiert und theoretisch immer umstritten war, in der es aber jedenfalls wenige institutionelle Bindungen der monarchischen Gewalt gab. Vor diesem historischen Hintergrund diente die Vorstellung der Gewaltenteilung zu Beginn der Französischen Revolution dazu, den Monarchen in ein repräsentativ verfasstes System einzubinden, das ihn kontrollierte, damit aber auch legitimierte. Das Misstrauen der Revolutionäre um 1800 beschränkte sich jedoch nicht auf den Monarchen und seine Herrschaftsausübung. Während der Amerikaner Alexander Hamilton auf der anderen Seite des

Atlantiks notierte, die Gerichte seien der am wenigsten gefährliche Zweig des Staates (Hamilton/Madison/Jay 2009 [1787–1788]: 392 [Federalist Nr. 78]), galten die Gerichte in Frankreich als potenzielle Schutzmacht feudaler Privilegien und mussten daher gleichfalls in Schach gehalten werden (Gauchet 1995: 55 ff.). Die amerikanischen Verfassungsväter sorgten sich dagegen mehr um unkontrollierbare Parlamente, die Geld druckten und Individuen bestraften (Elkins/McKitrick 1995: 702). Gewaltenteilung ist also auf den ersten Blick ein Mittel zur Beschränkung der Ausübung von Herrschaft, oftmals in Hinsicht auf bestimmte Institutionen. Dabei gibt es auf den zweiten Blick aber wenig Konsens über die Frage, *welche* Institutionen besonders gefährlich sind: Gerichte, die dem Volkswillen entgegenstehen, Parlamente, die ungebunden politische Willkür ausüben, oder – heute die dominante Sorge – unkontrollierte Regierungen und Bürokratien.

Das Wort »Gewaltenteilung« (separation of powers, séparation des pouvoirs) ist dabei nur ein möglicher Ausdruck für die Idee, politische Macht durch organisierte Herrschaft zu bändigen – und dieses Wort ist von einem berühmten Missverständnis geprägt. Montesquieus Ausführungen zur englischen Verfassung in *Vom Geist der Gesetze* (Montesquieu 1950 [1748]: XI/6) gelten als einer der Gründungstexte der Idee der Gewaltenteilung. Sie beschreiben allerdings das englische Regierungssystem des frühen 18. Jahrhunderts, in dem der König zwar bereits stark in eine konstitutionelle Struktur eingebunden ist, aber die Regierung als eine Art geschäftsführender Ausschuss des Parlaments fungiert, aus dem auch die obersten Richter hervorgehen. So vorbildlich das englische Regierungssystem in Europa vor den Revolutionen war, Gewalten wurden in ihm nicht geteilt, sondern allenfalls unterschieden. Alle Gewalten kamen aus der Einheit von Krone und Parlament. Trotzdem gilt ein parlamentarisches Regierungssystem, in dem das Parlament die Regierung wählt und abwählt und deswegen die parlamentarische Mehrheit mit der Regierung nicht nur politisch, sondern auch institutionell zusammenhängt, heute nicht als problematisch. Ganz im Gegenteil hat es im Vergleich mit einem Präsidialsystem, in dem die Präsidentin nur der Öffentlichkeit verantwortlich ist und im Regelfall nicht abgewählt werden kann, Vorzüge (Linz 1994: 6 ff.). Wenn es aber gar nicht um eine strikte Trennung von Parlament und Regierung geht, worum geht es dann in der Theorie der Gewaltenteilung?

### *Machtbegrenzung oder Herrschaftsermöglichung*

Auf den ersten Blick soll der Grundsatz der Gewaltenteilung, wie gesehen, eine politische Organisation vorschreiben, die eine Akkumulation politischer Macht ausschließt. Dies ist bis heute das dominante Thema in den Theorien der Gewaltenteilung. Gut liberal gedacht, soll politische Macht durch Recht gebunden werden. Dass dies nicht die ganze Geschichte sein kann, lässt sich aber sowohl historisch als auch organisationstheoretisch zeigen. *Historisch* hat staatliche Herrschaft seit den Revolutionen, die die Gewaltenteilung einführten, an Macht gewonnen. Staaten haben erst in der zweiten Hälfte des 19. Jahrhunderts systematisch damit begonnen, alle möglichen Gegenstände zu regeln, eine durchsetzungsfähige Polizeibehörde aufzubauen und Bürokratien zu errichten (Reinhard 1999: 305, 374, 409; Mergel 2022: 123) – und zwar auch oder gerade solche, die sich an Standards der Gewaltenteilung halten. Gewaltenteilung verlangt eine andere Form von Herrschaft als der monarchische Feudalismus, aber nicht notwendig eine weniger mächtige. Dem entspricht *organisationstheoretisch* die Einsicht, dass monokratisch geführte Organisationen nicht unbedingt effektiv handeln. Gewaltenteilung bezeichnet auch eine Arbeitsteilung des Staats, die dabei hilft, seine Herrschaft zu strukturieren und dadurch effektiver zu machen. Dass sich die liberale Erzählung von der machtbegrenzenden Herrschaft dennoch so lange halten konnte, hat vielleicht auch mit den gewalttätigen Erfahrungen der Französischen Revolution zu tun, in denen der Welt zum ersten Mal in der Neuzeit deutlich wurde, dass es Gewaltherrschaft auch ohne Tyrannen geben kann.

Das institutionelle Projekt, das mit Begriffen wie Gewaltenteilung, Gewaltengliederung, Checks und Balances verfolgt wird, ist also anspruchsvoller als der Versuch, eine bestehende Herrschaftsform einem Rechtsregime zu unterwerfen. Es geht auch darum, legitime Herrschaft zu ermöglichen und damit die politische Gemeinschaft handlungsfähig zu machen, sie mit Mitteln auszustatten, durch die das Volk die Welt gestalten kann. Aus diesem Grund ist es kein Zufall, aber mit einem zu schlichten liberalen Narrativ schwer zu vereinbaren, dass der Idee der Gewaltenteilung im 19. Jahrhundert die Praxis des Aufbaus großer staatlicher Bürokratien folgte. Jacob Burckhardts oben zitierte Einsicht, dass »das Aendern-Dürfen und das Aendern-Wollen« mit den Revolutionen in die Welt kommt (→ Drei Ambivalenzen), wird hier organisatorisch real und verfassungstheoretisch relevant: Durch Verwaltungsstäbe greift der Staat in die soziale Welt ein, durch Parlamente gibt er diesen Verwaltungen ein Programm, durch Gerichte wird er sie historisch später kontrollieren. Mit der Revolution hat sich die Konstellation der Gewaltenteilung verändert. Man kann nun argumentieren, dass politische Herrschaft als Verwirklichung demokratischer Freiheit nicht in der gleichen Weise der Beschränkung bedarf wie monarchische – und dieses Argument ist auch ein verfassungsrechtliches. Die Vorstellung, Politik müsse beschränkt werden, ist in der modernen Verfassungstheorie nur noch ein Element der Gewaltenteilung, zu deren Ganzem gehört auch die Ermöglichung politischen Handelns.

*Die Triade – und ihre Rechtfertigung*

Der erste Satz in Montesquieus Kapitel zur englischen Verfassung im *Geist der Gesetze* lautet: »In jedem Staat gibt es drei Arten von Gewalten (pouvoirs): die legislative Gewalt, die exekutive Gewalt über das Völkerrecht und die exekutive Gewalt über das zivile Recht.« (Montesquieu 1950 [1748]: XI/6) Er fährt sinngemäß fort: Mit der ersten werden Gesetze gemacht oder geändert, mit der zweiten Krieg erklärt und Frieden geschlossen, mit der dritten, die auch als Gewalt des Urteilens bezeichnet werden kann, Verbrechen bestraft oder Rechtsstreitigkeiten entschieden. Montesquieu bezeichnet mit dem Begriff *pouvoir* (im Anschluss an Vorläufer, die sich bis in die aristotelische *Politik* zurückverfolgen lassen, Aristoteles 1991 [4. Jh. v. Chr.]: Pol. 1252a 7–17, 1255b 16–18, vgl. Bien 1990) eine Form staatlichen Entscheidens, die bestimmten Institutionen zugeordnet werden muss. Als erster Theoretiker bezieht er die »urteilende Gewalt«, also die Judikative, in das Modell mit ein. Damit geht es in der Theorie der Gewaltenteilung um eine doppelte Unterscheidung. Bestimmte Arten staatlichen Handels müssen von bestimmten Typen von Organen wahrgenommen werden. Ein Entscheidungsmodus bedarf einer bestimmten Organisationsform. Diese Zuordnung ist bei Montesquieu noch spezifisch anders, als wir sie heute verstehen: Die Exekutive ist vor allem für Außenpolitik zuständig, nicht wie heute für den Vollzug der Gesetze. Die Judikative beschränkt sich auf Zivilrecht und Strafrecht, sie ist noch keine Instanz zur Kontrolle staatlichen Handelns. Aber mit der Unterscheidung zwischen Funktionen und Institutionen ist der entscheidende Clou der Theorie bezeichnet, der über die Vorstellung, es ginge um eine schlichte Teilung, weit hinausgeht. Gewaltenteilung gebietet, dass bestimmte Arten von Organisationen bestimmte Arten von Entscheidungen treffen. Allgemeine Regeln, die die Zukunft der gesamten Gemeinschaft verbindlich regeln, werden von repräsentativen Versammlungen öffentlich verhandelt und beschlossen, in anderen Worten: Parlamente beschließen Gesetze. Streitige Fragen, die sich aus der Berufung auf die Gesetze im Einzelfall ergeben, werden nach einer Anhörung der Streitparteien von einer unabhängigen Stelle entschieden, die für ihre Entscheidung nicht sanktioniert werden kann: Gerichte entscheiden Rechtsstreitigkeiten.

Die Arbeitsteilung zwischen diesen beiden Organisationseinheiten hat einen praktischen Wert, den man schon bei Rousseau und Kant vorgedacht findet (Rousseau 1969 [1762]: II/3; Kant 1983 [1797]: 45). Fragen unterschiedlichen Allgemeinheitsgrads bedürfen unterschiedlicher Verfahren. Man kann diese Unterscheidung auch legitimationstheoretisch an die Idee der Selbstbestimmung anschließen: Dort, wo alle betroffen sind, müssen alle repräsentiert werden, dort, wo es um die Rechte Einzelner geht, bedarf es eines Verfahrens, in dem das Anliegen in der Tiefe geprüft und zugleich unabhängig von politischen Interventionen entschieden werden kann.

Wenn Verfassungen das Verhältnis von Recht und Politik regeln (→ Recht und Politik), dann ist die Gewaltenteilung die Organisationsform dieser Verhältnisbestimmung (Möllers 2013). Das Recht findet seinen Ort in der Organisationform des Gerichtsverfahrens, die Politik im parlamentarischen Gesetzgebungsverfahren. Politik umfasst die demokratische Allgemeinheit, Recht die Anwendung der Regeln auf individualisierte Konflikte. Einmal geht es um demokratische Selbstbestimmung, einmal um individuelle Freiheit.

Was aber ist denn mit der zweiten Gewalt, der Exekutive? Sie nimmt den ganzen Bereich zwischen den beiden anderen ein, denn die Exekutive umfasst die politische Regierung, die an der Gesetzgebung beteiligt ist, ebenso wie die unteren Teile der Verwaltung, die einzelne rechtlich gebundene Entscheidungen treffen, welche dann von Gerichten kontrolliert werden können. Praktisch begegnet uns als Bürgerinnen die untere Seite der Exekutive am häufigsten: als Polizei, Schule, Sozialamt, Ausländerbehörde, Bauamt oder Stadttheater. In einem Bundesstaat begegnen wir selten dem Bund oder dem Land, sondern zumeist der Gemeindeverwaltung, die als Teil der Landesbehörde handelt. Diese praktische Erfahrungswelt sorgt ebenso wie die überwältigende mediale Repräsentation von Regierungschefs für den Eindruck der überragenden Bedeutung der Regierung. Das ändert aber nichts daran, dass die Exekutive sich maßgeblich über die beiden anderen Gewalten rechtfertigen muss: einmal dadurch, dass sie an die parlamentarischen Gesetze gebunden ist, zum anderen dadurch, dass die Anwendung dieser Regeln durch Gerichte kontrolliert wird.

Die Bedeutung der Verfassung als spezifisch konstitutive Norm zeigt sich im Modell der Gewaltenteilung besonders. Es geht eben nicht um Regeln zur Steuerung von Verhalten wie sonst im Recht, sondern um Normen, die Ämter und Organe erst einmal schaffen und zueinander ins Verhältnis setzen. Diese Leistung von Verfassungen ist nicht nur spezifisch für sie, sie ist auch die vergleichsweise stabilste, denn Ämter und Organe sind auch für autoritäre Ordnungen von praktischer Bedeutung, die sich nicht einzelnen Bindungen des Verfassungsrechts unterwerfen. Die institutionelle Selbstbeschreibung der Ordnung, vom Staatsnamen bis zur Ämterverfassung, sind zentrale Funktionen einer Verfassung. Die Gewaltenteilung ist der freiheitsbezogene Grundsatz dieser organisatorischen Seite.

### *Kritik und Krise der Gewaltenteilung*

Die Gewaltenteilung und mit ihr die Ordnungsleistung eines klassisch-modernen Verfassungsrechts wird oft totgesagt. Drei Arten von Zweifeln am Wert der Kategorie lassen sich benennen.

*Zum Ersten* sollen sich Verschiebungen zwischen den Gewalten zeigen, die ihren Beschreibungswert infrage stellen. Namentlich wird oft die Entmachtung der Parlamente zulasten von Bürokratien und Regierungen diagnostiziert. *Zum Zweiten* treten neuartige Institutionen auf den Plan, die sich dem klassischen Schema nicht zu fügen scheinen wie unabhängige Zentralbanken, unabhängige Regulierungsbehörden, aber auch Verfassungsgerichte. Schließlich gibt es, *zum Dritten*, grundsätzlichere Verschiebungen der öffentlichen Gewalt wie die Internationalisierung der Rechtsordnung, die neue Institutionen schafft, oder die Privatisierung staatlichen Handelns, die dem Gewaltenteilungsschema entgleiten könnten.

Eine zeitgemäße Theorie der Gewaltenteilung muss sich mit diesen Einwänden auseinandersetzen. Nicht alle verstehen sich von selbst, sie bedürften eines Nachweises, der nicht immer einfach zu führen sein dürfte. So ist die Behauptung, Parlamente verlören an Macht, auf der einen Seite schon ziemlich alt, sie kursiert spätestens seit dem Ersten Weltkrieg, war und bleibt aber schwer nachzuweisen. Sie ist mit Blick auf verschiedene Phänomene, etwa die Entwicklung von Gesetzesvorbehalten oder die Entstehung neuer Parlamente wie des Europäischen Parlaments, in dieser Pauschalität nicht zwingend. Andere Einsichten verlangen Anpassungen, namentlich die Frage, wie auswärtige Beziehungen, die ja schon bei Locke und Montesquieu als Domäne der Exekutive verstanden wurden, parlamentarisch programmiert und gerichtlich kontrolliert werden können. Wieder andere liegen eher neben unserem Begriff, wie im Fall der Privatisierung, die die Reichweite des Gewaltenteilungserfordernisses relativieren könnte, aber nicht seinen Gehalt. Die Einpassung von Verfassungsgerichten in ein solches Schema ist zu einem Spezialproblem der neueren Verfassungstheorie geworden (→ Gerichte und Verfassungsgerichte), ebenso wie die ältere

Frage, wie politische Herrschaft mit wissenschaftlichem Sachverstand umgehen soll.

Vielleicht noch wichtiger als solche Einwände im Einzelnen ist es, an die Funktion der Gewaltenteilungsdoktrin zu erinnern. Zum einen liefert sie ein begriffliches Werkzeug. Zwischen legislativen und judikativen Verfahren unterscheiden zu können ist eine begriffliche Option, an die andere Unterscheidungen wie die zwischen Recht und Politik anknüpfen können, ohne damit eine scharfe Unterscheidung zwischen Rechtsetzung und Rechtsanwendung vorauszusetzen (Sandro 2022). Einen Beschreibungswert hat sie auch dann, wenn sich ergibt, dass sie in der institutionellen Realität nicht mehr viel erfassen kann, weil sich die Praktiken angleichen. Zum anderen können normative Modelle an die begriffliche Unterscheidung anschließen, etwa der Zusammenhang zwischen dem Schutz individueller Freiheit und der Garantie richterlicher Unabhängigkeit oder ein Modell repräsentativer Demokratie, das mit der Form des Parlaments verknüpft wird. Beide Funktionen, die begriffliche und die normative, werden nicht einfach durch faktische Entwicklungen widerlegt.

## Föderalismus

### *Warum Föderationen?*

Mit den Kategorien des Föderalismus wird das Verhältnis von Verfassungsordnungen zu anderen Verfassungsordnungen zum Thema. Sie sind deswegen von besonderem Interesse für die Verfassungstheorie, weil sie die Unterscheidung zwischen Innen und Außen der Ordnung unterlaufen. Eine Föderation ist eine Vielheit von Verfassungsordnungen, die zugleich eine Einheit ist. Damit stellen sich grundsätzliche Fragen. Warum aber gibt es Föderationen?

Mit konstitutionellen Errungenschaften wie Grundrechten und Gewaltenteilung verbindet man ein normatives Anliegen, jedenfalls demokratische Rechtsstaaten können nicht auf sie verzichten. Beim Föderalismus ist dies anders. Niemand wird behaupten, dass ein Bundesstaat per se normativ wertvoller wäre als ein Zentralstaat. Schweden oder Taiwan würden nicht dadurch demokratischer oder in anderer Hinsicht aufgewertet, dass sie eine föderale Struktur erhielten. Warum gibt es dann aber Bundesstaaten oder andere Föderationen? Historisch finden sich dafür unterschiedliche Gründe. Die nordamerikanischen Kolonien der Briten entwickelten ein gemeinsames politisches Projekt, nämlich von den Briten loszukommen, gleichzeitig trennte sie vieles, so dass sie nach der Unabhängigkeit nur lose verbunden blieben. Diese lose Verbindung unterminierte ihre Handlungsfähigkeit nach außen, so dass sie sich zu den Vereinigten Staaten zusammenschlossen. Auch die Provinzen Australiens wollten den britischen Kolonialherren politisch entkommen und arbeiteten in langen Verhandlungen einen Verfassungstext aus (Aroney 2009: 337–370). In Deutschland gab es vor der Gründung des Deutschen Reichs durch Vertrag zwischen den Gliedstaaten eine lange Vorgeschichte kultureller und ökonomischer Integration. Dann nutzte Preußen die politische Gelegenheit, einen föderalen Nationalstaat zu gründen, in dem es nicht mehr mit Österreich konkurrieren musste. Als mit Abstand größter Staat im Reich, als Hegemon, konnte es durch die Reichsgründung politische Kontrolle ausüben, die über seine Grenzen hinausging. In Nigeria wurde die ursprünglich zweigeteilte Kolonie in einen immer weiter gegliederten Bundesstaat mit heute 36 Gliedstaaten und direkt gewählten politischen Organen aufgeteilt. Die Vereinigten Arabischen Emirate sind eine Föderation, die aus sechs autokratischen Erbmonarchien zusammengesetzt ist.

Lernen wir aus solchen historischen Reminiszenzen über politische Ursachen für die Gründung von Föderationen, so mag man sich fragen, ob es auch normative Argumente dafür gibt. Die Ökonomie hat beginnend mit einem berühmten Aufsatz des amerikanischen Ökonomen Charles Tiebout Modelle entwickelt, die danach fragen, inwieweit eine föderale Kompetenzverteilung dabei helfen kann, regulatorische Wettbewerbe zu entfachen, die Effizienzgewinne produzieren (Tiebout 1956; aktueller Überblick Voigt 2020: 65 ff.). Praktisch einflussreicher ist eine demokratietheoretische Rechtfertigung des Föderalismus, in der die Vervielfältigung der demokratischen Ebenen dafür sorgen soll, dass die politischen Prozesse nicht von bestimmten sozialen Gruppen dominiert werden können. Diese von David Hume (2003 [1752]) entwickelte Idee wurde namentlich von den amerikanischen Verfassungsvätern verfeinert und konkretisiert (Hamilton/Madison/Jay 2009 [1787–1788]: 47–53, 300–304 [Federalist Nr. 10, 59]) und dann für andere große demokratische Gebilde rezipiert (für Indien Khilnani 1998). Viele politische Theoretiker der Frühen Neuzeit gingen davon aus, dass es politische Gleichheit nur in kleinen und homogenen Republiken geben könne, in Stadtstaaten wie Venedig, Hamburg oder Genf. Zugleich sah Montesquieu in einem Zusammenschluss von Republiken eine Lösung für das Problem, dass sich kleine Republiken wegen ihrer geringen Größe nicht angemessen verteidigen können (Montesquieu 1950 [1748]: IX/2). Waren solche Föderationen in der Regel recht lose Gebilde, so stellte eine weitere Konsolidierung der föderalen Ebene die These von der notwendig kleinen und homogenen Republik infrage. Für Hume und die Federalists standen kleine Republiken in der Gefahr, nur die Interessen einer bestimmen Schicht zu vertreten und so einen Teil fürs Ganze auszugeben. Wie sollte dem anders begegnet werden als durch die Vervielfachung demokratischer Entscheidungsprozesse? Große, heterogene und föderal gegliederte Republiken erschienen aus dieser Sicht potenziell demokratischer, weil sie eine Offenheit des politischen Prozesses, aber unter Umständen auch des gerichtlichen Rechtsschutzs ermöglichten, der den vermachteten Republiken fehlte. Wie wir sehen werden, haben diese alten Debatten zwischen Republikanern und demokratischen Föderalisten mit Blick auf die europäische Integration eine aktuelle Fortsetzung gefunden (→ Der Fall der Europäischen Union).

*Gemeinschaft der Gemeinschaften – ohne Souveränität*

Die Verfassung Australiens wurde formell als Gesetz des britischen Parlaments erlassen, praktisch als Pakt zwischen bereits bestehenden föderalen Einheiten ausgehandelt. Ein solcher dekolonialer Prozess fordert die Idee souveräner Verfassunggebung gleich doppelt heraus: Er wirft zum Ersten die Frage auf, wo zwischen Kolonie und Kolonialmacht die Souveränität liegt, zum Zweiten, wie sich eine solche Vereinbarung zwischen politischen Einheiten, also ein Verfassungsvertrag, verfassungstheoretisch denken lässt. Unter einer Föderation können wir eine politische Gemeinschaft verstehen, die aus mehreren anderen politischen Gemeinschaften zusammengesetzt ist, die diese durch einen Pakt (foedus), einen Vertrag, gegründet haben. Die politische Grundlage der Föderation, ihre Verfassung, ist dieser Vertrag. Dies ist mit einem Begriff der Verfassung als Produkt demokratischer Selbstgesetzgebung in mehreren Hinsichten schwer zu vereinbaren. Verträge entstehen nach Verhandlungen durch Konsensentscheidungen, nicht wie Gesetze nach einer Debatte durch Mehrheitsentscheidung. Verträge sind auch nicht anders als konsensuell änderbar. Zudem erhalten Verträge in der Regel die Vertragsparteien (Ausnahme: der Einigungsvertrag, mit dem die DDR in ihre Auflösung einwilligte) und sie schreiben einen sorgfältigen Umgang der Parteien miteinander vor. Verträge unterstellen damit auf eine elementare Weise die Gleichheit der Vertragsparteien, die alle zustimmen müssen. Die Gründung einer politischen Gemeinschaft durch Vertrag ist damit keine vollständige politische Neugründung. Es entsteht zwar eine neue Ebene der Herrschaft, die aber zugleich die bereits bestehenden politischen Gemeinschaften fortsetzt und schützt. Wer Verfassunggebung mit einem revolutionären Ereignis gleichsetzt, wofür freilich wenig spricht (→ Zeitlichkeit), kann föderale Verfassungen nur schwerlich als Verfassung anerkennen.

Mit ihrer Gründung stellt sich die Frage nach der politischen und rechtlichen Selbstständigkeit der Ebene gegenüber den sie gründenden Staaten. Nicht selten wird die Frage nach dem angemessenen Maß der Verselbstständigung mithilfe des Begriffs der Souveränität beantwortet. Welche Ebene einer Föderation kann Souveränität oder Letztentscheidungsgewalt beanspruchen? Eine solche Frage erlaubt eindeutige Antworten: Entweder ist die obere oder die untere Ebene souverän. Entsprechend lassen sich die rechtlichen Beziehungen zwischen den Gliedern entweder als Gegenstand des Staatsrechts, das die Innenseite eines souveränen Staats ausgestaltet, verstehen, oder als Völkerrecht, weil es um Beziehungen zwischen souveränen Staaten geht. Diese Rekonstruktion föderaler Strukturen als entweder bundesstaatlich oder staatenbündisch hat eine lange Tradition gerade bei Theoretikern, die eine Rechtsordnung als Produkt einer einheitlichen Rechtsquelle verstehen. So sah es der große frühe englische Rechtspositivist John Austin (1832), so sehen es heute viele Vertreter des kontinentaleuropäischen Verfassungsrechts in Deutschland, Frankreich oder Spanien.

Eine solche zweiwertige Kategorienwelt führt allerdings dazu, dass die verschlungenen Entscheidungsstrukturen föderaler Gemeinschaften auf eine einfache Alternative reduziert werden. Weil es zudem nicht leicht ist, die *politische* Machtverteilung in föderalen Gebilden nachzuvollziehen, beschränkt sich die Suche nach der souveränen Ebene dann auf eine Rekonstruktion der rechtlichen Form. Beispielhaft wird etwa formuliert, dass sich die Souveränität des Deutschen Reichs gegenüber den Gliedstaaten nach der Reichsgründung 1870/71 daraus ergeben habe, dass die Reichsverfassung mit qualifizierter Mehrheit in Reichstag und Bundesrat, und damit gegen den Willen eines einzelnen Staats, geändert werden konnte. Solchermaßen hätten die in das Reich eingebundenen Staaten ihre Souveränität verloren.

Selbst wenn dies als Beschreibung der Bestimmungen der Reichsverfassung zutreffen würde (zu Zweifeln daran Haardt 2020: 104–108, 388 f.), bleibt doch unklar, ob man deswegen das so gegründete Deutsche Reich, eine zunächst schmale Organisation ohne Polizei- und Militärgewalt, als souverän bezeichnen könnte. Noch im Ersten Weltkrieg war die militärische Befehlsgewalt der deutschen Truppen föderal zersplittert (Münkler 2013: 112), und noch 1932 stellte sich im Konflikt zwischen dem sozialdemokratisch regierten Preußen und der Reichsregierung die Frage, ob man dem Putsch des Reichs die gewaltige preußische Polizeimacht entgegenstellen könnte (Schulze 1977: 747 f.). Für die USA der Gegenwart, in der die Verfassung notorisch schwer zu ändern ist, ist die Zuweisung der Souveränität zum Bund, selbst wenn man nur auf dieses Verfahren schauen will, ebenfalls nicht sonderlich aussagekräftig. Das zeigt sich auch in der dort weiterhin umstrittenen Frage, wer denn eigentlich das entscheidende Legitimationssubjekt in den USA ist – das Volk der USA oder die Völker der Gliedstaaten (Sullivan 1995).

Wenn aber die Frage nach dem Souverän in der Föderation unergiebige Antworten liefert, die weder der formellen Verfassungsstruktur noch den politischen Machtverhältnissen gerecht werden, dann ist sie falsch gestellt. Stattdessen könnte man mit einer anderen Theorielinie Föderationen als Gebilde verstehen, in denen die Frage der inneren Souveränität zwischen den Ebenen gerade offengehalten wird (Beaud 2009 [2007]: 40 f.; siehe auch schon Schmitt 1928: 379–391). So sahen es die Schöpfer der amerikanischen Verfassung, die die Souveränität zwischen Staaten und Bund aufteilen wollten (Hamilton/Madison/Jay 2009 [1787–1788]: 236 [Federalist Nr. 45]), ebenso wie die Schöpfer der Schweizer Bundesverfassung (Vatter 2020: 432 f.), in der die Kantone bis heute als souverän bezeichnet werden. Beide dienten als Vorbild für andere Ordnungen wie diejenige Australiens. Der Verzicht auf die Souveränitätsfrage ist eine begriffliche Entscheidung, die anzeigt, dass das Bundesstaatsrecht zu komplex ist, um auf eine einfache Unterscheidung reduziert zu werden, die lediglich einer der beiden Ebenen die Souveränität eindeutig und ungeteilt zuspricht.

*Der Fall der Europäischen Union*

Dass es sich bei den Problemen föderaler Ordnungen nicht nur um theoretische Fragen handelt, zeigt heute die Europäische Union (EU). Schon die Einordnung der EU als Föderation ist umstritten und wird von offiziellen Stellen vermieden, weil sie den Mitgliedstaaten zu weit in Richtung einer eigenen Staatsgründung geht. Dass die EU kein Staat, auch kein Bundesstaat sei, gehört nach wie vor zu den Dogmen der offiziellen Beschreibung der EU. Für diese theoretische Betrachtung ist dies aber ohne Bedeutung, ihr muss es darauf ankommen, ob sich die Problemmuster, die die föderale Tradition ergeben hat, auch in der europäischen Integration wiederfinden. Das ist ohne Zweifel der Fall.

Dies beginnt bereits mit der Frage, ob die EU eine Verfassung hat. Die Verträge, mit denen die EU als Europäische Wirtschaftsgemeinschaft 1958 gegründet wurde, waren ausgefeilte völkerrechtliche Dokumente, die eine besondere Form zwischenstaatlicher Zusammenarbeit ermöglichen sollten. Viele ihrer Regelungen sind noch immer in Kraft. Wie diese Verträge heute einzuordnen sind, ist nicht einfach zu sagen. Einerseits gab es unterdessen einen politischen Prozess, der der EU eine eigene Verfassung geben sollte. Dieser Prozess scheiterte 2005 an der Ablehnung durch Volksabstimmungen in Frankreich und den Niederlanden. Damit ist das Verfahren einer formellen europäischen Verfassunggebung bis auf Weiteres politisch gescheitert. Andererseits führte die Vertiefung der Integration dazu, dass die Verträge mehr und mehr Regelungen enthalten, die aus staatlichen Verfassungen bekannt sind. Heute schaffen die EU-Verträge eine unionsrechtsinterne Normenhierarchie, eine Gewaltengliederung mit eigener Gesetzgebung, sie garantieren Grundrechtsschutz und kennen ein eigenes Haushaltsrecht. Vergleicht man die europäischen Verträge mit staatlichen Verfassungen, so regeln sie eher mehr (Grimm 2017: 85–89, 97–101). Ein Unterschied liegt darin, dass die Verträge keine allgemeinen Organisations- und Verfahrensregeln vorsehen, sondern das, was in Staatsverfassungen für alle Bereiche geregelt ist, in den europäischen Verträgen nach Politikbereichen zersplittert ist. Damit gibt es auch keine allgemeinen Regeln zum Verhältnis von Politisierung und Verrechtlichung.

Unabhängig davon, ob man den europäischen Verträgen den Titel Verfassung verleihen möchte, erfüllen sie jedenfalls viele Funktionen einer Verfassung (→ Normative Funktionalisierung von Verfassungen) – und dabei zeigen sich auch die Probleme, die wir in anderen föderalen Ordnungen bemerkt haben. Streitig ist etwa, ob die Mitgliedstaaten weiterhin Souveränität gegenüber der Union beanspruchen können. Dafür sprechen einige Gesichtspunkte: Sie haben das Recht, aus der EU auszutreten, und gegen den Willen auch nur eines einzelnen Mitgliedstaats können die Verträge nicht geändert werden. Zudem hat die EU kein eigenes Militär und keine Polizei. Die physische Durchsetzung der europäischen Regeln hängt von den Verwaltungen der Mitgliedstaaten ab. Dies sind gewichtige Argumente für deren fortbestehende Souveränität. Auf der anderen Seite kann die Union als ganze wesentliche politische Entscheidungen gegen den Willen einzelner Mitgliedstaaten treffen. Im Moment beginnt sie sogar damit, Verfahren zu entwickeln, die die demokratische Rechtsstaatlichkeit in einzelnen Mitgliedstaaten sichern oder wiederherstellen sollen. Die EU verfügt über eine Währung für einen Teil ihrer Mitglieder und sie ist auf manchen Feldern der internationalen Politik wie dem Welthandel oder dem Wettbewerbsrecht der einzige global relevante Akteur jenseits der Großmächte USA und China (Bradford 2020: 24). Schließlich sieht die Gestaltungsfreiheit in der EU nicht für alle Mitgliedstaaten gleich aus. Große Mitgliedstaaten haben auch durch die EU mehr Gestaltungsspielräume als kleinere. All dies bestätigt die Zweifel, die wir oben hinsichtlich der Ergiebigkeit des Souveränitätsbegriffs für Föderationen entwickelt haben. Jede Antwort auf die Frage nach der Souveränität ist für sich genommen zu simpel.

Was aber bringt die Einordnung der EU in föderale Theorien über solche Zweifel an der Anwendbarkeit des Souveränitätsparadigmas hinaus? Zunächst bedarf, wie wir anfangs gesehen haben, jede Reflexion über Verfassungen einer vergleichenden Perspektive. Zu behaupten, die EU sei einmalig oder »sui generis«, bedeutet vor allem, auf begriffliche Instrumente zu ihrer Beschreibung zu verzichten. Dagegen zeigen Vergleiche mit historischen oder zeitgenössischen föderalen Ordnungen erst, was an der europäischen Integration spezifisch ist und was nicht. Beispielhaft: Dass oberste föderale Gerichte mit den Kompetenzen des Bundes großzügiger umgehen als mit denen der Glieder, ist ebenso typisch für föderale Integrationsprozesse wie die zögerliche Anwendung von Grundrechten gegen die obere Ebene. Man kann dies am EuGH kritisieren, wie es oft geschieht (Haltern/Bergmann 2012), aber es ist für die EU nicht spezifisch. Umgekehrt ist es zwar erklärbar, aber doch ungewöhnlich, dass sich die europäische Integration erst vergleichsweise spät der Außenpolitik zugewendet hat, mit der viele andere Föderationen ihren Integrationsprozess begannen. Heute wirkt die EU zudem als vertieft integrierte Organisation, der ein wesentliches Element fehlt, das vergleichbare Gebilde haben: ein einheitliches Regierungsorgan (Möllers 2019). Ihre Regierungsgewalt ist für verschiedene Politikbereiche auf verschiedene Organe (Kommission, Europäischer Rat, Rat) verteilt. Solche Betrachtungen lösen keine institutionellen Probleme, insbesondere liefern sie kein Argument für oder gegen die Vertiefung der Integration, aber sie helfen dabei, Probleme zu identifizieren und einzuordnen und das Krisenhafte in der Entwicklung solcher politischer Gemeinschaften besser zu verstehen.

*Verfassung und Staat*

Wir haben gesehen, dass die Anwendung des Verfassungsbegriffs auf die EU umstritten ist, dass es aber in jedem Fall sehr viel rechtliches und institutionelles Material in den Verträgen gibt, das wie Verfassungsrecht aussieht. Für die Frage, ob man auch von Verfassungen »jenseits des Staates« sprechen kann, ergibt sich hier eine Einsicht, an die wir bei der Betrachtung der Globalisierung anschließen können (→ Globaler Konstitutionalismus). Ob Verfassungen auf einen Staat angewiesen sind, ist mit Blick auf die EU zweifelhaft, aber zugleich hat nicht jede internationale Organisation in diesem Sinne eine Verfassung. Wenn Verfassungen Recht und Politik miteinander verfugen (oben → Recht und Politik), dann finden sie sich nur in Institutionen, in denen

Rechtsordnung und politische Gemeinschaft ein bestimmtes Maß an Verselbstständigung gewonnen haben. Man kann versuchen, dieses Maß begrifflich zu bestimmen, etwa durch den Begriff der Souveränität. Freilich ist anerkannt, dass auch politische Gemeinschaften, die schwerlich als souverän zu bezeichnen sind, Verfassungen haben können wie etwa die deutschen Länder, die über eigene demokratische Legitimationsmechanismen wie Landtagswahlen verfügen.

## Gerichte und Verfassungsgerichte

Eine der zentralen Entwicklungen der Verfassungspraxis im 20. Jahrhundert war in vielen politischen Ordnungen die zunehmende gerichtliche Bearbeitung von Verfassungen. Sie hängt eng damit zusammen, dass sich nicht nur die Vorstellung davon, was eine Verfassung ist, veränderte, sondern auch die Vorstellung davon, wie Gerichte entscheiden. Gerichte sind auf den ersten Blick einfache und stabile Institutionen (Shapiro 1981: Kap. 1). Ein Konflikt zwischen zwei Parteien wird von einer dritten Stelle vermittelt und entschieden. Beide Seiten können ihre Sicht auf die Ereignisse vor dieser Stelle zu Gehör bringen. Die Richterin entscheidet in gleicher Distanz von den Parteien unabhängig von anderen Einflüssen, wer von beiden im Recht ist. Diese unabhängige und unbefangene Streitentscheidung lässt sich auch ohne Rechtsordnung denken. Erst wenn die Grundsätze, nach denen der Konflikt zu entscheiden ist, allgemein gelten sollen, bedarf es einer Rechtsordnung, und erst wenn die Entscheidungen nicht mehr Vorschläge, sondern durchsetzbar sein sollen, bedarf es einer politischen Gemeinschaft. Einerseits nahm der Monarch in Europa lange Zeit die Rolle als oberster Richter ein (Stolleis 2011 [1984], relativierend fürs Alte Reich im Mittelalter Diestelkamp 2019), andererseits bestand der Großteil der Gerichtsbarkeit seit langem aus einem Netz staatsferner Institutionen, die erst langsam in einen zentralisierten Rahmen eingebaut werden. Kleists *Der zerbrochene Krug* berichtet auch von den Schwierigkeiten dieses Prozesses. Erst bei Montesquieu im *Geist der Gesetze* werden die Gerichte in die Idee der Gewaltenteilung integriert. Lange Zeit erschien das nicht als nötig, weil sie als harmlos galten. Sie hatten in den Worten des amerikanischen Verfassungsvaters Alexander Hamilton weder ein Schwert wie die Exekutive noch einen Geldbeutel wie das Parlament, um sich durchsetzen zu können (Hamilton/Madison/Jay 2009 [1787–1788]: 392 [Federalist Nr. 78]).

In diesem Stand der Entwicklung wenden sich gerichtliche Entscheidungen in der Regel nicht gegen das Handeln der Staatsgewalt, es sei denn, diese handelt selbst in Privatform als Kreditnehmerin oder Enteignungsbegünstigte. Gerichte entscheiden lange Zeit vor allem Konflikte zwischen Privaten. Eine systematische Überprüfung staatlichen Handelns durch Gerichte entsteht langsam und keineswegs linear seit der Frühneuzeit (für Preußen: Hintze 1967 [1920]). Sie dient dazu, Rechte zu schützen und die Verwaltung an die Gesetze zu binden. Auch an diesem Punkt gibt es aber immer noch viele Einschränkungen der gerichtlichen Kontrolle. Der Kern der politischen Legitimität, der König oder das Gesetz sind ihr nicht unterworfen.

Mit dem Begriff der Verfassung hängen solche Strukturen dennoch zusammen. Denn zum einen kann man auch die Existenz einer unabhängigen Gerichtsbarkeit für sich als Inbegriff einer Verfassungsordnung verstehen, die eben erst mal dafür sorgt, dass es einen freien Raum privater Selbstkoordination um das Eigentumsgrundrecht gibt. Dies lässt sich für den englischen Gebrauch des Verfassungsbegriffs beobachten (Dicey 1961 [1885]: 196), aber auch für Kontinentaleuropa im 19. Jahrhundert. Hier ist für den Frühkonstitutionalismus, aber auch für die Kodifikationen die Rede davon, dass die Privatrechtsordnung als »Verfassungsersatz« fungierten (Grimm 2017: 172; Haferkamp 2022: 116).

Zum anderen ist die Erweiterung gerichtlicher Kontrollen auf das Handeln der Staatsgewalt eine zentrale Forderung des Konstitutionalismus nach 1800. Im 19. Jahrhundert wird der Kampf um die Gesetzlichkeit und Kontrolle des Verwaltungshandelns ein Kernanliegen der bürgerlichen Verfassungsbewegungen. Mit der Einführung einer Verfassungsgerichtsbarkeit haben beide Zusammenhänge wenig zu tun. Es geht nicht um ein gerichtlich kontrolliertes hierarchisches Ineinander von Verfassung und Gesetz, sondern eher um ein horizontales Nebeneinander von beiden, wie es weiterhin im englischen System zu beobachten ist. Verfassung bedeutet hier den Schutz gesetzlicher Legalität durch Gerichte.

Die Vorstellung, dass ein Gericht die Verfassung auch gegen die politischen Organe, Monarch, Regierung und Gesetzgeber durchsetzen kann, taucht zwar durch die Jahrhunderte immer wieder einmal auf (Triepel 1929), sie kann sich aber bis ins 20. Jahrhundert nur selten durchsetzen. Die große Ausnahme sind die USA, in denen der Supreme Court eine solche Befugnis früh in der berühmten Entscheidung Marbury v. Madison in Anspruch nimmt, aber doch für Jahrzehnte nur gegen die Gliedstaaten wirklich vollzieht. Verfassungsgerichtsbarkeit beginnt hier als Sicherung des Bundesrechts (vgl. Beaud 2009 [2007]: 28). Weltweite Verbreitung findet verfassungsgerichtliche Kontrolle dann bemerkenswerterweise mit den verschiedenen Demokratisierungsschüben nach dem Ersten und dem Zweiten Weltkrieg und nach 1989.

Dabei finden sich zwei Wege zur Verfassungsgerichtsbarkeit: Zum einen kann die normale Gerichtsbarkeit den Anspruch erheben, die Verfassung auszulegen und Gesetze zu überprüfen. So ist es etwa zu Beginn des 19. Jahrhunderts in den USA und in den 1980er Jahren in Israel (Hirschl 2001: 320–326) passiert. Die gerichtliche Kontrolle geschieht in einem Akt der Selbstermächtigung, der, wenn es gut läuft, von der politischen Gemeinschaft akzeptiert wird. Der andere Weg besteht darin, dass der Verfassunggeber die gerichtliche Kontrolle ausdrücklich vorsieht. Dies geschieht oft durch die Einrichtung eines spezialisierten Verfassungsgerichts, das keine andere Aufgabe als das Monopol der Kontrolle der Verfassung hat, so etwa in Italien, Deutschland, Südafrika oder Taiwan. Nicht selten ist die Entscheidung für die Verfassungsgerichtsbarkeit Konsequenz eines politischen Bruchs mit einer totalitären Erfahrung. Sie wird auch notwendig, um die noch einem autoritären Vorgängersystem verpflichtete Justiz zu demokratisieren – und die Ironie ist nicht zu übersehen, dass dieses Vorgehen auch autoritär umgedreht werden kann und wird, also Verfassungsgerichte genutzt werden können, um das gesamte Justizsystem politisch auf Kurs zu bringen. Systeme mit hoher politischer Kontinuität haben dagegen selten spezialisierte Verfassungsgerichte, ja oftmals überhaupt keine verfassungsgerichtliche Kontrolle, sondern überlassen solche Fragen parlamentarischen Ausschüssen wie in Skandinavien oder vielen Ländern des Commonwealth.

Die Frage nach der Legitimation der Verfassungsgerichtsbarkeit ist eine aus den Vereinigten Staaten in die ganze Welt exportierte Obsession der Verfassungstheorie geworden. Richtig an ihr ist, dass die Verfassungsgerichtsbarkeit ein klassisches Modell von Gerichtsbarkeit als Entscheidung eines Einzelfalls auf Grundlage einer gesetzlichen Norm oder eines Präjudizes in vielerlei Hinsicht dehnt: Die verfassungsrechtliche Grundlage ist oft sehr vage und in ursprünglich politische Formeln wie »Rechtsstaat« gefasst, die Mitglieder des Gerichts werden in politischen Verfahren ausgewählt, Verfassungsgerichte entscheiden oft keine konkreten Fälle, sondern aufbereitete politische Auseinandersetzungen – schließlich können sie sich faktisch diese Fälle oft selbst aussuchen. Damit sind Verfassungsgerichte nur noch schwach auf die Initiative von außen angewiesen, die es eigentlich rechtfertigt, dass sie unabhängig, also ohne politische Verantwortlichkeit entscheiden können.

Deswegen ist festzuhalten, dass Verfassungsgerichte den politischen Prozess nicht nur verrechtlichen, indem sie ihn Verfassungsregeln unterwerfen, sondern umgekehrt auch das Gerichtssystem politisieren, indem sie als oberste Instanz nach Verfassungsmaßstäben entscheiden. Das bedeutet nicht, verfassungsgerichtliche Kontrollen für illegitim zu halten. Es zeigt nur, dass gerade spezialisierte Verfassungsgerichte besser als hybride juridisch-politische Institutionen zu verstehen sind denn als normale Gerichte.

In der politischen Theorie lassen sich idealtypisch zwei Positionen zur Verfassungsgerichtsbarkeit benennen: Die eine erklärt die Verfassungsgerichtsbarkeit zum zentralen Ort der »politischen Vernunft« einer Verfassungsordnung. Hier soll der rationale Kern der Ordnung zur Anwendung gebracht werden, auf den sich trotz vieler politischer Streitigkeiten im Einzelnen alle Bürgerinnen und Bürger einigen können müssen, damit das Ganze zusammenhält. In der politisch unabhängigen Beratung von Fällen kann sich eine solche Vernunft institutionell verwirklichen (Rawls 2005 [1993]: 231–240). Die Gegenposition sieht in der verfassungsgerichtlichen Kontrolle eine undemokratische Anmaßung. Hier trifft eine Institution, die keine demokratische Legitimation hat, Entscheidungen, die nicht nur die Parteien eines Verfassungsrechtsstreits, sondern die gesamte politische Gemeinschaft berühren. Solche Entscheidungen gehören aber ins Parlament (Waldron 2006). Dieses Argument hat unter der Bezeichnung »counter-majoritarian difficulty« global Karriere gemacht.

Doch sind sowohl Kritik als auch Rechtfertigung zu pauschal (Möllers 2024). Es sind typische Beiträge aus der politischen Philosophie, die über die institutionellen Bedingungen hinwegtheoretisieren und methodisch nicht verarbeiten können, dass die konkrete Ausgestaltung einer Rechtsordnung dieser auch politische Legitimation gibt. Die Rechtfertigung verfassungsgerichtlicher Kontrolle oder ihr Fehlen hängen von vielen Faktoren ab: von der Frage, ob es im Verfassungsrecht ein demokratisch legitimiertes Mandat zur Kontrolle demokratischer Entscheidungen gibt oder das Gericht sich ein solches einfach genommen hat, von der Ausgestaltung der Verfassungsprozesse, von der Rechtskultur, die der Rechtsform einen eigenen Wert zusprechen mag oder auch nicht. Eine allgemeine Regel, die in der Diskussion zumeist darauf hinausläuft, angelsächsische Debatten zu Universaltheorien zu machen, hilft dabei nicht weiter, zumal es auch in der angelsächsischen Welt sehr differenzierte institutionelle Überlegungen zur Ausgestaltung verfassungsrechtlicher Kontrollen gibt (Dixon 2023). Umgekehrt kann man mit der Verfassungsgerichtsbarkeit auch nicht institutionell naiv umgehen und sie einfach als institutionelle Verwirklichung des Vorrangs der Verfassung deuten. Dieser lässt sich auch ohne Verfassungsgerichtsbarkeit schützen. Ob der Hüter der Verfassung ein Gericht oder ein politisches Organ ist, folgt aus dem Begriff der Verfassung nicht. Für die Einrichtung einer politisch unabhängigen Gerichtsbarkeit mit einer starken Reichweite muss es eigene Gründe geben. Dabei darf man die Bedeutung der Gerichte auch nicht überschätzen. Eine schlingernde politische Ordnung werden sie nicht retten, sondern mitschlingern. Ja, es kann sogar sein, dass ein dezentrales Gerichtssystem gegenüber einem politischen Zugriff resistenter ist als eine mächtige Verfassungsgerichtsbarkeit, die sich politisch austauschen lässt.

## Rechte und Grundrechte

Die französische Erklärung der Menschen- und Bürgerrechte vom 26. August 1789 macht in ihrem Artikel 16 nicht nur die Teilung der Gewalten, sondern auch die Garantie von Rechten zum notwendigen Bestandteil einer Verfassung. Eine Gesellschaft, die keine Rechte garantiert, hat keine Verfassung. Der Zusammenhang ist einerseits jedenfalls für westliche Verfassungen unmittelbar einleuchtend und andererseits ziemlich verwirrend, wenn man genauer betrachtet, wie die Praxis der Rechte aussieht. Zwar ist es aus heutiger Sicht selbst für unterschiedliche politische Systeme und Rechtskulturen vollkommen unbestritten, dass es keine Verfassung ohne einen Katalog von Grundrechten geben kann – unter den westlichen Verfassungen kommt gegenwärtig allein die australische Verfassung ohne einen solchen aus. Verfassungen, so erklärt sich diese Selbstverständlichkeit jedenfalls auf den ersten Blick, sollen herrschaftsbegrenzend wirken (→ Normhierarchien; → Gegliederte Gewalten) – es muss also zumindest die Möglichkeit behauptet werden, sich gegen Exzesse der Ausübung politischer Herrschaft auch individuell zur Wehr zu setzen. Rechte sind hier das erste Mittel. Andererseits sind nicht nur die Gehalte, sondern auch die normativen Funktionen und tatsächlichen Wirkungsweisen der in verschiedenen Verfassungen der Geschichte und Gegenwart garantierten Rechte derart unterschiedlich, dass die Behauptung, die Erklärung von Rechten sei konstitutiv für Verfasstheit, kaum zutrifft. Die Garantie von Rechten ist gerade in nicht-demokratischen Verfassungen immer wieder erste Kandidatin, um die bloß nominale Funktion von Verfassung (→ Normative Funktionalisierung von Verfassungen) zu illustrieren: Grundrechte werden garantiert, aber niemand kann sich darauf berufen, möglicherweise ist es sogar gefährlich, sie in Anspruch zu nehmen. In der russischen Gegenwartsverfassung beispielsweise wird nicht nur Rede-, sondern auch Meinungsfreiheit explizit garantiert, und doch ist ihre Wahrnehmung lebensgefährlich.

Übersetzen wir die Idee, dass die Garantie von Rechten konstitutiv für eine Verfassung sei, in die Systematik normativer Funktionen (→ Normative Funktionalisierung von Verfassungen), die wir für die Beschreibung jüngerer Verfassungen entwickelt haben, dann würde dies bedeuten, dass der bloß nominale Gebrauch von Rechten eine Verfassung zu einer insgesamt nominalen Verfassung macht. Aber ist das richtig? Lassen sich nicht auch für die Gegenwart Verfassungen denken, die ohne Grund- oder Menschenrechtsgarantien auskommen? Es ist hilfreich, sich hier noch einmal Differenzierungen des Begriffs der Rechte zu vergegenwärtigen (dazu Wihl 2019: 79 ff.). Nicht jede Rechtegarantie nämlich bezieht sich auf Grundrechte, wie wir sie im Grundgesetz oder in der Europäischen Grundrechtecharta finden. Zum Ersten können Rechte durch einfaches Gesetz geschützt werden. Dies war lange Zeit der Normalfall, und in der Einrichtung der gerichtlichen Durchsetzbarkeit solcher Rechte besteht etwa in der englischen Tradition ein Kernelement der Verfassungsordnung. Zum Zweiten können Grundrechte, also Rechte, die in einer Verfassungsurkunde niedergelegt werden, nur Bürgerinnen und Bürger oder alle Menschen berechtigen. Hier liegt eine wichtige Vieldeutigkeit der Verfassungsbewegung, die immer zugleich national radiziert und kosmopolitisch orientiert war (→ Migration – Demokratie – Bürgerschaft). Zum Dritten können Grundrechte unmittelbar durchsetzbare individuelle Ansprüche gegen den Gesetzgeber oder Aufträge zu einem objektiven Schutz an den Gesetzgeber formulieren als Positionen, die ein Staat gewähren kann, die aber nicht vor Gericht erstritten werden können (vgl. Wenger 2005: 621).

Auch Rechte, die nicht einklagbar sind, sind Rechte. Denn einem Recht entspricht, so verstehen wir seinen Begriff, eine Verpflichtung. Der Charakter dieser Verpflichtung kann aber ganz unterschiedlich sein. Sie kann bloß moralischer Art (Stemmer 2000: § 4) oder mit einem rechtlichen Durchsetzungsanspruch versehen sein. Rechte können sich an Personen richten oder an Organisationen, sie können aber auch eine politische Einheit wie einen Staat verpflichten. Deswegen können auch Rechte, die zwischen Staat und Bürger bestehen, in ihrer Wirkung große Unterschiede aufweisen. Sie können – trotz ihres verpflichtenden Charakters – ganz ohne subjektiv-individuelle Ansprüche gegen einen Staat bestehen oder im Sinne von Grundrechten solche Ansprüche gerade garantieren. Für die französische Tradition etwa ist die Erklärung der Menschen- und Bürgerrechte zwar ein zentrales Dokument, das aber erst einmal nur den Gesetzgeber adressiert (Wenger 2005: 619). Ähnlich war es in Deutschland lange Zeit (Wahl 1981: 486). Hier dienten Grundrechte vor allem dazu, den Gesetzgeber gegenüber der Exekutive aktiv werden zu lassen, nicht dazu, diesen zu begrenzen. Erst das Grundgesetz schafft dann mit seinem Grundrechtekatalog und der Beschwerdemöglichkeit vor dem Bundesverfassungsgericht für alle den institutionellen Rahmen, um solche Rechte auch gegenüber dem Gesetzgeber durchsetzen zu können.

Auf der ganzen Welt lässt sich die Tendenz beobachten, mehr Rechte und insbesondere Grundrechte als subjektive, einklagbare Positionen zu verbürgen (Thornhill 2018). Die Rolle von Rechten für Gesellschaften hat sich verändert, und dies lässt sich spätestens seit den 1960er Jahren in westlich-liberal verfassten Staaten fast durchgehend beobachten – manchmal wird insofern von einer »rights revolution« (Sunstein 1993) oder einem »age of rights« (Henkin 1990) gesprochen. Rechte sind nicht mehr überwiegend ein Mittel, um sich gegen staatliche Über- und Eingriffe zu wehren, sondern auch eine Form, um Gesellschaften und Demokratien zu transformieren. Beispielsweise können Minderheiten versuchen, sich durch die Ausübung von Grundrechten vor einer entfesselten Machtausübung durch politische Mehrheiten zu schützen. Gerade in mehrheitsorientierten demokratischen Systemen entsteht hier ein Konflikt zwischen demokratischer Regierung und gerichtlicher Kontrolle, der etwa für die USA als *counter-majoritarian difficulty* (Bickel 1962) beschrieben wird (→ Gerichte und Verfassungsgerichte). Dieser Konflikt spiegelt unsere Ausgangsfrage, ob Verfassung eigentlich notwendig Rechte braucht, noch einmal in einer spezifischen Wendung: Sind Rechte eigentlich ein undemokratisches Instrument, Sand im Getriebe der Mehrheitsfindung? Manche Verfassungssysteme wie Südafrika oder Indien greifen sogar ganz zielgerichtet auf die Mehrheiten hemmende Funktion von Rechten zurück, um weitgehende gesellschaftliche Transformationen zu ermöglichen und voranzutreiben (→ Transformativer Konstitutionalismus). Auch die Europäische Union konnte die europäische Integration beschleunigen, indem der EuGH den Bürgerinnen und Bürgern Rechte zuerkannte, die dann wiederum vor nationalen Gerichten eingeklagt werden (Masing 1997: 181 ff.). Bürgerrechtsorganisationen wie die ACLU (American Civil Liberties Union) versuchen, Gesellschaften zu verändern, indem sie mithilfe strategischer Prozessführung Gerichte dazu bringen, die Reichweite von Rechten zu vergrößern und ihre Inhalte zu entwickeln. Weder die ›rights revolution‹ noch die durch den Gebrauch von Rechten induzierten gesellschaftlichen Transformationen sind aber geradlinige oder unbestrittene Entwicklungen. Ihr Gebrauch war indes ein wirksames Instrument in fundamentalen politischen Kämpfen. Nicht erst seit den Verfassungsrevolutionen um 1800, sondern schon in einer Frühgeschichte der Grundrechte wendeten sie sich gegen die politische Herrschaft.

Vor allem aber mit der aufklärerischen Verbindung von Gleichheit und Freiheit, die sich um 1800 in den Rechteerklärungen zeigt, liefern Rechte eine so wichtige wie umstrittene Form, um politische Herrschaft einzuhegen und anzugreifen.

Lange Zeit waren Rechte sicherlich »der Inbegriff liberaler formalisierter Freiheit« (Möllers 2020: 212) und fanden genau in dieser Ausrichtung auch ihre Kritik: als gesellschaftszersetzende, atomisierende (Hegel 2015 [1822/1823]: 358 ff.) Form, die zu einer Begrenzung des Rechts auf den bloßen Willen, auf das sogenannte Natürliche führe (Menke 2015: 63, 136) und die damit einer wirklichen Veränderung von Gesellschaft im Wege stehe (Lacroix/Pranchère 2018).

Historisch wie gegenwärtig illustrieren praktische Ausschlussmechanismen ein Problem der Form der Rechte. Rechte setzen die normative Ermächtigung und die praktische Fähigkeit voraus, von ihnen Gebrauch zu machen. Auf Grundrechte kann sich nur berufen, wer Trägerin solcher Rechte und sie wahrzunehmen in der Lage ist. Diese Trägerschaft aber wurde jenseits aller Diskussionen um eine moralisch verstandene Universalität der Menschenrechte oft exklusiv definiert. Auch die französische *déclaration* proklamierte Freiheit und Gleichheit nicht für alle Menschen, sondern im Wesentlichen für weiße Männer, die keine Sklaven waren – sie galt gerade nicht für die französischen Kolonien, was durchaus wirtschaftliche Gründe hatte. Olympe de Gouges verfasste 1791 eine *Déclaration des droits de la femme et de la citoyenne*, also eine Erklärung der Frauen- und Bürgerinnenrechte (»Femme, réveille-toi; [...] reconnais tes droits.«; de Gouges 1791/2022: 39), und engagiert sich mit einem umstrittenen Theaterstück für Sklavenrechte (de Gouges 1788/2022: 57–62). 1793 wird sie hingerichtet. Zwar wurde 1794 im fortlaufenden Revolutionsgeschehen die Abschaffung der Sklaverei beschlossen, aber nicht umgesetzt. Der noch von Louis XIV.

1685 erlassene »Code Noir«, ein Gesetz, das Sklaven die Rechtsträgerschaft absprach und voller entmenschlichender Regelungen ist, galt bis 1848 weiter (Sala-Molins 2006: 70). Bis heute sind es für westlich-liberale Verfassungen und auch im globalen Kontext nicht allein Spannungen und Widersprüche, die sich aus dem Verhältnis von Gleichheits- und Freiheitsrechten ergeben, sondern vor allem *Kämpfe um die Rechtsträgerschaft*, die politische Auseinandersetzungen hervorrufen, vorantreiben und Verfassungen verändern.

Im verfassungspolitischen Umgang mit der Klimakrise dürften Ausweitungen der Rechtsträgerschaft in Bezug auf Grundrechte eines der gleichermaßen wirkungsvollsten wie umstrittensten Mittel sein: etwa, wenn Ecuador in seiner Verfassung von 2008 neben Menschen und Körperschaften die Natur als Rechtsträgerin für Grundrechte oder das Bundesverfassungsgericht eine »intertemporale« Dimension der Freiheitsrechte anerkennt, die letztlich auch künftige Generationen zu Rechtsträgerinnen macht (→ Ökologische Transformationen). Wirkmacht, Einsatz und normative Funktion von Rechten in Verfassungen hängen also wesentlich von der Frage ab, wer sich darauf berufen kann. Die Garantie von Rechten allein sagt umgekehrt noch wenig über die normative Funktionalität einer Verfassung aus.

## Verhältnismäßigkeit

Für manche Verfassungstheoretiker ist die Verhältnismäßigkeitsprüfung der materielle Kern des gesamten Konstitutionalismus. Mit ihr erreiche das Verfassungsrecht eine Rationalität, die gar zu moralischer Wahrheit führe (Kumm 2010). Denn mit der Verhältnismäßigkeit würden die verschiedenen Freiheitsanliegen der Beteiligten optimiert (vgl. Alexy 1994: 75). Doch ist der globale Erfolg der Verhältnismäßigkeitsprüfung kein Siegeszug eines richtigen Arguments, sondern nur im Zusammenhang mit dem Aufstieg der Verfassungsgerichtsbarkeit zu verstehen (Kremnitzer/Steiner/Lang 2020). Diese wendet Verhältnismäßigkeitskriterien in ganz unterschiedlicher Art und Weise an: von der Kontrolle der Frage, ob ein Gesetz den selbstgesetzten Zweck erfüllen kann, bis zur ganz anders funktionierenden Abwägung von verfassungsrechtlichen Prinzipien und Werten. Während die Apologie der Verhältnismäßigkeitsprüfung in ihr den Kern des Verfassungsrechts sieht, gibt es an ihr auch (reichlich) Kritik. So wird in Abrede gestellt, dass es ein Verfahren rationaler Abwägung geben kann (Urbina 2017), bezweifelt, ob es Prinzipien, die abgewogen werden, überhaupt gibt (Poscher 2010), und hinterfragt, ob das, was Gerichte selbst als Abwägung bezeichnen, wirklich eine solche darstelle (O'Hara 2022). Schließlich sehen Kritikerinnen in der Verhältnismäßigkeit ein Instrument, mit dem Verfassungsgerichte nach eigenem Belieben in politische Entscheidungen eingreifen können, ohne sich zu sehr an vorhersehbare Standards zu binden (Stone Sweet 2000: 142, 173 f.). Nicht zu übersehen ist schließlich umgekehrt, dass manche Gerichte gar keine Verhältnismäßigkeitsprüfung verwenden. Dies gilt namentlich für den US Supreme Court. Wenn es aber ohne geht, ist die Prüfung vielleicht doch nicht so zentral für den Konstitutionalismus.

Bei aller Ungewissheit im Einzelnen können Abwägungstechniken aber sicherlich einen Zweck erfüllen, nämlich die in einem Verfassungskonflikt auftretenden, sich widersprechenden normativen Anliegen zu Wort kommen zu lassen. Eine Gegenprobe macht das anschaulich: In der Entscheidung, mit der der US Supreme Court das Recht auf Abtreibung anerkannte, wird das Anliegen des Umgangs mit ungeborenem Leben nicht erwähnt (Roe v. Wade, 410 U.S. 113 [1973]). Umgekehrt spielt in der Mehrheitsbegründung, die das Recht auf Abtreibung wieder abschaffte, das Anliegen der Selbstbestimmung der Frau keine Rolle (Dobbs v. Jackson Women's Health Organization, 597 U.S. 215 [2022]). Widerstrebende normative Anliegen miteinander abzuwägen ist sicherlich keine Garantie für eine richtige Entscheidung, aber doch nicht selten Voraussetzung einer überzeugenden Begründung, die die verschiedenen Anliegen zumindest anerkennt.

Das ändert nichts daran, dass sehr viele verfassungsrechtliche Argumente nicht im Modus der Abwägung gefasst werden können und sollen, namentlich wenn eine Regel kategorisch, also ohne Einschränkung im Einzelfall gelten soll. Hier besteht die Gefahr, dass ein Entscheidungsprogramm unter einer methodisch nicht kontrollierbaren Fülle abzuwägender Gesichtspunkte verschwindet. Das Schema ist etwa aus der Bestrafung von DDR-Mauerschützen in der Bundesrepublik bekannt. Es gibt eine klare Regel: das absolute Verbot rückwirkender Bestrafung (Art. 103 Abs. 2 GG). Hinter dieser Regel wird ein Prinzip entdeckt, etwa das Prinzip der »Rechtssicherheit«. Dieses Prinzip dient aber nicht etwa dazu, die Regel zu verstärken, vielmehr wird es mit einem anderen Prinzip abgewogen, etwa mit dem Prinzip der »materiellen Gerechtigkeit«, aus dem sich wiederum ergeben soll, dass ein eigentlich überführter Mörder wegen des Rückwirkungsverbots nicht bestraft werden kann. Im Ergebnis wird die Regel aufgeweicht und im Einzelfall rückwirkend bestraft.

Schließlich stellt sich nicht nur die methodische Frage, ob man juristisch so argumentieren sollte, sondern auch ein verfassungstheoretisches Problem: Verstehen wir eine Verfassung als Instrument der Verwirklichung moralischer Prinzipien, die wir mit rationalen Verfahren optimieren? Oder handelt es sich um eine politische Entscheidung, die sich nicht in ein abwägendes Programm der Prinzipienverwirklichung einfügen lässt?

## Globaler Konstitutionalismus

Bezeichnet Globaler Konstitutionalismus eine theoretische Position, die Behauptung verfassungsähnlicher institutioneller Verfestigungen jenseits des Nationalstaats, oder handelt es sich um ein normatives akademisches Projekt? Zunächst fasst der Begriff diverse Stränge akademischer Debatten zusammen, die Elemente globaler Rechtsentwicklungen dies- oder jenseits des Nationalstaats, des Völkerrechts oder auch globaler Governance-Strukturen als Verfassung oder als verfassungsähnlich verstehen (Peters 2009: 154 f.). Es geht also nicht notwendig allein um die eine, holistisch verstandene globale Verfassung, sondern um die Frage, welche Aspekte trans- und internationaler Verrechtlichung als Verfassungselemente begriffen werden können oder sollen – deskriptive und normative Versionen eines Globalen Konstitutionalismus sind in der Debatte nicht immer leicht zu unterscheiden.

Da ist auf einer ersten Ebene der echte völkerrechtliche Konstitutionalismus. Er erkennt namentlich im internationalen Menschenrechtsschutz oder unabänderlichen Garantien des *jus cogens* wie dem Folterverbot oder dem Verbot des Angriffskriegs Ansätze eines universalen Konstitutionalismus. Hier sollen der politischen Willkür der souveränen Staaten rechtliche Garantien entgegengestellt werden. Vielleicht am effektivsten arbeiten solche Mechanismen im Bereich des internationalen Menschenrechtsschutzes, namentlich auf regionaler Ebene wie in Europa oder Lateinamerika. Jenseits der gleich zu behandelnden Frage, inwieweit solche Institutionen wirklich Prozesse der Konstitutionalisierung repräsentieren, scheinen solche Entwicklungen jedenfalls bis auf Weiteres ihren Höhepunkt überschritten zu haben oder sich sogar zurückzuentwickeln (Krieger 2016: 458 ff.). Viele der in der Hochzeit des völkerrechtlichen Konstitutionalismus nach 1989 entstandenen Institutionen, die als Elemente einer Konstitutionalisierung des Völkerrechts gedeutet wurden – wie die Welthandelsorganisation (WTO) oder der Internationale Strafgerichtshof (ICC) –, stecken heute in manifesten Krisen, und auch der europäische Menschenrechtsschutz ist politisch umstrittener denn je.

Aber soweit diese Institutionen dennoch funktionieren, stellt sich die Frage, ob sie, indem sie die internationalen Beziehungen weiter verrechtlichen, plausibel als Elemente der Konstitutionalisierung bezeichnet werden können. Für solche Analogien ist es dabei weniger ein Problem, dass es keine Weltverfassung im Sinne eines Dokuments oder einer Urkunde gibt. Zwar kann auch die UN-Charta als Gründungsvertrag der Vereinten Nationen kaum als Verfassungsurkunde angesehen werden, wenngleich die Vereinten Nationen in ihrer Selbstbeschreibung von einer »Verfassung der Staatengemeinschaft« sprechen[4] und manche Analysten ihr »constitutional quality« zusprechen (Fassbender 1998: 89 ff., 114 f.). Doch fehlt es der Organisation schon an einer vollständigen Organordnung. Gerade die UN-Generalversammlung unterscheidet sich zu deutlich von einem Parlament als Volksvertretung (vgl. Kleinlein 2012: 29 ff.). Auf der anderen Seite liegt darin, dass keine Weltverfassungsurkunde existiert, nicht notwendig ein entscheidendes Problem für den globalen Konstitutionalismus. Wir haben gesehen, dass Verfassungsurkunden vielfältige Funktionen für eine Verfassung erfüllen können (→ Urkunde – Text – Norm), ohne dass der Verfassungsbegriff zwangsläufig auf Urkundlichkeit oder einen Text angewiesen wäre.

Das zentrale Problem einer solchen Verfassungsanalogie liegt vielmehr darin, dass es diesen Institutionen eben nur um Verrechtlichung geht, nicht aber um Politisierung (→ Politisierung und Verrechtlichung; → Recht und Politik). Es fehlen Strukturen einer politischen Repräsentation der Weltbevölkerung, einer geteilten Rechts- oder Verfassungskultur, einer wie auch immer medial strukturierten politischen Weltöffentlichkeit – oder anders gesagt: Es fehlen Indizien dafür, dass sich den sich zumindest zeitweise verfestigenden rechtlichen Strukturen eine hinreichend manifestierte weltpolitische Ebene gegenüberstellen könnte. Punktuelle Politisierungen, in denen für einzelne völkerrechtliche Regime politische Kontestation ermöglicht wird, finden sich im internationalen Recht durchaus (Ley 2015: 268 ff.; Feichtner 2011: Kap. 7). Auch Ansätze zu globalen Öffentlichkeiten, die etwa in den Bürgerrechtsbewegungen der 1960er Jahre oder Anti-Globalisierungsbewegungen der 2000er Jahre entstanden, lassen sich als diskrete Ansätze einer globalen Politisierung verstehen, aber eben nicht als tragende Säulen einer kontinuierlichen konstitutionellen Entwicklung.

Versteht man die Idee des globalen Konstitutionalismus noch weiter, als Entwicklung miteinander verwobener konstitutioneller Strukturen auf nationaler, transnationaler, regionaler und internationaler Ebene, so stellt sich noch dringlicher die Frage, ob dies als ein wirklich globales Projekt durchgehen kann. Die Idee des Globalen als eines Universalen wird problematisch, wenn das politische Projekt in westlich-liberalen Grundannahmen verhaftet bleibt. Worin bestehen diese Grundannahmen? In einer Analyse des Diskurszusammenhangs zeigen sich fünf Kernthemen eines globalen Konstitutionalismus aus teilweise sehr disparaten und nicht immer kompatiblen Debatten: die Begrenzung von Herrschaftsausübung, deren Institutionalisierung, ein sozialer Idealismus, der typischerweise in menschenrechtliche Formulierungen übersetzt wird, die Eigenschaft von Verfassungen, im Sinne einer Ordnungsbildung zu verrechtlichen, sowie die Anerkennung individueller Rechte (Schwöbel-Patel 2011: 109 ff.). Es handelt sich also schon auf den ersten Blick um Kernaspekte, die wir auch im Zusammenhang mit modernen Verfassungsverständnissen diskutiert haben (→ Verfassung um 1800, Verfassung um 2000), aber zum einen, ohne dass deren Bindung an Nationalstaaten im globalen Konstitutionalismus aufgenommen werden könnte, und zum anderen, ohne dass andere konstitutionelle Traditionen, man denke etwa an die stark geschichtsphilosophisch geprägte chinesische (Zhao 2015) oder eine sich entwickelnde gemeinafrikanische (Gebeye 2021), in gleicher Weise verarbeitet würden.

In den Worten eines Protagonisten der westlichen akademischen Debatte handelt es sich beim Globalen Konstitutionalismus um ein »politisches Projekt«, das darauf »ausgerichtet [ist], die politischen Bedingungen für die Herrschaft legitimen Rechts auch jenseits des Staates als Projekt Freier und Gleicher zu ermöglichen« (Kumm 2019: 107). Angesichts dieser Grundierung erweist sich nicht allein die Verfassungsqualität der Entwicklungen, die der Globale Konstitutionalismus zu erfassen sucht, als begründungsbedürftig, sondern auch der Begriff des Globalen als prekär. Dieser erscheint auch deswegen anfechtbar, weil die meisten akademischen Studien zum globalen Konstitutionalismus europäischen, wenn nicht deutschen Ursprungs sind (Schwöbel-Patel 2011: 130). Damit verbunden ist der Umstand, dass die Elemente, die den globalen Konstitutionalismus auszeichnen sollen, in vielen staatlichen Verfassungen der Welt gar nicht vorgesehen sind. So laufen globalkonstitutionelle Ansätze regelmäßig Gefahr, wenigstens implizit hegemonial zu argumentieren (Boysen 2023: 171 f., 174 f.) – weil sie gerade für jene Gruppen, Regionen und Öffentlichkeiten, die liberaldemokratische Grundannahmen nicht teilen, keine institutionellen Wege mitdenken können. Vermutlich wird der globale Konstitutionalismus zu einem Gegenstand der Theoriegeschichte und die Entwicklung des Verfassungsbegriffs vor allem insofern weiter prägen, als er dazu beiträgt, die hartnäckige Verortung desselben in einem spezifisch westlich-modernen Diskurs sichtbar zu machen – trotz der Expansion und Ausdifferenzierung von Verfassungen in der Welt.

# IV. Postformale Verfassungstheorien

## Einführung: postliberal – postformal

In Begriffen wie Subjekt oder Volk operieren Verfassungen regelmäßig mit Abstraktionen. Zumindest liberaldemokratische Verfassungen formalisieren im Wege der Abstraktion den Freiheitsgebrauch, den sie ermöglichen. Dahinter steht ein liberales Fortschrittsversprechen. Wenn die durch die Verfassung in Freiheit gesetzten Einheiten abstrakt als Subjekte gefasst werden, dann ist der Kreis derer, die diese Freiheiten wahrnehmen, offen und kann nach und nach größer und schließlich allgemein werden. Die Formulierung von Garantien als politische und individuelle Rechte abstrahiert davon, wer sich auf diese berufen kann. Die Form erweist sich als »geschworene Feindin der Willkühr, die Zwillingsschwester der Freiheit« (Jhering 1869: 456).

Hat sich dieses Fortschrittsversprechen erfüllt? Wäre das der Fall, dann würden alle Berechtigten ihre Grund- und Menschenrechte in gleicher Weise wahrnehmen, alle Staatsbürgerinnen zur Wahl gehen, die Gewählten wären in der Lage, nach ihren eigenen Maßstäben zu entscheiden und sich gegenüber gesellschaftlich mächtigen Interessen durchzusetzen. Dass es gemessen an diesem Anspruch eine manchmal unscheinbare, manchmal deutliche Diskrepanz zur Praxis vieler oder aller Verfassungen gibt, ist bekannt. Das Versprechen wäre nur unter idealisierten sozialen Bedingungen zu halten gewesen. Der frühe Liberalismus betrachtete die exkludierende Seite »bürgerlicher« Rechte sogar noch ausdrücklich als Tugend: Frauen, Besitzlose und Kolonisierte sollten solche Rechte nicht bekommen, weil sie nicht über die Kompetenz verfügten, sie »rational« wahrzunehmen (beispielsweise zu Guizot Rosanvallon 1985: 133 ff.). Seit der zweiten Hälfte des 19. Jahrhunderts begann dann mit dem Abstieg des politischen Liberalismus und dem Aufkommen der Massendemokratie in vielen Verfassungsstaaten ein langsamer und unabgeschlossener Prozess der Inklusion ausgeschlossener Gruppen. Dieser Emanzipationsprozess, zu dem sich auch Dekolonisierungen zählen lassen, gehört bis heute zum festen Bestand der Fortschrittserzählung des modernen Konstitutionalismus. So soll sich in der Entwicklung des Konstitutionalismus die Annäherung der sozialen und politischen Realitäten an ein normatives Ideal der allgemeinen Emanzipation zeigen.

Allerdings muss man zur Kenntnis nehmen, dass weiterhin viele Gruppen rechtlich oder faktisch benachteiligt sind, dass es Angehörigen solcher Gruppen schwerfällt, ihre Rechte durchzusetzen, dass sie keinen Zugang zu Gerichten haben, dass sozial unterprivilegierte Bürgerinnen oft auch politisch unterrepräsentiert, ihre sozial privilegierten Mitbürgerinnen dagegen politisch überrepräsentiert sind (m. w. N. Neumeier 2023: 51 ff.). Es gibt einigen Grund zu der Annahme, dass die Formalisierungsleistung des Konstitutionalismus in der sozialen Realität nicht aufgeht, dass sie das Versprechen der allgemeinen Emanzipation nicht einlösen kann. So verstanden, ist die Verfassung also eine formale Konstruktion, die von der idealisierenden Annahme ausgeht, dass ihre Berechtigungen allen in gleicher Weise offenstehen können. Was tun, wenn sich diese Erwartung nicht erfüllt?

Wir wollen im Folgenden zwischen drei Arten von theoretischen Reaktionen auf diese Frage unterscheiden. Wenn Theorien mit diesem Befund ausdrücklich umgehen, wollen wir sie als *postformale* Verfassungstheorien bezeichnen. Wir werden uns mit solchen Theorien in diesem Kapitel auseinandersetzen. Bevor wir dazu kommen, werden wir diese Möglichkeit von zwei anderen Theorieoptionen unterscheiden.

In einer hier als *liberalistisch* bezeichneten Sicht (weil sie eine, aber nicht die einzig mögliche liberale Reaktion darstellt) kann man das Problem der materiell ungleichen Wahrnehmung formaler Rechte zur Kenntnis nehmen und in der Sache akzeptieren, es aber als normativ irrelevant bewerten und es für methodisch zweifelhaft halten, sich mit ihm zu befassen. Schließlich, so das Argument, unterstellt zum Beispiel die verfassungsrechtliche Garantie der Meinungsfreiheit nicht, dass alle durch sie Berechtigten eine eigene Meinung haben und diese auch artikulieren können. Die Ordnung macht hier wie immer bei subjektiven Rechten ein Angebot, lässt aber offen, ob und von wem es wahrgenommen wird. Der Versuch, eine faktische Wahrnehmungsgleichheit zu schaffen, in der alle in gleicher Weise an der Meinungsbildung teilnehmen, könnte die Meinungsfreiheit sogar gefährden. Aus der Freiheit, sich zu äußern, würde eine Äußerungspflicht. Für die Verfassungstheorie könnten sich damit auch begriffliche Probleme ergeben, weil die Normativität einer Verfassung, die Freiheiten ermöglicht, nicht mit dem Faktum ihrer Wahrnehmung zu verwechseln ist. Aus liberalistischer Sicht droht hier eine klassische Vorstellung subjektiver negativer Freiheit einem diffusen Begriff sozialer Freiheit zu weichen, der praktisch-juristisch nicht zu gebrauchen wäre. Gleiches würde für unterschiedliche soziale Einflussmöglichkeiten auf den politischen Prozess gelten. Eine Anpassung demokratischer Beteiligungsmöglichkeit an soziale Machtungleichheit könnte in dieser Sicht die formale Gleichheit der Wählerinnen und Wähler gefährden.

Eine berühmte Formulierung, die einer vergleichbaren Sicht Ausdruck verliehen hat, ist die von einem Dissenter des Supreme Court behauptete »color-blindness« (Plessy v. Ferguson, 163 U.S. 537, 559 [1896]) der US-Verfassung. Nicht nur sieht die Verfassung die Hautfarbe der Betroffenen nicht, es gehört sogar zu ihrer zentralen Leistung, sie nicht zu sehen, weil diese Perspektive keine normativ erheblichen Unterscheidungen liefern könnte. Nicht zufällig spielt diese benevolente Blindheit, das Ignorieren bestimmter Fakten, von Rousseau bis zu Rawls »Schleier des Nichtwissens« in der im weiteren Sinne liberalen politischen Theorie eine wichtige Rolle. Was der politische Prozess nicht wahrnimmt, so die Unterstellung, das kann er auch nicht diskriminieren. Freilich findet Diskriminierung dann außerhalb der formalisierten Beteiligung statt. Ob, wie die liberalistische Sicht unterstellt, die Normativität der Verfassung den sozialen Umgang mit Verfassungsnormen einfach ausblenden muss, ist zweifelhaft. Zwischen einer Norm und der sozialen Praxis, mit ihr umzugehen, kann in der Tat unterschieden werden (Möllers 2015[1]: 95). Aus einer solchen Unterscheidung folgt aber nicht, dass diese soziale Praxis für das Verständnis und die Bewertung der Norm nicht von Interesse wäre.

Eine zweite Sicht kann den Befund der Idealisierung durch Verfassungskategorien als *konstitutive Exklusion* verstehen. Liberaldemokratische Ordnungen können ihr zufolge überhaupt nur funktionieren, solange sie bestimmte Gruppen ausschließen. Dieser Ausschluss konstituiert dann das Innere der liberalen konstitutionellen Ordnung: keine Rechte ohne vorherige Entrechtung. Entsprechend finden sich dieser Theorie zufolge in allen politischen Ordnungen Ausgeschlossene, gerade auch in liberalen Ordnungen, selbst wenn diese formell in die Ordnung einbezogen sind. Diese etwa von Giorgio Agamben entwickelte Sicht (Agamben 2002: 19, 28) kann dann auf Gruppen verweisen, die in verschiedenen Ordnungen außen vor geblieben sind oder bleiben, auf Frauen, People of Color, Wanderarbeiter in der Volksrepublik China oder afrikanische Migrantinnen auf dem Weg in die EU, die an deren Außengrenzen sterben.

Fußt die Ordnung auf einem solchen fundamentalen Ausschluss, dann ist sie letztlich auf Gewalt gebaut. Die, die einbezogen werden wollen, aber nicht sollen, werden gewaltsam außen vor gehalten, sei es durch existenzbedrohende Löhne, die es ausschließen, sich politisch engagieren zu können, sei es durch Grenzschutzanlagen, die den Zugang zum Territorium verhindern. Hier lässt sich das oben (→ Ausnahmezustand) bereits angeführte viel zitierte Argument Walter Benjamins anschließen, dem zufolge liberale Ordnungen sich maßgeblich im Zugriffsrecht ihrer Polizeibehörden manifestieren, das durch keine Regeln gebändigt werden kann (Benjamin 1999 [1921]: 43 ff.). Der Ausschluss ist der fundierende Gewaltakt, die Gewaltförmigkeit setzt sich aber in die ganze Ordnung fort.

So zu Ende gedacht, wird es jedoch schwierig, zwischen verschiedenen Ordnungen noch deskriptive oder normative Unterscheidungen einzuziehen, denn wenn alle Ordnungen letztlich Gewaltordnungen sind, fehlt es auch allen an Legitimation. So fallen bei Agamben nationalsozialistische Vernichtungslager und die Lager, in denen Präsident Franklin D. Roosevelt japanisch-amerikanische Menschen im Zweiten Weltkrieg festhielt, unter den einen Begriff »Lager« (Agamben 2002: 175–189). »Auschwitz als paradigm of everything« nennt dies treffend kritisch gegenüber Agamben der politische Theoretiker Oliver Marchart (2010: 227). Institutionell ist diese Ordnung – wie jede andere auch – damit komplett unhaltbar, mehr ist zu ihr auch nicht zu sagen. Das aber ist zu wenig.

Wenn die konstitutionelle Formalisierung sich wegen ihrer exkludierenden Effekte nicht bewährt, bilden die Strategien, das

Problem entweder zu ignorieren oder gleich das konstitutionelle Projekt im Ganzen zu verwerfen, nicht die einzigen Möglichkeiten der verfassungstheoretischen Behandlung.

Eine dritte Weise, auf das Problem zu reagieren, kann man als *postformal* bezeichnen, weil sie die Formalisierungsleistung des Konstitutionalismus nicht durchschauen will, um sie zu widerlegen, sondern um sie über sich selbst aufzuklären. Beispielhaft: Die Einsicht, dass die amerikanische Verfassung Sklaverei in ihrem Text ausdrücklich voraussetzt, kann für ihr Verständnis nicht ohne Relevanz bleiben. Zugleich zwingt sie uns nicht dazu, das amerikanische Verfassungsprojekt im Ganzen zu verwerfen. Die Frage, was aus einer solchen Einsicht folgt, bedarf dann eines eigenen Begründungsgangs. Einen solchen liefern postformale Verfassungstheorien, von denen sich in der Gegenwart und der jüngeren Vergangenheit verschiedene Versionen mit unterschiedlichen Angriffspunkten ausdifferenziert haben.

Entlang verschiedener Theorieentwürfe möchten wir nun die Vielfalt eines möglichen Umgangs mit diesem Formproblem (jedenfalls liberaler) Verfassungen zeigen: dass nämlich die Form des Verfassungsrechts und der in Verfassungen garantierten Rechte nicht nur auf Individualität – darauf ist sie vorbereitet –, sondern auch auf strukturelle Ungleichheiten stößt.

## Feministische Verfassungstheorie

Feministische Verfassungstheorien liefern uns früh und anhaltend Beispiele für konkretere Fragestellungen im Umgang mit diesem Befund.

In ihrer *Déclaration des droits de la femme et de la citoyenne* (→ Rechte und Grundrechte) nimmt Olympe de Gouges ganz wörtlich die Rechte der Frauen in die Erklärung auf und stellt sie neben die Rechte der Männer, beispielsweise formuliert der erste Artikel ihrer Erklärung: »La femme naît libre et demeure égale à l'homme en droits.« Auf diese Weise trägt Olympe de Gouges die auch in Debatten der Gegenwart so präsente Problematik der Formalisierung in die Erklärung ein. Die Form der Rechteerklärung scheitert, wenn sie solche Ausschlüsse produziert. Weil die Formalisierung in Verfassungen aber durch Begriffe erfolgt, ist die Auseinandersetzung um strukturelle Ungleichheiten immer auch ein Kampf um Begriffe. Wenn Olympe de Gouges einfordert, die Rechte der Frauen explizit in die Erklärung aufzunehmen, dann führt sie vor, dass Begriffsbildung so prekär wie konstitutiv für die normativen Ideale von Verfassungen ist. Trotz dieser frühen Entwicklung feministischer Verfassungstheorie wurden Frauen durch Verfassungen bis weit in das 20. Jahrhundert hinein an entscheidenden Punkten ausgeschlossen: von ihrer Legitimation mangels Repräsentation und von ihren Rechtegarantien mangels Gleichbehandlung (Sullivan 2002: 735f.). Auch in Frankreich werden die Rechte und Garantien der Frauen erst 1946 ausdrücklich in die Verfassung aufgenommen. Anders als viele andere ausgeschlossene Gruppen bilden Frauen in allen verfassten Gemeinwesen allerdings regelmäßig keine Minderheit, sondern die Mehrheit. Genau deswegen wird für feministische Verfassungstheorien der postformale Zugriff zum notwendigen Ansatz. Sie müssen damit umgehen, dass es Verfassungen oft gelingt, die konstitutionelle Abstraktion von einer spezifischen Gruppe aus, die nicht einmal die Mehrheit bildet, durch Formalisierung akzeptabel zu machen. Das normative Ideal der Gleichheit kann unter diesen Voraussetzungen von vornherein nicht mit der sozialen Wirklichkeit übereinstimmen, weil schon der Ausgangspunkt der Formalisierung, eine spezifische Gruppe, in der Regel weiße Männer, die soziale Wirklichkeit einer Gesellschaft nicht abbildet. Neben begrifflichen Kämpfen um die Ausdeutung von Rechteformulierungen und neben rechtspolitischen Kämpfen um die Gewährung gleicher Rechte rücken deswegen für feministische Verfassungstheorien insbesondere Repräsentations- und Legitimationsfragen in den Mittelpunkt (Rodríguez-Ruiz/Rubio-Marín 2012: 199ff.). Es ist gleichermaßen kein Zufall, dass feministische Verfassungstheorien prozedurale Legitimations- und Verfassungsmodelle entwerfen (Pitkin 1987; Atrey 2022: 614) und umgekehrt die Konzentration auf einzelne Momente der Gründung von Verfassungen kritisieren, denn Prozeduralisierung im Sinne eines beständigen Herstellens verfasster Zustände ermöglicht immer wieder neu, falsche Idealisierungen zu bestreiten.

Solche Inkongruenzen von Form und Wirklichkeit einer Verfassung zeigen sich nicht nur in Ausschlüssen, sondern auch in der sozialen und politischen Wirklichkeit konkreter Ungleichheiten. Denn wenn Frauen nach allen formalisierten Regeln einer normativen Ordnung gleichbehandelt werden müssen, wie es die meisten neueren Verfassungen ausdrücklich vorsehen, aber wie durch eine unsichtbare Hand weniger verdienen, weniger erfolgreich und wesentlich seltener in der Staatsorganisation vertreten sind, dann wird man das schwerlich als Ausdruck gesellschaftlicher Vielfalt oder Freiheit verstehen können, die eben auch Ungleichheit produziert. Vielmehr zeigen sich in diesen weit verbreiteten Zusammenhängen auch strukturelle Ungleichheiten in der sozialen Realität.

Zunächst kann es auf diese Beobachtung politische Antworten geben, die nach Wegen suchen, Gleichstellung auch mit Mitteln des Verfassungsrechts zu ermöglichen. Diese Antworten können sich wiederum im Umgang mit verfassungstheoretischen Figuren niederschlagen. Aus der Einsicht in die soziale Folgenlosigkeit der Gleichheit vor dem Gesetz kann ein Gebot der Gleichheit in der Gesellschaft und aus dieser wiederum auf eine verfassungsrechtliche Verpflichtung des politischen Prozesses geschlossen werden, aktiv zur sozialen Gleichheit beizutragen. Wenn die Allgemeinheit der Wahl es erlaubt, dass Frauen wählen, dies aber nicht dazu führt, dass Frauen in gleichem Maße gewählt werden, muss man darüber nachzudenken, ob es anderer Formen der Repräsentation bedarf, die eine rein politische Repräsentation ergänzen, ohne das politische Repräsentationsanliegen zu verlieren. Solche Entwicklungen werden von feministischen Verfassungstheorien beschrieben und auch mithilfe begrifflicher Kritiken befragt (z. B. Rodríguez-Ruiz/Rubio-Marín 2009). Das wirft die Nachfrage auf, ob und warum ein Parlament etwas Anderes repräsentieren sollte als politische Überzeugungen, also etwa Genderdifferenzen – und ob die Konstruktion des Volkes, die parlamentarisch repräsentiert werden soll, nicht zerfällt, wenn diesem weitere Repräsentationskriterien zugemutet werden. Man mag sich umgekehrt fragen, wie eine politische Repräsentationsleistung funktionieren kann, wenn sich große Teile der zu repräsentierenden Gruppe in der Zusammensetzung der Repräsentationsorgane nicht wiederfinden (zum Ganzen Röhner 2020). Die Idealisierungsleistung des Volksbegriffs im Konkreten und der Idee demokratischer Repräsentation stoßen hier in jedem Fall an Grenzen, die auch in anderen Zusammenhängen sichtbar werden (→ Migration – Demokratie – Bürgerschaft), von feministischen Verfassungstheorien allerdings schon früh und bis in die Gegenwart hinein herausgearbeitet werden (Celis/Childs 2020).

## Gesellschaftlicher Konstitutionalismus

Thomas Paine, der die Idee der Verfassung so effektiv populär gemacht hat wie niemand sonst, klagte, dass in seiner Heimat

Großbritannien alles eine Verfassung habe, nur nicht die Nation (Paine 2000 [1792 u.a.]: 190). Die Briten hatten und haben kein einheitliches Dokument, das ihre politischen Institutionen ordnet, doch gibt es dort nach wie vor eine Vielzahl von Charters oder Constitutions, die Korporationen und Vereine regulieren. Der Gedanke aber, dass nicht allein die politische Organisation, sondern auch die Gesellschaft oder bestimmte Teile von ihr verfasst sind oder verfasst sein sollten, taucht auch im nachrevolutionären Verfassungsdiskurs immer wieder auf. Er ist oft als eine Kritik an dem zu stark vereinheitlichenden, homogenisierenden, hierarchischen, aber eben auch formalisierenden Charakter des politischen Verfassungsbegriffs formuliert, in dem die vielfältige Gesamtheit einer Gesellschaft durch den Hinweis auf eine einheitliche Verfassunggebung, auf formalisierte Konstrukte wie Volk oder Recht in eine starre hierarchische Form gebracht werde (Tully 2012: 46, 63). Ein rein politischer Begriff des Konstitutionalismus habe, so eine Kritik, keinen Raum für Widersprüche zwischen verschiedenen hoheitlichen Ebenen wie im internationalen Recht (Krisch 2010: 19ff., 278) und auch nicht für die soziale Realität funktional ausdifferenzierter Selbstorganisation in modernen Gesellschaften (Teubner 2012: 35ff., 51–54). Namentlich der Kapitalismus produziere seine eigenen Formen von Konstitutionalismus (Christodoulidis 2021).

Theorien des gesellschaftlichen Funktionalismus wollen daher den Begriff der Verfassung pluralisieren und auf andere Phänomene als das Verhältnis zwischen Politik und Recht anwenden. So mag man von einer Wirtschaftsverfassung, von einer Religionsverfassung oder einer Wissenschaftsverfassung sprechen. Innerhalb dieses Theoriestrangs findet sich eine stärker kritische Richtung, die namentlich darauf hinweist, dass sich die durch Verfassungen geordneten staatlichen Gemeinschaften schwer damit tun, globale oder auch nur transnationale Sachverhalte zu regulieren (Fischer-Lescano 2005; Teubner 2012: 89ff.). Unter den Bedingungen einer ausdifferenzierten Weltwirtschaft entgleite der formalisierte Regelungsanspruch nationaler Verfassungen der Realität transnationalen Handelns in der Wirtschaft und anderen Sphären. Hier kann die Konstitutionalisierung nicht mehr von außen, also aus der Politik, kommen, sondern muss sich den ökonomischen Praktiken von innen einschreiben, etwa indem global agierende Konzerne sich aus ihrer eigenen Funktionslogik heraus an bestimmte Standards binden. Aber es gibt nicht nur einen kritischen gesellschaftlichen Konstitutionalismus, sondern auch einen ausdrücklich kapitalismusfreundlichen. So entstammt das deutsche Wort »Wirtschaftsverfassung« der Denkschule des Ordo-Liberalismus (Röpke 1943), der dem verfassten (nicht notwendig demokratischen) Staat eine zentrale Bedeutung bei der Beschränkung privater wirtschaftlicher Macht zuwies. Andererseits war es vielen Ordo-Liberalen gerade recht, dass die politischen Prozesse auf staatlicher Ebene sich auf internationaler Ebene nicht nachbauen ließen (Slobodian 2018: 220). Gesellschaftlicher Konstitutionalismus würde hier durch grenzüberschreitenden Handel entstehen (Petersmann 1991), der aber auf internationaler Ebene nicht weiter politisch ausgestaltet werden sollte. Diese Art Wirtschaftsverfassung legte Wert auf marktermöglichende Regeln im Namen stark formalisierter individueller Freiheit, nicht aber auf deren demokratische Legitimation. Das greifbarste juristische Ergebnis dieser Diskussion liegt regelmäßig in der Idee, auch sozial mächtige private Institutionen wie Unternehmen auf Grund- und Menschenrechte zu verpflichten. Das kann plausibel sein, ohne dass klar würde, ob es zu diesem Schluss eines solchen theoretischen Aufwands bedürfte.

Die Auseinandersetzung um gesellschaftlichen Konstitutionalismus sollte nicht als Streit um Worte geführt werden, also darum, ob man den Begriff der Verfassung auch für andere Zusammenhänge benutzen darf als staatliche Politik. Von Interesse ist vielmehr, ob die Verfassungssemantik und die damit zusammenhängenden Modelle der Verfassunggebung, der Legitimation, der Gewaltengliederung, der Normhierarchisierung sich ergiebig auch auf Gebilde außerhalb politischer Organisationen anwenden lassen. Denn es ist nicht ohne Weiteres klar, ob der Verfassungsbegriff sonderlich viel zu bieten hat, wenn es etwa um die Durchsetzungsmacht politischer Entscheidungen gegenüber ökonomischen Zusammenhängen gehen soll. Ebenso wenig ist offensichtlich, welche Disziplinen sich eigentlich um Wirtschafts- und Wissenschaftsverfassungen kümmern sollen. Ökonominnen und Wissenschaftstheoretiker oder doch wieder Juristinnen? Zudem unterschätzt die Kritik am »herkömmlichen« Konstitutionalismus mitunter dessen begriffliche Offenheit. Modelle politischer oder sozialer Pluralität sind der Verfassungstheorie, wenn sie sich mit Föderalismus, Selbstverwaltung oder der kollektiven Wahrnehmung von Grundrechten beschäftigt, nichts Neues. Auf der anderen Seite ist diesen Zugängen aber gemeinsam, dass sie sich immer auch auf die organisatorische Seite einer Praxis beziehen – namentlich Gewaltenteilung und Föderalismus sind Prinzipien für Organisationen. Organisationen gibt es natürlich auch außerhalb der Politik, etwa Unternehmen, Universitäten oder Kirchen. Ihnen eine Verfassung zuzusprechen erscheint plausibel. Die Begrifflichkeit ist hier spezifischer verwendbar, als wenn von »Wirtschaft«, »Wissenschaft« und »Religion« die Rede ist – denn nicht von ungefähr gleiten viele Begrifflichkeiten der Verfassungstheorie an solch großen Feld- und Systembegriffen ab.

Schließlich sollten Theorien des gesellschaftlichen Konstitutionalismus auch immer wieder überprüfen, inwieweit ihre im Einzelfall bedeutsamen Fälle spontaner Selbstkonstitutionalisierung von Unternehmen oder anderen privaten Organisationen nicht Phänomene beschreiben, die es ohne die gleichzeitige Präsenz politischer Verfassungsordnungen nicht gäbe. Damit können Theorien des gesellschaftlichen Konstitutionalismus als Erinnerungsposten dienen, wenn die Verfassungstheorie zu staatsfixiert operiert, ohne dass klar würde, dass diese Erinnerung im Ergebnis einen Paradigmenwechsel rechtfertigen würde, der die ohnehin vielfältigen und widerspruchsreichen Verfassungstraditionen ersetzen könnte.

## Transformativer Konstitutionalismus

Das Verhältnis von Stabilisierung und Transformation (→ Stabilisierung und Transformation) spielt in einem weiteren Konzept postformaler Verfassungstheorie eine wichtige Rolle. Verfassungstheorien, die sich unter dem Begriff des transformativen Konstitutionalismus zusammenfassen lassen, suchen – wie auch autoritäre Verfassungsmodelle (→ Autoritärer Konstitutionalismus) – eine Abgrenzung zu liberalen Verfassungstheorien, wenn auch unter anderen Vorzeichen. Während der autoritäre Konstitutionalismus sich in offenen Widerspruch zu modernen westlich-liberalen Verfassungstheorien stellt, liegt die Sache beim transformativen Konstitutionalismus komplizierter. Transformative Verfassungen können als postliberale Verfassungen begriffen werden (Klare 1998: 151 ff.), die zwar die Form der liberalen Verfassung beibehalten, deren Ziel aber weniger in der Durchsetzung bestehender Freiheiten als in der sozialen Transformation von durch Ungleichheit geprägten Gesellschaften sehen. Theorien des transformativen Konstitutionalismus knüpfen typischerweise an die Praxis jüngerer Verfassungen in Übergangsgesellschaften an. Es ist also kein Zufall, dass sich die Ursprünge des Konzepts in der Beobachtung und Beschreibung der südafrikanischen Verfassung von 1996 finden – einer Verfassung, die ganz explizit darauf abzielt, die Post-Apartheidsgesellschaft in Südafrika in eine Gesellschaft zu transformieren, die von materieller Gleichheit geprägt sein sollte (Langa 2006: 353ff.). Das Ziel der Transformation wird schon in der Präambel der Verfassung von 1996 deutlich formuliert – das südafrikanische Volk nimmt, die »injustices of our past« anerkennend, die Verfassung an »to heal the divisions of the past and establish a society based on democratic values, social justice and fundamental human rights [...]« (Präambel, südafrikanische Verfassung 1996). Diese Transformation soll zwar im Kern politisch geschehen, aber im Wege politischer Prozesse, die rechtlich gegründet sind, so beschreibt es der US-amerikanische Rechtswissenschaftler Karl E. Klare in einem 1998 im *South African Journal on Human Rights* erschienenen Artikel, der bis heute als Grundlegung transformativer Verfassungstheorien gilt: »Transformative constitutionalism connotes an enterprise of inducing large-scale social change through nonviolent political processes grounded in law« (Klare 1998: 150). Wie diese rechtliche Gründung aussehen kann, wird nicht nur zum zentralen Thema von Klares Untersuchung, sondern auch von transformativen Verfassungstheorien überhaupt. Schließlich kann die bloße Formulierung von Rechten in einem Verfassungstext noch keine tiefgreifende gesellschaftliche Transformation bewirken. Hier wird die Rolle der Gerichte, die Rechte interpretieren, konkretisieren und für konkrete Konfliktlagen übersetzen, zentral. So ist es wiederum kein Zufall, dass mit Klare ein kritischer Rechtstheoretiker und Arbeitsrechtler, der die Spannungen von Recht als Form und Recht als Praxis untersucht hatte (Klare 1979), eine wesentliche Grundlegung transformativer Verfassungstheorien entwickelt. Gerade hier findet sich das Motiv der Postformalität wieder. Klare argumentiert, dass eine deutliche Unterscheidung von Recht und Politik unmöglich sei – sie kollabiere (Klare 1998: 162), weil die die Gerichte umgebende Rechtskultur auf diversen Ebenen präge, wie diese Rechtstexte interpretieren (ebd.: 161 ff.). Die südafrikanische Verfassung von 1996, das Ur-Projekt eines transformativen Konstitutionalismus, ziele deshalb insbesondere darauf ab, die Rechtskultur zu verändern, um in einem juristischen Sinne progressive Entscheidungen zu treffen, die den Spielraum zwischen einem zu formalistisch verstandenen Recht und politischen Möglichkeiten nutzen. Das prekäre Verhältnis von Recht und Politik offenzulegen und zu gebrauchen wird so zu einem Kern transformativer, postliberaler Verfassung.

Daraus entsteht einerseits ein demokratisches Problem, das in den Auseinandersetzungen um den und jüngeren Entwürfen eines transformativen Konstitutionalismus durchaus kritisch diskutiert wird (vgl. dazu Dann 2024); und andererseits ergibt sich daraus eine verfassungstheoretische Rückfrage an liberaldemokratische Verfassungsprojekte. *Auf der einen Seite* ist der Auftrag an Gerichte und Verfassungsgerichte, gesellschaftliche Transformationen zu fördern und sogar zu bewirken, immer demokratietheoretisch anfechtbar. Breit verteilte Rechtegewährungen insbesondere im Bereich sozioökonomischer Rechte sollen im Fall der südafrikanischen Verfassung die Gerichte in die Lage versetzen, gesellschaftliche Transformationen im Wege progressiver Rechtsprechung durchzusetzen. Dabei entsteht die Gefahr, dass Eliten lediglich ausgetauscht werden: eine politische Elite durch eine judizielle Elite, selbst wenn letztere nicht Eigeninteressen, sondern in den Rechten niedergelegte Anliegen vertritt. Dies ist kein spezifisch in transformativen Konstitutionalismen des Globalen Südens auftretendes Problem, sondern zeigt sich auch in anderen transformativen Verfassungssystemen wie dem deutschen (vgl. zu dieser Vergleichsperspektive Hailbronner 2015).

Ein Weg, mit dem Problem umzugehen, besteht darin, Aspekte eines gesellschaftlichen Konstitutionalismus (→ Gesellschaftlicher Konstitutionalismus) in transformative Projekte einzubeziehen, um die Distanz von Gesellschaft und aktivistischem Gericht zu verringern. In Indien beispielsweise ist der transformative Anspruch eng mit dem Instrument der Public Interest Litigation verbunden – einer Erweiterung der Klagebefugnis im Namen des öffentlichen Interesses, so dass sich auch nicht unmittelbar von Eingriffen in Rechte Betroffene an die Rechtsprechung wenden können. Auch die Erweiterung der Grundrechtsverpflichtung gegenüber Privaten gehört zu diesem Programm.

*Auf der anderen Seite* stellen sich vor dem Hintergrund eines transformativen Konstitutionalismus Rückfragen an die liberale Verfassungstheorie. Wenn in der kritischen Perspektive von Autoren wie Klare ebenso wie aus der Sicht der Praxis sich mit der Erschließung neuer Möglichkeiten gerichtlichen Handels auch neue Legitimationspotenziale ergeben (vgl. etwa Hailbronner 2017: 549 ff.), dann stellt sich die Unterscheidung zwischen Recht und Politik anders dar. Die Berufung auf ein Prinzip des judicial self-restraint, auf gerichtliche Zurückhaltung in Fragen, die bei strikter Unterscheidung von Recht und Politik eben politisch geklärt werden müssten, wird dann selbst zum Politikum.

## (Post-)Kolonialer Konstitutionalismus

Theorien des Postkolonialismus beschreiben nicht einfach Politik und Gesellschaft in Kolonien, sondern das Verhältnis zwischen Kolonisierenden und Kolonisierten, also auch die Rückwirkungen des Kolonialismus auf die Kolonialisten. Sie wollen damit auch den Blickwinkel verschieben und Wissensformen, die kolonialistische Muster produzieren und reproduzieren, offenlegen. Dieses Programm verleiht entsprechenden Theorien ihren übergreifenden, auf seine Art mitunter hegemonial anmutenden Beschreibungsanspruch. So ist es kaum möglich, Verfassungstraditionen zu finden, die nicht in der einen oder anderen Art durch den Kolonialismus geprägt wurden. Diese Prägungen sind nicht immer einfach zu entdecken, denn in den Texten von Verfassungen wie der französischen Dritten Republik oder des Deutschen Reichs finden sie keine Erwähnung. In der Systematik dieser Einführung gehören sie ebenfalls zu den postformalen Verfassungstheorien, weil sie sich mit einem Phänomen auseinandersetzen, in dem verfassungseigene Kategorien etwa des Bürgers oder der Grundrechtsträgerin besonders hart, in einem schlechten Sinne idealisierend, auf die politische Realität stoßen.

Das Phänomen kolonialer Herrschaft ist zunächst eine Herausforderung für die Staatsfixiertheit der Verfassungstheorie. Denn der Blick auf den Kolonialismus erinnert nicht nur daran, dass vor dem Zweiten Weltkrieg große Teile der Welt nicht unter staatlicher Herrschaft standen, sondern unter derjenigen von Reichen (vgl. Osterhammel 2019: 565). Er unterminiert auch die mit dem Staatsbegriff verbundene Vorstellung eines einheitlichen Herrschaftsgebiets. Verfassungen organisieren im Kolonialismus Herrschaft, die sich außerhalb ihres eigenen Geltungsbereichs befindet, ohne deswegen in einem »klassischen« völkerrechtlichen Sinne extraterritorial zu funktionieren. Vielmehr reicht solche Herrschaft in Gebiete hinein, in denen zugleich andere Ordnungen gelten. Theorien des Rechtspluralismus nehmen deswegen oft koloniale Herrschaft zum Gegenstand – und unterlaufen damit die mitunter anzutreffende Vorstellung, Pluralismus sei per se eine moralisch oder politisch erstrebenswerte Angelegenheit (Seinecke 2015: 30).

Die nachrevolutionäre Verfassungsbewegung des 19. Jahrhundert erweist sich vor dem Hintergrund des bereits viel älteren

Kolonialismus als ambivalente Angelegenheit. Auf der einen Seite gehört die Befreiung aus kolonialen Strukturen zu den ersten Anliegen vieler konstitutioneller Bewegungen. Die Vereinigten Staaten sind aus einem anti-kolonialen Befreiungskrieg entstanden – und haben zugleich die Kolonisierung der indigenen Völker bis zu ihrer weitgehenden Vernichtung betrieben. Vor allem ist die Geschichte des revolutionären Konstitutionalismus, wie wir gesehen haben, keine bloß amerikanisch-französische, sondern sie umfasst von Anfang anti-koloniale Befreiungsprojekte (Colley 2021: 43 ff.), namentlich dasjenige Haitis (Ehrmann 2015), wie auch spätere Traditionen, die eigene für die Gegenwart weltweit einflussreiche Verfassungstraditionen schaffen wie im Fall Indiens (Khosla 2020: 1–26) und Südafrikas.

Das ist die eine Seite, in der die Verfassunggebung Teil eines dekolonisierenden Projekts ist. Die andere Seite zeigt sich darin, dass die liberalen europäischen Fortschrittsvorstellungen maßgeblich darauf gebaut waren, kolonisierten Territorien die Institution der Verfassung vorzuenthalten, weil sie in den berüchtigten Worten John Stuart Mills »nicht in der Lage sind, ihre eigenen Angelegenheiten zu verwalten« (Mill 1990: 176). Mit dieser Begründung verweigerten die Briten bis zum Ende des Zweiten Weltkriegs den später unabhängigen Staaten Indien und Pakistan die Möglichkeit der Verfassunggebung. Verfassungen erweisen sich damit in einem dreifachen Sinne als Elemente kolonialer Praktiken: indem sie koloniale Herrschaft ermöglichen, indem sie Kolonien als Optionen der Selbstorganisation vorenthalten werden und schließlich, drittens, indem Verfassungen vermittels der beiden ersten Punkte eine spezifisch westliche Zuschreibung gewinnen, durch die sie Fortschrittlichkeit gegenüber den Kolonisierten für sich in Anspruch nehmen.

Die Texte europäischer Verfassungen sind dabei Instrumente, die koloniale Herrschaft zugleich ermöglichen und beschweigen, wenn in ihnen die Reichweite der durch sie eingesetzten Regierungs- und Militärgewalt nicht thematisiert wird. Doch ist dies nicht immer der Fall. So erwähnte Art. 109 der französischen Verfassung vom 4.11.1848 sehr prominent eine Kolonie, Algerien, und legte fest, dass diese durch Sondergesetze (»lois speciales«) regiert werden solle, bis sie unter die Regelung der Verfassung falle. In späteren Verfassungen wie derjenigen der Dritten Republik von 1875 finden die französischen Kolonien aber keine Erwähnung mehr. Dafür gibt es nachgeordnete Regeln wie Art. 18 des Senatskonsults v. 3.5.1848, die festlegen, dass in den Kolonien durch Dekrete der Exekutive regiert wird. Diese Aushebelung der parlamentarischen Gesetzgebung zugunsten der Dekrete dauert in Frankreich bis zum Ende der Kolonialherrschaft an (Thénault 2017). Sonderregeln wie besondere Strafdelikte und Kollektivstrafen waren vorgesehen. Die allermeisten wissenschaftlichen Untersuchungen des französischen Verfassungsrechts ignorierten das Kolonialrecht (Beaud 2015: 11).

In Deutschland wird das koloniale Projekt zunächst rechtlich geleugnet. Es geht nur darum, deutschen Händlern »Schutz« zu gewähren, indem der Staat Schutzbriefe ausstellt (Zollmann 2019: 191). Das Schutzgebietsgesetz v. 17.4.1886 regelt allerdings in § 1, dass der Deutsche Kaiser »Schutzgewalt ausübt«, die als souveräne Gewalt alle drei Gewalten umfassen soll und in Form von Verordnungen ausgeübt wird. Damit wird auch in Deutschland eine exekutive Regelung der Kolonien eingerichtet. In Verträgen mit afrikanischen Herrschern lassen sich deutsche Kolonialisten wie Carl Peters nicht nur Rechte auf Bodenschätze einräumen, sondern auch Hoheitsrechte wie dasjenige, eine »bewaffnete Macht« zu stellen. Im Gegenzug erwarten die Vertragspartner Schutz vor ihren Feinden, zu dem sich die Deutschen aber nicht für verpflichtet halten. Es handelt sich also um asymmetrische Vertragskonstruktionen. Die Verträge begründen auch nach Ansicht der zeitgenössischen deutschen Staatsrechtslehre keine Verpflichtungen für das Deutsche Reich, weil sie mit herrenlosen Territorien getroffen wurden, die entsprechend keine Gebietshoheit und keine Völkerrechtssubjektivität haben (Zollmann 2019: 190). In einer bemerkenswerten begrifflichen Konstruktion behandelt die Rechtsordnung des Kaiserreichs die Kolonien »staatsrechtlich als Ausland, völkerrechtlich als Inland« (vgl. Heilborn 1912: 371). Das bedeutet, dass deutsche Hoheitsträger in den Kolonien an keine der Regeln gebunden sind, die sie im Reich beschränken, diese aber zugleich bei diesen Handlungen vor dem Zugriff anderer Staaten geschützt werden sollen.

Die Beispiele der Kolonialmächte Deutschlands und Frankreichs, beides Ordnungen mit ausdifferenzierten und geschriebenen Verfassungen, verdeutlichen einige Eigenheiten des kolonialen Konstitutionalismus. Sie illustrieren, auf welchen Wegen diametral entgegengesetzte Programme (Boysen 2023: 166) wie Kolonialismus als Beherrschungsprojekt und Konstitutionalismus als Befreiungsprojekt zusammenfinden. Zum Ersten werden koloniale Herrschaftszusammenhänge konstitutionell beschwiegen. Sie tauchen in der Regel nicht in der Verfassung auf und sind damit als extrakonstitutionelle Form politischer Herrschaft angelegt. Zum Zweiten werden sie maßgeblich von Exekutiven betrieben (für Deutschland Czeguhn 2007). Es ergibt sich der Eindruck einer Praxis, die sich vor der politischen Öffentlichkeit zu verstecken sucht und auch aus diesem Grund die Parlamente ausschließt. Kolonien sind Orte, in denen ungebundene Exekutiven ihre Herrschaftsfantasien befreit von parlamentarischer Programmierung und gerichtlicher Kontrolle ausleben können.

Zum Dritten sind koloniale Herrschaftszusammenhänge radikal asymmetrisch ausgestattet. Bindungen und Befugnisse werden nur zugunsten der Kolonialmacht ernst genommen, die ihrerseits in einem gegenüber den Kolonisierten, nicht gegenüber der »heimischen« Staatsgewalt, quasi bindungslosen Raum agieren. Die Umkehrung der Anwendbarkeit von Völkerrecht und Staatsrecht im deutschen System perfektioniert die Konstruktion eines Staates, der als semipermeable Membran funktioniert, die Staatsgewalt und Bindungen hinaus-, aber nicht hereinlässt. Inwieweit solche Asymmetrien sich bis in die Gegenwart fortsetzen, etwa im Recht des Investitionsschutzes, wäre eine Frage. Klar ist jedenfalls, dass die Beschäftigung mit der »postkolonialen Konstellation« (Boysen 2021) keine rein historische sein kann, sondern dass namentlich die internationale Ordnung, nicht nur im Wirtschaftsvölkerrecht, sondern auch in ganz anderen Regimen wie dem Umweltrecht auch als Fortsetzung einer kolonialen Ordnung verstanden werden kann (Koskenniemi 2021).

## Politische Verfassungstheorien

Zur Formalisierungsleistung konstitutioneller Begrifflichkeiten gehört es, gegenüber unterschiedlichen politischen Orientierungen offen zu sein. So sieht es jedenfalls ein liberaldemokratischer Konstitutionalismus, der mit der Wahl von Parlamenten und Präsidenten auch eine politische Auseinandersetzung voraussetzt, zu der sich die Verfassung selbst grundsätzlich formalistisch-neutral verhalten soll. Können liberale Verfassungstheorien somit als Inbegriff formalisierender Verfassungstheorien verstanden werden, so haben die überlieferten nachrevolutionären Strömungen von rechts und links eigene verfassungstheoretische Ansätze entwickelt.

*Liberalismus*

In der politischen Konstellation nach 1800 war die Verfassunggebung in Europa maßgeblich ein politisches Projekt derjenigen, die die Errungenschaften der Revolution beibehalten, die Revolution aber beenden wollten: der liberalen im Unterschied zu konservativer oder sozialistischer Politik. Diese Identifikation von Konstitutionalismus und Liberalismus lässt sich bis heute erkennen, sie kreist um die Kategorie des Rechtsstaats und die verwandte, wenn auch nicht identische (MacCormick 1984: 67; Lepsius 1997: 211) angelsächsische Figur der *rule of law*. Ihren institutionellen Kern haben beide im Schutz individueller Rechte, namentlich des Privateigentums, vor dem Zugriff politischer Mächte durch verfassungsrechtliche Institute wie unabhängige Gerichte und eine Verhaltenserwartungen stabilisierende gesetzliche Grundlage staatlichen Handelns. Weil solche Garantien erst einmal diejenigen schützen, die bereits etwas haben, ließe sich das Verfassungsprojekt auch als ein zutiefst bürgerliches verstehen, das sich für die Einbeziehung der Gesamtbevölkerung wenig interessiert und, zumal im Rahmen einer konstitutionellen Monarchie, Mehrheiten weniger ermöglichen als vor ihnen schützen sollte. Diese Wahlverwandtschaft zwischen Liberalismus und Konstitutionalismus ist bis heute von Bedeutung, insbesondere wenn Verfassungen als bloße Rechtsnorm verstanden werden, die vor der Tyrannei der Mehrheit bewahren sollen (→ Änderung und Mehrheitsregel). Aber auch in der Gegnerbeschreibung autoritärer Systeme (→ Autoritärer Konstitutionalismus), die sich als demokratisch, ausdrücklich aber nicht als liberal verstehen, geht diese Gleichung auf. Das ändert nichts daran, dass der moderne westliche Liberalismus mit seinen Versuchen, Massendemokratie, Sozialstaatlichkeit und soziale Emanzipationsbewegungen zu verarbeiten, nicht mehr nahtlos in ein klassisch liberales Projekt zu passen scheint. Der Liberalismus steht dominant am Anfang der nachrevolutionären Verfassungsbewegung, nicht notwendig an ihrem Ende. Die offene und auch innerhalb eines Verfassungskonsensus umstrittene Frage, wie sich verschiedene Elemente des Grundrechtsschutzes wie Individualrechte, demokratische Inklusion und ökologische Anpassung miteinander vereinbaren lassen, bringen den überlieferten liberalen Ideenhaushalt an seine Grenzen. Zugleich bleibt der Liberalismus bis in die Gegenwart der wichtigste Ideenlieferant des Konstitutionalismus.

*Konservativismus*

Beschreibt man den Konstitutionalismus dagegen nicht nur implizit, sondern ausdrücklich als politisches Projekt, gibt man die Formalität des Verfassungskonstrukts ein Stück weit auf. Für konservatives nachrevolutionäres Denken waren geschriebene Verfassungen überflüssig und politisch gefährlich. Einerseits genügte die ungeschriebene oder in verschiedensten Urkunden geregelte dynastische Ordnung allen politischen Anforderungen; andererseits drohte eine geschriebene Verfassung den Monarchen zu stark einzuschränken und seine traditionale Legitimität infrage zu stellen. Mit neuer Verfassung wäre seine Herrschaft nur noch von dieser abgeleitet gewesen. So sollte sich »die Verfassung« in der konservativen Theorie nicht in einem Text, sondern in tradierten Praktiken, in der Überlieferung des Römischen Rechts oder einer Formulierung der deutschen Romantik zufolge im wechselseitigen Treueversprechen von König und Volk wiederfinden. Die geschriebene Verfassung sei dagegen nur eine »Arznei erkrankter Treue« (Eichendorff 2007 [1833]: 293 f.). Entsprechend blieb der Beitrag konservativer Autoren zur Verfassungstheorie bescheiden. Selbst im England des 19. Jahrhunderts, dessen ungeschriebene Ordnung sich zugleich als liberal fortschrittlich und traditional deuten ließ, war der einflussreichste Verfassungstheoretiker A. V. Dicey ein »Whig«, also jemand, der sich auf die Errungenschaften der Glorious Revolution des späten 17. Jahrhunderts berief, nicht auf ein dynastisches Gottesgnadentum (Walters 2021: 154f.).

Nach Ende des Feudalismus im Ausgang des Ersten Weltkriegs spielten konservative Theorien der Verfassung keine Rolle mehr, und erst in allerjüngster Zeit finden sich in den Vereinigten Staaten Ansätze für eine Wiederentdeckung (Vermeule 2022). Diese Theorien greifen in recht eklektizistischer Manier auf verschiedenste Traditionsbestände zurück, um mit deren Hilfe einen Begriff des Gemeinwohls und eines »klassischen« ius commune zu konstruieren, die als materieller Grund des Verfassungsrechts dienen sollen. Damit verfolgen sie zwei Ziele: *Zum Ersten* soll die Individualzentriertheit des liberalen Verfassungsrechts abgestreift werden, sie war konservativem Denken seit jeher ein Dorn im Auge. *Zum Zweiten* wird mit der Anrufung des Gemeinwohls der politische Entscheidungsspielraum auf eine sehr vieldeutige Art und Weise beschränkt. Das Misstrauen gegen politische Entscheidungsspielräume, gegen den Voluntarismus der Mehrheit, gehört gleichfalls von Anfang an zum politischen Ideenhaushalt des Konservatismus. Nun kann man den Begriff Gemeinwohl auf vielerlei Art und Weise konkretisieren. Die Auswahl bei Vermeule ist letztlich die Rezeption eines zusammengewürfelten Modells katholischen Naturrechts und einer historisch beliebigen Zusammenstellung einzelner Elemente des römischen Rechts, deren Gemeinsamkeit sich aus den politischen Präferenzen des Verfassers ergibt. Katholisches Naturrecht, namentlich die Berufung auf Thomas von Aquin, spielt auch in der konservativen Rechtstheorie eine wichtige Rolle (vgl. Finnis 2011) – dies freilich zu einem Zeitpunkt, an dem nicht nur die katholische Kirche jede paradigmatische Rolle als hoheitliche Organisation verloren hat, sondern zu dem auch noch die scholastische Theologie als lange dominantes Paradigma der katholischen Theologie abgelöst wurde. So bleiben diese Modelle einer imaginierten Vergangenheit verbunden, die selbst als solche ihre besten Tage hinter sich hat, und genügen nicht einmal den eigenen theoretischen Voraussetzungen. Wie nicht selten – selbst bei global rezipierten Modellen – lassen sie sich vor allem als Produkt innenpolitischer Verhältnisse in den USA erklären. Der Originalismus ist intellektuell ausgeschöpft, nicht aber das politische Projekt, das mit seiner Hilfe verfolgt werden sollte. Der neue konservative Konstitutionalismus ist aus dieser Sicht noch expliziter politisiert, auch wenn er sich auf Traditionen beruft.

*Sozialistische Verfassungstheorie*

»Sie sehen, meine Herren, ein König, dem das Heer gehorcht und die Kanonen – das ist ein Stück Verfassung.« (Lassalle 1993 [1862]: 13) In seiner berühmten Rede »Über Verfassungswesen« definiert der sozialdemokratische preußische Politiker Ferdinand Lassalle die Verfassung als die »tatsächlichen Machtverhältnisse« in einer Gesellschaft. Die Reduktion des Verfassungsbegriffs auf Machtverhältnisse, die in Lassalles Lesart nicht allein politische, sondern auch wirtschaftliche Macht umfasst, steht in einer sozialistischen Tradition. In dieser sind Verfassungen Abbildung »realer« Machtbeziehungen. Diese werden je nach Modell politisch oder ökonomisch gedeutet. Wirtschaftliche Macht setzt sich politisch durch, politische Macht camoufliert sich in den rechtlichen Formen der Verfassung. Sozialistische Verfassungstheorien sind die maßgeblichen Vorläufer von Theorien des gesellschaftlichen Konstitutionalismus (→ Gesellschaftlicher Konstitutionalismus).

Schlichte Modelle von konstitutionellem Überbau und wirtschaftlicher Basis, die jede normative Rückwirkung verfassungsrechtlicher Vorgaben auf die politische Praxis leugnen, erscheinen dabei als zu einfach. Aber die Hypothese, dass sich konstitutionelle Institutionen durch politische und ökonomische Bedingungen erklären lassen, formuliert ein empirisches Forschungsprogramm, das sich als ergiebig erwiesen hat – und zwar auch in nicht-sozialistischer Forschung (Goldoni/Wilkinson 2023).

Beispielhaft ist die Figur des Rechtsstaats: Die Bindung der Staatsgewalt an rechtliche Standards und deren gerichtliche Kontrolle war ein liberales Projekt auch deswegen, weil mit diesen Garantien das Privateigentum des Besitzbürgertums gesichert würde. Auf einer theoretischen Ebene stellt sich die Frage, warum sich die Staatsgewalt darauf einlassen sollte, ihren politischen Einfluss zu verkleinern und von ihr unabhängige Institutionen wie Gerichte zuzulassen. Antworten verweisen auf die Vorteile, die eine kontrollierte Machtteilung für die Herrschaftsorganisation haben kann, welche nun nicht mehr für jeden gesellschaftlichen Konflikt verantwortlich gemacht werden kann, oder auf die Notwendigkeit für die Herrschaft, Koalitionen, etwa mit dem Besitzbürgertum, einzugehen (Holmes 2003: 21 f.). Verfassungen sind so Ausdruck eines stabilisierten sozialen Machtgleichgewichts (grundlegend Weingast 1997).

Die sozialistische Kritik des bürgerlich-liberalen Konstitutionalismus schwankt im Ganzen zwischen einem fundamentalistischen und einem reformistischen Ansatz. Der reformistische Ansatz beobachtet Verfassungsinstitutionen wie die Grundrechte und namentlich rechtsstaatliche Institutionen wie Eigentum und allgemeines Gesetz (Neumann 1937: 590) als Instrumente, die demokratische Inklusion und soziale Gleichheit verhindern. Deswegen ist für solche Theorien potenziell das Privateigentum das wichtigste Modell für Rechte, während diese Theorien zu Grundrechten wie der Meinungsfreiheit relativ wenig zu sagen haben, denn diese begünstigen Opposition im Allgemeinen. Die fundamentalistische Kritik sieht in der Institution der Verfassung noch nicht einmal mehr das, sondern nur noch eine Oberfläche zur Camouflierung der ökonomischen Realität. Sie muss letztlich mit der Institution der Verfassung auch die Rechtsform aufgeben. Die sozialistische Kritik des Konstitutionalismus nimmt deswegen nicht selten Kritik am Liberalismus und/oder am Kapitalismus huckepack, hält dabei aber auch an einem eher altmodischen Begriff von Konstitutionalismus fest.

## Autoritärer Konstitutionalismus

Lange Zeit waren autoritäre Verfassungen aus Sicht eines westlichen liberalen Konstitutionalismus Scheinverfassungen, die zwar in Form und Gestalt dem liberalen Modell glichen, tatsächlich aber nur Abziehbilder darstellten. Weil sie autoritäre Systeme rahmen oder stützen, konnten sie nicht gleichzeitig den Wertungen eines liberalen Konstitutionalismus entsprechen und waren deswegen keine »echten« Verfassungen. Diese Sicht hat sich in den letzten Jahren verändert. Die Entwicklung postformaler Verfassungstheorien führte auch dazu, autoritäre Politikformen verfassungstheoretisch anders zu verorten und autoritären Verfassungen einen Platz innerhalb und nicht außerhalb der Verfassungstheorie zuzuweisen. Damit ist eine normative Entlastung des Verfassungsbegriffs verbunden, der die Unterscheidung zwischen richtiger und falscher Politik nicht stützen kann.

Diese Entwicklung vollzog sich aus mehreren Richtungen. Die Verfassungstheorie wurde mit dem Aufkommen einer postformalen Perspektive kritischer und selbstkritischer, der Übergang zwischen liberalen und autoritären Ordnungen erscheint fließender. Zudem trägt die Disziplin der Verfassungsvergleichung (*constitutional comparativism)* dazu bei, den westlichen Verfassungsdiskurs aufzubrechen und mit differenten Verfassungsmodellen zu ergänzen. Schließlich nimmt der Bestand an liberaldemokratischen Systemen, die dem Modell nach einem westlichen Konstitutionalismus folgen, dadurch aber weder als Demokratien geschützt noch vor autoritären Anmaßungen sicher sind, zu. Offenbar gelingt es dem stabilen Modell eines modernen Konstitutionalismus nicht ohne Weiteres, sich selbst zu erhalten, zumal sich autoritäre Ordnungen mehr und mehr klassisch liberaler Instrumente bedienen. Diese Einsichten waren freilich in den vormodernen Mischverfassungstheorien besser aufgehoben als im revolutionären Konstitutionalismus (→ Das wertvolle Erbe der Mischverfassungslehren).

Solche Entwicklungen werden aber von jüngeren Studien reflektiert. Dabei zeigt sich, dass autoritäre Verfassungen nicht notwendig ohne normative Funktionen auskommen und entsprechend bloße Scheinverfassungen wären. Wir hatten das Bündel unterschiedlicher Funktionen, welches sich jenseits legaler und politischer Momente zeigt, im Anschluss an Loewenstein als »nominale Funktionen« (→ Verfassung um 2000) gefasst. Ginsburg/Simpser kristallisierten aus der empirischen Vielfalt autoritär-konstitutioneller Zustände noch einige Subtypen von *window dresser* bis *billboard* heraus. Solche Typisierungen illustrieren, dass es verfassungstheoretisch aufschlussreich sein kann, den spezifischen Wirkweisen von Verfassungen in autoritären Systemen auf die Spur zu kommen. Dieser Bedarf wird von textlichen Befunden verstärkt, die nahelegen, dass die häufig angenommenen Unterschiede zwischen liberalen und autoritären Verfassungen im Hinblick auf Verfassungstexte gering ausgeprägt sind. Zwar sind autoritäre Verfassungen unspezifischer formuliert als liberale, sie verbürgen weniger Rechte und garantieren weniger richterliche Unabhängigkeit (Elkins/Ginsburg/Melton 2013: 162), aber diese Differenzen sind über das breit zugrunde gelegte Material hinweg betrachtet nicht besonders signifikant. Damit liegt es nahe, dass sich die verfassungstheoretisch angeleitete Beobachtung autoritärer Systeme nicht entlang einer scharfen Abgrenzung autoritärer und liberaler Verfassungen orientiert. So arbeiten Überlegungen zu autoritären Momenten eines liberalen Konstitutionalismus (Frankenberg 2020: 92ff.; Sajo 2021: 22ff.) nicht nur die potenziell strukturelle Nähe von liberalen Demokratien und Autoritarismen heraus, sondern weisen auch darauf hin, dass Konstitutionalismus eine Form ist, die nicht notwendig normativ ausgerichtet sein muss. Was aber wären dann autoritäre Elemente eines liberalen Konstitutionalismus und umgekehrt liberale Momente eines autoritären Konstitutionalismus? Was macht eine Verfassung zu einer spezifisch autoritären?

Als zentrales Problem des autoritären Konstitutionalismus wird in der liberalen Verfassungstheorie zumeist das Problem der Herrschaftsbegrenzung beschrieben. Während es ein Kern liberaler Verfassungen sei, die Ausübung politischer Herrschaft zu beschränken, zeichneten sich autoritäre Konstellationen gerade durch eine weitgehend unbegrenzte Herrschaftsausübung des Regimes aus (z.B. Tushnet 2015: 448f.). Doch gingen auch herrschaftsbegrenzende, moderne, liberale Verfassungen mit einer unbegrenzten kolonialen Herrschaftsausübung zusammen (→ (Post-)Kolonialer Konstitutionalismus). Systematisch könnte Autoritarismus auch als Problem der Gewaltenteilung interpretiert werden. Allerdings haben wir auch gesehen (→ Gegliederte Gewalten), dass die Anforderungen an institutionelle Formen der Herrschaftsbegrenzung in demokratisch verfassten Systemen seit den Verfassungsrevolutionen um 1800 nicht zu einem Weniger an politischer Herrschaft geführt haben. Entsprechend haben wir die gewaltenteilenden Leistungen moderner Verfassungen eher in der Unterscheidung von legislativen und judikativen Verfahren gesehen, die weitere, normativ anknüpfbare Unterscheidungen zwischen Politisierung und Verrechtlichung ermöglichen. Ein geringerer Bedarf an Mechanismen der Herrschaftsbegrenzung kann dann auch als Erfolg demokratischer Verfassungsrevolutionen gelesen werden, der sich in institutionellen Ausdifferenzierungen liberaler Verfassungen entfaltet. An genau diesen Erfolg knüpfen aber autoritäre Konstitutionalismen an, die sich aus liberaldemokratisch verfassten Systemen entwickeln: Sie geben nicht etwa die Verfasstheit auf, sondern berufen sich teilweise emphatisch auf diese, um Legitimation zu beanspruchen und politische Einheit zu suggerieren. Gleichzeitig geben sich solche Systeme häufig neue Verfassungen, die nicht einfach schwächere Mechanismen der Herrschaftsbegrenzung einführen, sondern ihre politischen Programme in die Verfassung hineinschreiben, um die Offenheit des politischen Prozesses in ihrem Sinn zu begrenzen.

Unter diesen Bedingungen behalten sie demokratische Prozesse zur Legitimation ihrer Herrschaftsausübung bei, aber greifen das konstitutionelle Element der Ermöglichung politischen Handelns (vgl. dazu schon oben → Gegliederte Gewalten) an, um ihre Macht dauerhaft zu sichern. Im Kern betreffen unterschiedliche Strategien autoritärer Verfassung immer die Unterscheidung von Recht und Politik. Wenn Verfassungsgerichte von autoritären Regimen nicht abgeschafft, sondern durch Umbesetzung politisch »angepasst« oder durch institutionelle Mechanismen in ihren Entscheidungsbefugnissen beschränkt werden, dann bleibt Recht als herrschaftsbegrenzende Form formell im Spiel, verliert aber tatsächlich weitgehend seine Unterscheidbarkeit von der Politik. In Polen wurde seit 2015 der Verfassungsgerichtshof im Wege verschleppter Richterwahlen und einer ganzen Reihe von Änderungen des Verfassungsgerichtsgesetzes weitgehend der Regierungspartei PiS Untertan gemacht, nachdem schon in der liberalen Vorgängerregierung Unregelmäßigkeiten bei der Richterwahl auftraten. In Ungarn wurde das 1989 neu gegründete und ehemals starke Verfassungsgericht im Wege einer Verfassungsreform, die zu Beginn 2012 in Kraft trat, wesentlich geschwächt. Institutionell zielen diese Umbauten der Verfassungsgerichte nicht auf die Abschaffung der Verfassungs*gerichtsbarkeit*, sondern auf deren *politische* Gleichschaltung. Autoritärer Konstitutionalismus politisiert also nicht einfach, sondern friert die offene politische Auseinandersetzung auch mit Mitteln des Rechts ein. Recht spielt hier eine wichtige Rolle, um das System zu legitimieren. Dies entspricht der Erfahrung mit totalitären Systemen in der Vergangenheit (Fraenkel 2012; Berman 2014 [1963]).

Eine parallele Strategie, um Recht und Politik ununterscheidbar zu machen, liegt in der Informalisierung (Frankenberg 2020: 143 ff.). Verfassungsstrukturen werden zwar aufrechterhalten und formal nicht als solche infrage gestellt, parallel dazu nutzen autoritäre Systeme allerdings vielfältige Techniken der Informalisierung, um ihre eigene Macht auszubauen oder abzusichern. Autoritärer Konstitutionalismus ist in diesem Sinne ein postformales Projekt. Techniken der Informalisierung erlauben es, die Unterscheidung von Recht und Politik unkenntlich zu machen, indem informelles Handeln zu einer tragenden Art und Weise der Herrschaftsausübung aufsteigt. Weil in der Verfassung der Russischen Föderation von 1993 zunächst nur eine einmalige Wiederwahl des Präsidenten bei einer jeweils vierjährigen Amtsperiode möglich war, ließ sich nach zwei regulären Amtszeiten Putins (2000–2004, 2004–2008) im Jahr 2008 Dmitri Medwedew für eine einmalige Amtszeit zum Präsidenten wählen. 2008 wurde unter Medwedew dann die Amtszeit des Präsidenten ab 2012 auf sechs Jahre verlängert. Nicht nur darin kann der informell ausgeübte Einfluss Putins, der während dieser vier Jahre als Ministerpräsident fungierte, zur Vorbereitung weiterer Amtszeiten gesehen werden. Schließlich wurde 2020 die Verfassung der Russischen Föderation umfassend geändert. Putin ließ per Verfassungsänderung seine bisherigen Amtszeiten als Präsident annullieren und ermöglichte es so, bei Wiederwahl bis 2036 im Amt zu bleiben. Er betrieb also einen relativ großen Aufwand, um formal und legal Präsident bleiben zu können, während tatsächlich im Wege der Verfolgung politischer Gegner Opposition und damit Politik unmöglich gemacht wurden. Ganz ähnlich wurde auch die Abschaffung der Amtszeitbegrenzung des chinesischen Staats- und Parteichefs durch eine Verfassungsänderung ermöglicht. Die konstitutionelle Form wird also nicht einfach fallen gelassen, sondern stützt die dominant informelle Politik.

Eine wichtige Technik der Informalisierung besteht darin, unter Berufung auf Ausnahmesituationen die Exekutive zu entfesseln (siehe dazu ausführlich oben → Ausnahmezustand). Dies kann durchaus in Einklang mit der Verfassung geschehen. Eine Konzentration der Regierungstätigkeit auf die Form der Verordnung oder der Dekrete lässt allerdings, und insofern handelt es sich um eine Informalisierungstechnik, Entscheidungsprozesse und -vorbereitungen intransparent werden. Wenn Geheimdienste, Expertengremien oder Militärjuntas Entscheidungen wesentlich vorbereiten, dann ist nicht allein ihr Zustandekommen ohne parlamentarischen Prozess ein Problem, sondern ihre informelle und insofern unzugängliche Vorbereitung legitimatorisch defizitär und für den politischen Prozess schlicht nicht zu verarbeiten. Die Entfesselung der Exekutive muss gar nicht notwendig ohne rechtliche Form erfolgen, sondern kann umgekehrt besonders verrechtlicht geschehen.

Informalisierungsstrategien zeigen also zusammenfassend besonders gut, wie im autoritären Konstitutionalismus die rechtliche Form der Verfasstheit aufrechterhalten, ihre herrschaftsbegrenzende Funktion aber gerade dadurch unterminiert wird, dass offenes politisches Handeln für Nichtregierende mehr oder weniger unmöglich wird.

Als wesentliches Merkmal des autoritären Konstitutionalismus können wir insofern festhalten, dass er regelmäßig die Unterscheidung von Recht und Politik deformalisiert, ohne sie vollständig aufzugeben. Darin liegt auch ein Potenzial, autoritäre Systeme zu re-demokratisieren. Wenn die Formen Recht und Politik systemisch weiter im Spiel sind, aber distanzlos operieren, können sie wieder voneinander distanziert werden. So wie die autoritäre Verschiebung im Gefüge eines Staates letztlich darauf hinausläuft, politisches Handeln zu erschweren oder unmöglich zu machen, ist auch hier das entsprechende Mittel, um zu re-demokratisieren, nicht der Einsatz des Rechts, sondern dessen offene Politisierung.

Autoritärer Konstitutionalismus ist wie liberaler Konstitutionalismus eine prekäre Form – dies zeigt aktuell das polnische Beispiel, wo im Herbst 2023 die autoritäre Regierung abgewählt wurde. Obwohl die politische Analyse gegenwärtig nicht abgeschlossen sein kann und viele Faktoren das politische Ergebnis bedingen dürften, ist auch klar, dass gerade eine autoritär-konstitutionalistische Informalisierungsstrategie, nämlich der erwähnte Schritt, das Verfassungsgericht politisch gleichzuschalten, bei der Re-Demokratisierung eine bedeutende Rolle gespielt haben dürfte. Im Jahr 2020 verschärfte der Verfassungsgerichtshof durch ein Urteil das Abtreibungsrecht, indem er das seit 1993 geltende Gesetz über die Bedingungen von Schwangerschaftsabbrüchen für verfassungswidrig erklärte. Diese Entscheidung formierte parlamentarisch und außerparlamentarisch große Proteste, die bei der Abwahl der PiS-Regierung 2023 wirksam wurden. Der Rückgriff auf konstitutionelle Formen, der gleichzeitig die Unterscheidung von Recht und Politik verwischt, indem er Politik verunmöglicht, kann also für autoritäre Systeme auch so gelesen werden, dass er ein besonders großes Potenzial an bisher unterdrückter, unter geeigneten Umständen aber aktivierbarer Re-Politisierung hervorruft. Insofern dürfte es eine verfassungstheoretische Zukunftsaufgabe sein, nicht allein die Transformation liberaldemokratischer Verfassungssysteme in autoritäre zu analysieren, sondern auch umgekehrt die Re-Demokratisierung autoritär-konstitutioneller Systeme. Aus dieser Sicht ist ein Problem des autoritären Konstitutionalismus im Hinblick auf das Verhältnis von Stabilisierung und Transformation, wie wir es oben als Spur eingeführt haben (→ Stabilisierung und Transformation), nicht nur die transformierende Destabilisierung, sondern die Abfolge von De- und Überstabilisierung einer konstitutionellen Ordnung.

# V. Zukunft?

Der Begriff der Verfassung lässt sich als ein wesentlich moderner Begriff verstehen, dessen Beziehung zu seiner westlich-liberalen Grundierung allerdings brüchig geworden ist. Selbst wenn viele Verfassungen der Gegenwart materiell oder formell Bezüge zu modernen Idealen staatlicher Verfasstheit aufweisen, können sie ganz verschiedene normative Funktionen für die von ihnen verfassten Gebilde haben – sie können politische Gründungsmomente, legalistische Ordnungsbildung und bloße Außenwirkungen in allen Gewichtungen und Graduierungen anordnen. Weder bestimmt der Begriff der Verfassung stabile oder momentane Zustände eines politischen Gemeinwesens noch eine bloß normative Vorstellung, wie eine politische Gemeinschaft sich organisieren sollte. Jedenfalls verweist der Begriff immer auf die Verknüpfung von Politik und Recht. Sie lässt sich zwischen Normativität und Praxis, Stabilisierung und Transformation immer nur im Verfahren, also prozedural beobachten, als Verknüpfung eben und nicht als Verknüpftes: nicht als Verbindung von *der* Politik und *dem* Recht, sondern als ständige, wechselbezügliche Impulsübertragung zwischen Politisierung und Verrechtlichung. In allen Prozessen des Verfassens sedimentieren sich über die Zeit begriffliche Aspekte, die institutionell wirksam werden. Wir beschreiben sie als auf moderne Ursprünge bezogene, punktuelle Verfestigungen eines Begriffs von Verfassung, die aber nicht von jeder Verfassung mitgetragen werden müssen (→ Institutionelle Sedimente des Verfassungsbegriffs), und nehmen vielmehr eine Bestandsaufnahme operationalisierbarer Begriffselemente vor, die in Verfassungstheorien zu Bedeutung gelangt sind und sich institutionell abgebildet haben, ihrerseits regelmäßig auch wieder mit Bedeutungsverlusten zu kämpfen haben oder haben werden. Die Fragilität dieser Sedimentierungen zeigt sich spätestens in einem Durchgang durch relevante Verfassungstheorien der Gegenwart (→ Postformale Verfassungstheorien): Allen betrachteten Theorien, so unterschiedlich sie normativ und auch in Bezug auf ihre Gegenstände ansetzen, ist gleichermaßen zu eigen, dass sie den Verlust normativer Idealvorstellungen im Hinblick auf zu verfassende Gemeinwesen verarbeiten, indem sie die Formalisierungsleistung von Verfassungen infrage stellen. Dieser Verlust zeigt sich regelmäßig entlang des begrifflichen Übergangs, der Verfassungen weder eindeutig deskriptiv noch eindeutig normativ verortet, sondern genau entlang eines dynamischen Verhältnisses von Normativität und Praxis. Der globale Konstitutionalismus beispielsweise trifft in seiner globalen Idealisierung liberaler Verrechtlichungsstrategien wie der *rule of law* hart und deutlich auf ganz andere, gar nicht liberal orientierte praktische Politisierungen. Anders, aber ebenfalls den Verlust von Formalisierung verarbeitend, zeigt sich der autoritäre Konstitutionalismus, indem er genau diesen Verlust produktiv zu nutzen versteht. Das Verhältnis von Recht und Politik wird permanent verwischt, aber die Unterscheidung erhalten, um beide gegeneinander einsetzen zu können: Recht, um Politisierung zu verunmöglichen, Politik, um rechtliche Idealisierungen aufzubrechen.

In einer postliberalen Welt können sich deswegen auch Verfassungstheorien nicht mehr einfach entlang liberaler Ideale entwickeln. Drastischer formuliert halten weder die modern-liberal imprägnierten verfassungstheoretischen Sedimente (→ Institutionelle Sedimente des Verfassungsbegriffs) abschließende Lösungen für die praktischen Verfassungsprobleme der Gegenwart bereit, noch kommen verfassungstheoretische Erschließungen der Gegenwart umhin, das zentrale, dynamische, vom Begriff der Verfassung beschriebene Verhältnis von Recht und Politik, von Verrechtlichung und Politisierung als vielfältig und prekär zu verstehen. Verfassungstheorien werden in der Zukunft ebenso wenig wie die politische und rechtliche Praxis mit schlichten Konzepten von Stabilität, Einheit oder systematischer Geschlossenheit operieren können, wenn sie Lösungen für Zukunftsprobleme wie Klimawandel, Migration, Digitalisierung oder den Verlust demokratischer Aspirationen suchen. Damit ist nicht das Ende des Konstitutionalismus ausgerufen. Wie es trotzdem möglich ist, unter solchen Bedingungen Vorgänge des Verfassens zu beobachten, haben uns gerade historische Perspektivierungen vormoderner Bemühungen um politisch-rechtliche Ordnungsbildung gezeigt (→ Heutige Perspektiven auf vormoderne Verfassungen). Diese Zukunft des Verfassungsdenkens hat längst begonnen. Wir wollen entlang exemplarischer Materien anzeigen, welche Spuren sie aufnimmt und möglicherweise weiter ausprägen wird.

## Ökologische Transformationen

»Nicht zuletzt muss man sich fragen, ob gewisse inhaltliche Prämissen des im weiteren Sinne liberalen Konstitutionalismus obsolet werden könnten. Das gilt insbesondere für die heimliche Voraussetzung aller Freiheitsrechte und damit der Form, in der die Unabhängigkeit anderer Funktionssysteme von der Politik rechtlich garantiert ist, die Voraussetzung nämlich, dass es einen weiten Bereich von Handlungsmöglichkeiten gebe, in dem der

Handelnde seine eigenen Interessen verfolgen könne, ohne jemandem anderen zu schaden.« (Luhmann 1990: 215)

Mit Blick auf die ökologische Krise sah der Soziologe Luhmann ausgerechnet in demjenigen historischen Moment, in dem der westliche Konstitutionalismus mit dem Zusammenbruch des Kommunismus global zu triumphieren schien, dessen Ende nahe. Moderne Verfassungen, so die Beobachtung, unterstellen die Möglichkeit zu freier Handlung ohne Schädigung anderer als Regelfall. Diese Unterstellung ist eine andere Variante des »rechtsstaatlichen Verteilungsprinzips«, das Freiheit überall dort zulässt, wo nicht politisch reguliert wird (Schmitt 2010 [1928]: 131). Solche Unterstellungen sind aber spätestens mit der Präsenz des planetaren Klimawandels fraglich geworden. Weil potenziell keine Handlung $CO_2$-neutral ist, ist jede auch potenziell schädigend für alle anderen. Der Zusammenhang zwischen konstitutioneller Freiheitsvermutung und gesamtgesellschaftlichem Nutzen ist zweifelhaft geworden. Praktisch zeigt sich das in der ungewissen Lösung von Zurechnungsfragen. Katastrophen, die durch die Erderwärmung verursacht werden, lassen sich nicht mehr einfach auf bestimmte Handlungen zurückführen. Der Zusammenhang zwischen individueller Freiheit und individueller Verantwortung löst sich damit auf.

Das deutsche Verfassungsgericht hat im Anschluss an Vorarbeiten in der politischen Theorie auf die Klimakrise mit einem Modell intertemporaler Freiheit reagiert, in dem der Staat dazu verpflichtet wird, Maßnahmen gegen den Klimawandel zeitlich vorzuziehen, um in der Zukunft nicht noch freiheitsbeschränkender handeln zu müssen (BVerfGE 157, 30). Hierin zeigt sich ein durchaus dramatischer Paradigmenwechsel: Denn zum Ersten geht es beim Grundrechtsschutz dann nicht mehr um den Schutz konkreter Handlungen durch bestimmte Rechte, sondern um einen allgemeinen Begriff der »Freiheit«. Zum anderen muss sich diese Freiheit noch nicht einmal aktualisiert haben, geschützt wird vielmehr vor einer in der Zukunft liegenden Möglichkeit ihrer Einschränkung. Die Entscheidung schützt zukünftige systemische Handlungsspielräume vor der Beschränkung durch staatliche Maßnahmen, die sich aus der kommenden Notwendigkeit ergeben, den Klimawandel zu bekämpfen. Das Gericht beanstandet keine vergangene Verletzung einer konkreten Handlungsfreiheit, sondern mangelndes künftiges Handlungspotenzial aller.

Die sich hier zeigende Ablösung des Grundrechtsschutzes von konkreten Akteurinnen und von konkreten Handlungen zeigt sich auch in anderen Bereichen der ökologischen Verfassungsdiskussion, etwa bei der Frage, ob Tiere, Bäume oder Berge als Träger von subjektiven Rechten verstanden werden sollten (Wesche 2023: 203–230). Wurde der Figur des subjektiven Rechts von der kritischen Theorie vorgeworfen, dass sie den an sie anknüpfenden Willen naturalisiere, indem sie statt an Vernunft an nicht rationalisierte Präferenzen anknüpfe (→ Rechte und Grundrechte, Menke 2015: 138), so zeigt sich hier das umgekehrte Problem. Auch wenn man bereit ist, Lebewesen und natürlichen Objekten Würde zuzusprechen, die mit dem Status als grundrechtsfähig verbunden werden kann (aber, wie man an einer Aktiengesellschaft sieht, nicht muss), so ist die Zuweisung an solche Einheiten auf eine starke Vermittlung durch andere angewiesen. Was der Berg mit seinem Recht macht, bleibt nicht ihm überlassen, sondern der Artikulation durch diejenigen, die ihn zu repräsentieren beanspruchen. Diese Repräsentation ist geradezu das Gegenteil einer Naturalisierung. Hier wird kein natürlicher Wille vorausgesetzt, sondern die Selbstbestimmung muss überhaupt erst geschaffen werden. Dass der See sterben möchte, wird dabei kaum unterstellt werden, auch wenn ein solcher Wunsch bei Menschen grundrechtlich geschützt werden kann. Damit wird die Wahrnehmung von Rechten durch einen vorgeschalteten politischen Prozess gefiltert. Dass die Rechtsfähigkeit bisher regelmäßig an äußerliche Fähigkeiten wie Sprache und Vernunft anknüpfen konnte, entlastete die Praxis der Rechte eben auch. Der Vorwurf, wenn eine Person ihr Recht geltend macht, sie würde ja gar nicht selbst sprechen, ist zwar, etwa gegenüber Kindern, nicht völlig ausgeschlossen, aber eben doch als Ausnahme gesondert zu rechtfertigen. Dies ist bei der Subjektivierung von nicht sprachfähigen Wesen anders.

Diese Probleme eines ökologischen Konstitutionalismus, die fehlende Unterstellung schadloser Freiheitswahrnehmung, die Lösung des Freiheitsbegriffs von konkreten Handlungen und die Erweiterung der Rechtsfähigkeit auf nicht selbstständig artikulationsfähige Einheiten, dürften, das hat Luhmann zutreffend gesehen, zu weitreichenden Verschiebungen unserer Vorstellung von Verfassung führen, wenn nicht zu deren Ablösung. Will man diese Entwicklungen im Schema der Unterscheidung von Recht und Politik rekonstruieren, die dabei hilft, Entwicklungen einzuordnen, dann steht uns eine recht umfassende Politisierung bevor. Denn sowohl die Reichweite ertragbarer Freiheitssphären als auch die Frage der berechtigten Artikulation von individuellen Ansprüchen können immer weniger schlicht formalisiert, festgeschrieben und beurteilt werden. Wenn wir oben festgestellt haben, dass Verfassungsgerichte nicht einfach nur als Agenten der Verrechtlichung verstanden werden können (→ Gerichte und Verfassungsgerichte), dann bestätigt sich diese Einsicht in der Frage des ökologischen Konstitutionalismus. Denn nicht nur das deutsche Verfassungsgericht schafft mit seiner Rechtsprechung zum Klimawandel weniger feste formalisierte Regeln als Handlungsaufträge an den politischen Prozess, die nur an bestimmte Ziele wie die Emissionsreduktion gebunden sind, während die eigentliche Verteilung von Freiheitssphären, namentlich die Frage, wer welchen Beitrag leisten muss, gerade durch die Rechtsprechung geöffnet und der politischen Entscheidung zugewiesen wird. Man mag sich fragen, ob das wirklich neu ist oder nicht nur ein weiterer Schritt zu einer objektiv-abwägenden Konzeption von Grund- und Menschenrechten. Doch stand diese immer noch auf dem Boden eines handlungsbezogenen Freiheitsbegriffs.

Damit wird die entlastende Funktion, die Verfassungen sowohl für den politischen Prozess als auch für das Handeln Einzelner gehabt haben, fundamental relativiert. Der Vermutung, dass erlaubt ist, was nicht verboten wurde, steht die schwer zu vermeidende ökologische Relevanz aller Handlungen entgegen. Der Begrenzung der politischen Handlungssphäre durch formalisierte verfassungsrechtliche Grenzen steht wiederum ein wachsender Interventionsbedarf entgegen. Diese Entwicklungen dürften vor allem die Bedeutung von Grund- und Menschenrechten relativieren, auf die sich gerade alle berufen. Ihre Kraft bezogen sie auch aus ihrer Beschränkung auf den Schutz bestimmter menschlicher Handlungen. Als ubiquitäre Werte, die sich von solchen Bezügen gelöst haben, wird ihr normativer Effekt deutlich schwächer.

## Digitalität

Das den Begriff der Verfassung prägende Verhältnis von Verrechtlichung und Politisierung wird unter den Bedingungen der Digitalität grundsätzlich neu zu verstehen sein. Schon in der aktuellen Frühphase dieser Entwicklung betrifft die Digitalität Verfassungen nicht mehr nur im Hinblick auf ein Fernmeldegeheimnis oder den Datenschutz. Wenn sich Sprechen und Schreiben, Sehen und Hören, Darstellen und Vorstellen digital hervorbringen lassen und mittels Techniken künstlicher Intelligenz von natürlichen Äußerungen und Erscheinungen, aber auch von Raumbezogenheit und tradierter sozialer Sinngebung entkoppeln lassen, dann vervielfältigt sich einerseits die wahrnehmbare Welt und andererseits verflüchtigen sich die Kategorien, diese einzuordnen. Verantwortlichkeit, Autorität oder Subjektivität müssen mindestens neu gedacht werden. So könnte durch den ausgreifenden Einsatz digitaler Techniken eine Konkurrenz zum konstitutionellen Verhältnis von Recht und Politik in einem liberaldemokratischen Sinne entstehen. Sowohl der Modus der Legalität als auch derjenige der Politik, damit aber auch ihre konstitutionelle Beziehung zueinander, könnten sich durch die Digitalisierung grundlegend wandeln.

Die Veränderung der Politik durch digitale Techniken hängt wesentlich daran, dass politische Handlungen unter digitalen Bedingungen möglich werden, ohne dass dafür eigens Sinn konstituiert werden müsste: Es lassen sich allein unter Rückgriff auf Logiken der Prognose und der Vorhersage (Müller-Mall 2020: 18 ff.; 42 ff.) Antworten auf Fragen finden, Probleme lösen, die Zukunft vorstellen – ganz ohne Einbildungskraft und Verstand zu gebrauchen, ohne Urteile zu fällen, ohne deliberativ sozialen Sinn konstituiert zu haben. Solche deliberative Sinngebung ist aber für demokratische Vorstellungen von Politik eine konstitutive Voraussetzung (Garapon/Lassègue 2021: 262 ff.), die ihr Komplement in der Legalität des Rechts findet. Recht und Politik sind im Konstitutionalismus aufeinander angewiesen. Die ständige Aktualisierung dieser Bezogenheit bildet die dynamisch verstandene Verfassung eines Gemeinwesens.

Auch die rechtliche Seite der konstitutionellen Gleichung verändert sich. Es ist weniger die Form des Rechts, die Form des Gesetzes und der Verordnung, die durch digitale Techniken herausgefordert wird, als das Prinzip der Legalität selbst, das Recht in demokratischen Verfassungsmodellen mit der Politik insofern verknüpft, als die Anerkenntnis von rechtlichen Regeln deren deliberative Aushandlung voraussetzt. Digitale Techniken bieten uns keine anderen Gesetze an, aber ein anderes Verständnis von Gesetzmäßigkeit. Sie lösen Probleme und geben Antworten anhand der Beobachtung einer sehr spezifischen Wirklichkeit – die sich allein aus zugrunde gelegten Datensätzen berechnet. Was sich dort als Muster, als Regelmäßigkeit oder als Wahrscheinlichkeit zeigt, führt zur Lösung oder zur Antwort. Gesetzmäßigkeit und Gesetz fallen in einer digitalen Welt in eins, ohne dass eine eigene Entscheidung dazwischentreten würde. Digitale Techniken finden dabei in vielen und immer mehr Fällen überzeugende, effiziente, vielleicht auch bessere Antworten, ohne auf die jedenfalls in demokratischen Gesellschaften zunehmend als Bürde und Aufwand empfundenen Verfahren deliberativer Aushandlung, rechtlicher Urteilsbildung oder die Anerkennung eines Prinzips der Selbstbestimmung angewiesen zu sein.

Das Konkurrenzmodell digitaler Techniken trifft Vorstellungen liberaldemokratischer Verfasstheit in ihrem Kern. Solche Techniken fordern die Unterscheidung normativer Rechtsgesetze und deskriptiver, auf die Vergangenheit bezogener Weltbeschreibung heraus und entkoppeln die konstitutionelle Verknüpfung von Recht und Politik, indem sie Lösungen anbieten, die die Unterscheidung zwischen beiden zugunsten eines einheitlichen Prozesses aufgeben. Verfassungen verfallen unter diesem Konkurrenzdruck nicht notwendig und nicht unmittelbar, sie geraten aber unter Anpassungsdruck, der sich noch verstärkt, weil gleichzeitig auch die demokratischen Voraussetzungen, auf die digitale Techniken nicht angewiesen sind, prekär werden.

## Migration – Demokratie – Bürgerschaft

Die Gesellschaftsvertragstheorie versteht die politische Gemeinschaft als Produkt einer Vereinbarung zwischen gleichberechtigten Zugehörigen der künftigen Ordnung. Alle Verfassungsinstitutionen sind von den Entscheidungen der Bürgerschaft abgeleitet. Es gibt keinen vorab bestehenden Staat, sondern nur politische Ämter, die durch die Bürgerschaft geschaffen werden. Ein solches horizontal-egalitäres Verständnis von Politik kann sich auf die Tradition der athenischen Demokratie berufen (Hansen 2001: 94 ff.), in der das gleiche Bürgerrecht der Schlüssel für alle weiteren Institutionen war. Zugleich verbirgt sich hinter dieser Gleichheit der Ausschluss von Frauen und Sklaven.

Unter modernen Bedingungen verbindet der Status der Zugehörigkeit zur Bürgerinnenschaft ganz verschiedene Arten von Rechten (Beaud 2018): zunächst die Staatsangehörigkeit selbst als eigentliche Bestätigung der Zugehörigkeit zur politischen Gemeinschaft und die daran hängenden Garantien wie das Recht auf Einreise und Aufenthalt, dann die politischen Beteiligungsrechte wie das aktive und das passive Wahlrecht, schließlich allgemeine Bürgerrechte wie das Recht, in den Staatsdienst zu treten oder als Geschworene zu dienen. Ein solches komplettes Paket des Bürgerstatus ist historisch eine relativ junge Erfindung (Gosewinkel 2001: 224). Es formalisiert die Zugehörigkeit, indem abstrakte Regeln über sie befinden. Damit wird der Status ein zentrales Element der Reproduktion politischer Gemeinschaften, deren Legitimationsanspruch zumindest implizit immer auf dem Zusammenhang zwischen einer Gemeinschaft der Zugehörigen und einem ausdefinierten Territorium bestand. Für die revolutionäre Verfassungstradition, die diese Konzeption vorangetrieben hat, ergab sich hier aber von Beginn an eine Spannung. Nationale politische Gemeinschaften erhoben einen kosmopolitischen Anspruch. Dieser lässt sich nicht einfach in menschenrechtlichen Versprechen verwirklichen (→ Rechte und Grundrechte). Aus der Sicht der französischen Revolutionäre gelang dies schon eher durch Kriege, die die demokratischen Ideen verbreiten sollten. Von diesem Punkt des revolutionären Konstitutionalismus führt eine recht gerade Linie zu den gescheiterten Versuchen des Westens, Staaten mit Gewalt zu demokratisieren.

Schon länger steht die demokratische Einheit aus Zugehörigkeit und Territorium unter Druck. Das Recht, das eigene politische Territorium auch verlassen zu dürfen, hat sich in vielerlei Formen von Mobilität Bahn gebrochen, vom Handel zur Migration. Gerade die Mobilität von Menschen, sei es auf der Flucht vor Verfolgung, sei es auf der Suche nach wirtschaftlicher Sicherheit, wirft die Frage nach der Bedeutung des Zugehörigkeitsstatus neu auf. War es, wie gesehen, eine Leistung des modernen Konstitutionalismus, bei der Ermittlung auf formelle Regeln von Abstammung oder territorialer Anknüpfung zu setzen und auf materielle Kriterien der Zugehörigkeit zu verzichten, so wird die Rechtfertigung solcher Kriterien heute vielfach bezweifelt. Staaten denken darüber nach, Personen mit doppelter Staatsangehörigkeit bei deviantem Verhalten auszuweisen, gerade rechtsautoritäre Bewegungen rufen ethnische oder rassistische Kriterien der Zugehörigkeit zum Volk an, zugleich können viele Staaten auch den eigenen Angehörigen noch nicht einmal elementare Schutzgarantien anbieten.

Die beiden einfachen, sich diametral gegenüberstehenden Lösungen des Problems, die Schließung des konstitutionellen Raums durch undurchlässige Grenzen einerseits, die Öffnung der konstitutionellen Teilhabe durch ein kosmopolitisches Verständnis universaler Menschenrechte andererseits, lösen die von der demokratischen Ordnung selbst geschaffene Spannung aus Recht und Politik einseitig auf und verfehlen sie damit. Verfassungen verfassen politische Gemeinschaften, die auf einen personalen Bestand angewiesen sind, der zugleich veränderbar bleiben muss, aber deswegen nicht beliebig erweitert werden kann. Die sich daraus ergebende globale Situation ist ihrerseits nicht einfach verfassungslos, sondern besser als eine verstanden, in der verschiedenste Verfassungsfragmente (Teubner 2012: 89) in unverbundener Weise nebeneinanderstehen: menschenrechtliche Ansprüche neben Grenzregimen, Privilegierungen von bestimmten Gruppen, die sich eine Staatsangehörigkeit kaufen, neben faktisch rechtlosen Zuständen in Übergangslagern. Ausnahmezustände sind in diesem Zusammenhang weniger Suspensionen einer bestehenden Ordnung als bestimmte Personen begleitende Dauerzustände der Rechtlosigkeit. Migrantinnen haben faktisch kein politisches Selbstbestimmungsrecht mehr in den Ländern, aus denen sie kamen (wenn sie dort je eines hatten), und in der Regel keines in den Ländern, in die sie migrieren. Zugleich verändert die Migration die Ankunftsgesellschaften auf eine Art und Weise, die die Entscheidung über Migration demokratisch legitimationsbedürftig macht. Weil aber die Versprechen der revolutionären Verfassungen Universalität beanspruchten, so wie es die Rede von der Menschenwürde tut (Hofmann 1993: 365), und weil sich der demokratische Konstitutionalismus schwer als Projekt einer einzelnen Gemeinschaft verstehen lässt (der Begriff des »Westens« sollte den Platz des gescheiterten Universalismus, ob zu Recht oder nicht, ersetzen), entsteht der genannte Widerspruch. Umgekehrt reicht der Hinweis auf Menschenrechte, so rechtlich und moralisch begründet er sein mag, nicht hin, um eine Entscheidung über Migration mit demokratischer Legitimation zu versorgen.

Dieser Widerspruch zwischen universellen Versprechen und nationaler Legitimation wird gerade demokratische Verfassungsstaaten weiter verfolgen. Dass diese Frage zu einer scharfen politischen Auseinandersetzung führt, hat dann nicht nur etwas mit sozialen Verteilungskonflikten zu tun, sondern ist in der Logik demokratischer Verfassungsstaaten geradezu angelegt.

Doch dürfte die Krise der Zugehörigkeit sich auch intern zeigen, also ohne Blick auf das Phänomen der Migration. Die Anlage einer Ordnung, die privaten Eigennutz und öffentliche Teilnahme zugleich schützt, war immer prekär – und die Frage, ob die Zugehörigkeit zu einer politischen Gemeinschaft als »Recht auf Rechte« (Arendt 1949: 760) tatsächlich wichtiger ist als eine gute Ausstattung mit Eigentumstiteln, wird keine unbestrittene Antwort erhalten. Wenn die politische Gemeinschaft nur ein Formangebot ist wie im liberalen Konstitutionalismus, ist dieselbe für Nachfragen nach ihrem Nutzen besonders anfällig. Wenn es durch politische Teilhabe nichts zu gewinnen gibt, noch nicht einmal die Gratifikation, sinnvoll an einer Gemeinschaft der Gleichen teilhaben zu können, verliert die Frage der Zugehörigkeit an Bedeutung. Der junge Marx stellte bekanntlich fest: »Die Demokratie ist das aufgelöste *Rätsel* aller Verfassungen. Hier ist die Verfassung nicht nur *an sich*, dem Wesen nach, sondern der *Existenz*, der Wirklichkeit nach in ihrem wirklichen Grund, den *wirklichen* Menschen, das *wirkliche Volk*, stets zurückgeführt und als sein *eignes* Werk gesetzt. Die Verfassung erscheint als das, was sie ist, freies Produkt der Menschen; ...« (Marx 1981 [1843]: 231). Das Maß an Idealisierung, das diese Sicht eines Materialisten transportiert, sollten wir mit Respekt und Erstaunen behandeln.

# Danksagung

Nicht nur für Korrekturen, sondern auch für Anregung und Kritik danken wir herzlich Johannes Haaf, Christina Maria Hübers, Max Lenz, Isabelle Ley, Kolja Möller, Nelly Saibel, Bent Stohlmann, Selina Wagner, Nils Weinberg, Luisa Zimmer. Wir danken zudem der DFG, dem Wissenschaftskolleg zu Berlin und der German Israeli Foundation for Scientific Research and Development (Grant Nr. I-1557-103.4/2023).

# Anhang

# Anmerkungen

1 »Le règlement fondamental qui détermine la manière dont l'autorité publique doit être excercée, est ce qui forme la constitution de l'Etat.«, eigene Übersetzung.
2 Eine gute Übersicht und einfachen Zugriff auf viele Textdokumente bietet die Seite des einschlägigen verfassungsvergleichenden Projekts »Comparative Constitutions Project«: https://comparativeconstitutionsproject.org/chronology/ (zuletzt abgerufen am 31.01.2024).
3 Den Begriff verdanken wir Bent Stohlmann.
4 Vgl. https://unric.org/de/charta/ (zuletzt abgerufen am 05.04.2024).

# Literatur


Abend, Gabriel (2008): »The Meaning of ›Theory‹«, in: Sociological Theory 26, Issue 2, S. 173–199.

Ackerman, Bruce (1991): We the People: Foundations, Cambridge, MA: The Belknap Press of Harvard University Press.

Agamben, Giorgio (2002): Homo sacer. Die souveräne Macht und das nackte Leben, Frankfurt (Main): Suhrkamp.

Agamben, Giorgio (2004): Ausnahmezustand, Frankfurt (Main): Suhrkamp.

Alexy, Robert (1994): Theorie der Grundrechte, Frankfurt (Main): Suhrkamp.

Amar, Akhil Reed (2015): The Law of the Land: A Grand Tour of Our Constitutional Republic, New York: Basic Books.

Arendt, Hannah (2020) [1963]: Über die Revolution, hrsg. von Thomas Meyer, München: Piper.

Arendt Hannah (1949): »Es gibt nur ein einziges Menschenrecht«, Die Wandlung 1949, S. 754–770.

Aristoteles (1991) [4. Jh. v. Chr.]: Politik (= Band 9 der Werke in deutscher Übersetzung), begründet von Ernst Grumach, hrsg. von Hellmut Flashar, 2. Teilbd., übersetzt und erläutert von Eckart Schütrumpf, Berlin: Akademie Verlag.

Arjomand, Saïd Amir (2003): »Law, Political Reconstruction and Constitutional Politics«, in: International Sociology 18, S. 7–32.

Aroney, Nicholas (2009): The Constitution of a Federal Commonwealth: The making and meaning of the Australian Constitution, Cambridge: Cambridge University Press.

Atrey, Shreya (2022): »Feminist constitutionalism: Mapping a discourse in contestation«, in: International Journal of Constitutional Law, Volume 20, Issue 2, S. 611–641.

Austin, John (2009) [1832]: The Providence of Jurisprudence Determined, hrsg. von Wilfrid E. Rumble, Cambridge: Cambridge University Press.

Austin, John L. (1975): How to do Things with Words, Oxford: Oxford University Press, 2. Aufl.

Baker, Keith Michael (1990): »Fixing the French Constitution«, in: ders. (Hrsg.), Inventing the French Revolution. Essays on French Political Culture in the Eighteenth Century, Cambridge/New York: Cambridge University Press, S. 252–305.

Barczak, Tristan (2021): Der nervöse Staat. Ausnahmezustand und Resilienz des Rechts in der Sicherheitsgesellschaft, Tübingen: Mohr Siebeck, 2. Aufl.

Baxi, Upendra (2000): »Constitutionalism as a Site of State Formative Practices«, in: Cardozo Law Review 21, S. 1183–1210.

Beaud, Olivier (2009) [2007]: Théorie de la Fédération, Paris: Presses universitaires de France, 2. Aufl.

Beaud, Olivier (2015) : »L'Empire et l'empire colonial dans la doctrine publiciste française de la IIIe République«, in : Jus Politicum 14.

Beaud, Olivier (2018) : »Comment réinterroger l'État à partir des notions de citoyen et de citoyenneté?«, in: Pierre Bonin/Pierre Brunet/Soazick Kerneis (Hrsg.) : Formes et doctrines de l'État, Paris: Pedone, S. 215–235.

Bellamy, Richard (2007): Political Constitutionalism. A Republican Defence of the Constitutional Democracy, Cambridge: Cambridge University Press.

Benjamin, Walter (1999) [1921]: »Zur Kritik der Gewalt«, in: ders., Zur Kritik der Gewalt und andere Aufsätze. Mit einem Nachwort von Herbert Marcuse, Frankfurt (Main): Suhrkamp, S. 29–65.

Berman, Harold J. (2014) [1963]: Justice in the U. S. S. R. An Interpretation of Soviet Law, Cambridge, MA: Harvard University Press.

Bickel, Alexander M. (1962): The Least Dangerous Branch: The Supreme Court at the Bar of Politics, Indianapolis: The Bobbs-Merrill Company Inc.

Bien, Günther (1990): »Zur Theorie der Institutionen in der praktisch-politischen Philosophie bei Platon und Aristoteles«, in: Gerhard Göhler u. a. (Hrsg.), Politische Institutionen im gesellschaftlichen Umbruch.

Ideengeschichtliche Beiträge zur Theorie politischer Institutionen, Opladen: Westdeutscher Verlag, S. 54–71.
Blokker, Paul (2010): »Constitutionalism and Constitutional Anomie in the New Europe«, in: Quaderno 53, S. 7–47.
Böckenförde, Ernst-Wolfgang (1978): »Der verdrängte Ausnahmezustand«, in: NJW 1978, S. 1881–1890.
Böckenförde, Ernst-Wolfgang (1991) [1983]: »Geschichtliche Entwicklung und Bedeutungswandel der Verfassung«, in: Staat, Verfassung, Demokratie, Frankfurt (Main): Suhrkamp, S. 29–52.
Böckenförde, Ernst-Wolfgang (1991) [1986]: »Die verfassungsgebende Gewalt des Volkes: ein Grenzbegriff des Verfassungsrechts«, in: ders. (Hrsg.), Staat, Verfassung, Demokratie. Studien zur Verfassungstheorie und zum Verfassungsrecht, Frankfurt (Main): Suhrkamp, S. 90–112.
Böckenförde, Ernst-Wolfgang (1999) [1993]: »Anmerkungen zum Begriff Verfassungswandel«, in: ders., Staat, Nation, Europa. Studien zur Staatslehre, Verfassungstheorie und Rechtsphilosophie, Frankfurt (Main): Suhrkamp, S. 141–156.
Boldt, Hans (1967): Rechtsstaat und Ausnahmezustand. Eine Studie über den Belagerungszustand als Ausnahmezustand des bürgerlichen Rechtsstaates im 19. Jahrhundert, Berlin: Duncker & Humblot.
Boldt, Hans (1990): Deutsche Verfassungsgeschichte. Band 2: Von 1806 bis zur Gegenwart, München: Deutscher Taschenbuchverlag.
Bonilla Maldonado, Daniel (2013): »Introduction: Toward a Constitutionalism of the Global South«, in: ders. (Hrsg.), Constitutionalism of the Global South. The Activist Tribunals of India, South Africa, and Colombia, New York: Cambridge University Press, S. 1–38.
Bos, Ellen (2004): Verfassungsgebung und Systemwechsel. Die Institutionalisierung von Demokratie im postsozialistischen Osteuropa, Wiesbaden: VS Verlag.
Boysen, Sigrid (2021): Die postkoloniale Konstellation: Natürliche Ressourcen und das Völkerrecht der Moderne, Tübingen: Mohr Siebeck.
Boysen, Sigrid (2023): »Postcolonial Global Constitutionalism«, in: Anthony F. Lang/Antje Wiener (Hrsg.), Handbook on Global Constitutionalism, 2. Aufl., Cheltenham: Edward Elgar, S. 166–184.
Bradford, Anu (2022): The Brussels Effect: How the European Union Rules the World, Oxford: Oxford University Press.

Bumke, Christian (2023): Verfassungsstaat und Verfassung, Berlin: Duncker & Humblot.
Burckhardt, Jacob (2009) [1859]: »Geschichte des Revolutionszeitalters«, in: Kritische Gesamtausgabe, Band 28, hrsg. von Wolfgang Hardtwig, Simon Kießling, Bernd Klesmann, Philipp Müller und Ernst Ziegler, München/Basel: C.H. Beck, S. 1–26.
Celis, Karen/Childs, Sarah (2020): Feminist Democratic Representation, Oxford: Oxford University Press.
Christodoulidis Emilios (2021): The Redress of Law. Globalisation, Constitutionalism and Market Capture, Cambridge: Cambridge University Press.
Colley, Linda (2021): The Gun, the Ship and the Pen: Warfare, Constitutions and the Making of the Modern World, London: Profile Books.
Crenshaw, Kimberlé Williams (1991): »Mapping the Margins: Intersectionality, Identity Politics, and Violence against Women of Color«, in: Stanford Law Review 43:6, S. 1241–1299.
Czeguhn, Ignacio (2007): »Die Mitwirkung von Bundesrat und Reichstag bei der Kolonialgesetzgebung«, in: Jahrbuch der Juristischen Zeitgeschichte 2007, S. 174–202.
Dann, Philipp (2012): »Verfassungsberatung in Afghanistan als Grenzgang zwischen Entwicklungszusammenarbeit und rechtswissenschaftlicher Forschung«, in: Gabriele Britz (Hrsg.), Forschung in Freiheit und Risiko, Tübingen: Mohr Siebeck, S. 95–108.
Dann, Philipp (2024, im Erscheinen): »Transformative Constitutionalism and the Indian Constitution«, in: Aparna Chandra/Gautam Bhatia/Niraja Gopal Jayal (Hrsg.): Cambridge Companion to the Indian Constitution, Cambridge: Cambridge University Press.
Derrida, Jacques (1991): Gesetzeskraft. Der »mystische Grund der Autorität«, Frankfurt (Main): Suhrkamp.
Dicey, Albert Venn (1961) [1885]: Introduction to the Study of the Law of the Constitution, London: Macmillan, 10. Aufl.
Diestelkamp, Bernhard (2019): »Der deutsche König als oberster Richter im Hoch- und Spätmittelalter. Eine neue Positionsbestimmung«, in: Zeitschrift der Savigny-Stiftung für Rechtsgeschichte: Germanistische Abteilung, Bd. 136, Heft 1, S. 94–129.
Dippel, Horst (2021): Moderner Konstitutionalismus. Entstehung und Ausprägungen. England – Nordamerika – Frankreich – Deutschland

– Europa/Europäische Union – Lateinamerika, Berlin: Duncker & Humblot.
Dixon, Rosalind (2023): Responsive Judicial Review. Democracy and Dysfunction in the Modern Age, Oxford: Oxford University Press.
Dreier, Horst (2009): Gilt die Verfassung ewig?, München: Carl Friedrich von Siemens Stiftung.
Dreier, Horst (2021): »Rechtsstaat, Föderalismus und Demokratie in der Corona-Pandemie«, in: Die öffentliche Verwaltung 2021, S. 229–243.
Dworkin, Ronald (1985): A Matter of Principle, Cambridge, MA/London: Harvard University Press.
Ehrmann, Jeanette (2015), »Konstitution der Rassismuskritik: Haiti und die Revolution der Menschenrechte«, in: Zeitschrift für Menschenrechte 1/2015, S. 16–40.
Eichendorff, Joseph von (2007) [1833]: »Politische Abhandlung über preußische Verfassungsfragen«, in: ders., Sämtliche Werke. Historisch-kritische Ausgabe, Bd. X Historische und politische Schriften, hrsg. von Antonie Magen, Berlin u.a.: De Gruyter.
Elkins, Zachary/Ginsburg, Tom/Melton, James (2009): The Endurance of National Constitutions, Cambridge: Cambridge University Press.
Elkins, Stanley/McKitrick, Eric (1995): The Age of Federalism. The Early American Republic, 1788–1800, Oxford/New York: Oxford University Press.
Fassbender, Bardo (1998): UN Security Council Reform and the Right of Veto: A Constitutional Perspective, Den Haag, Boston: Kluwer Law International.
Feichtner, Isabel (2011): The Law and Politics of WTO Waivers. Stability and Flexibility in Public International Law, Cambridge: Cambridge University Press.
Finnis, John (2011): Natural Law and Natural Rights, Oxford/New York: Oxford University Press.
Fischer-Lescano, Andreas (2005): Globalverfassung. Die Geltungsbegründung der Menschenrechte, Weilerswist: Velbrück.
Foner, Eric (2019): The Second Founding. How the Civil War and Reconstruction Remade the Constitution, New York: W.W. Northon.
Fraenkel, Ernst (2012): Der Doppelstaat. Mit einem Nachwort von Horst Dreier, Frankfurt: Europäische Verlagsanstalt.

Frankenberg, Günter (2020): Autoritarismus. Verfassungstheoretische Perspektiven, Frankfurt (Main): Suhrkamp.
Garapon, Antoine/Lassègue, Jean (2021): Le numérique contre le politique : Crise de l'espace et reconfiguration des mediations sociales, Paris: Presses Universitaires de France.
Gardbaum, Stephen (2010): »Reassessing the new Commonwealth model of constitutionalism«, in: International Journal of Constitutional Law 8, S. 167–206.
Gardbaum, Stephen (2013): The New Commonwealth Model of Constitutionalism. Theory and Practice, Cambridge: Cambridge University Press.
Gardner, John (2011) [2009]: »Can there be a Written Constitution?«, in: Leslie Green/Brian Leiter (Hrsg.), Oxford Studies in Philosophy of Law, Vol. 1, Oxford: Oxford University Press, S. 162–194.
Gargarella, Roberto (2013): Latin American Constitutionalism, 1810–2010. The Engine Room of the Constitution, Oxford: Oxford University Press.
Gauchet, Marcel (1995): La Révolution des pouvoirs. La souveraineté, le peuple et la représentation (1789–1799), Paris : Éditions Gallimard.
Gebeye, Berihun Adugna (2021): A Theory of African Constitutionalism, Oxford: Oxford University Press.
Gienapp, Jonathan (2018): The Second Creation. Fixing the American Constitution in the Founding Era, Cambridge, MA: Harvard University Press.
Gill, Stephen/Cutler, A. Claire (2014) (Hrsg.): New Constitutionalism and World Order, Cambridge: Cambridge University Press.
Ginsburg, Tom/Elkins, Zachary/Melton, James (2013): »The Content of Authoritarian Constitutions«, in: Tom Ginsburg/Alberto Simpser (Hrsg.), Constitutions in Authoritarian Regimes, Cambridge: Cambridge University Press, S. 141–163.
Ginsburg, Tom/Simpser, Alberto (2013): »Introduction. Constitutions in Authoritarian Regimes«, in: dies. (Hrsg.), Constitutions in Authoritarian Regimes, Cambridge: Cambridge University Press, S. 1–18.
Goldoni, Marco/Wilkinson, Michael A. (2023) (Hrsg.): The Cambridge Handbook on the Material Constitution, Cambridge: Cambridge University Press.

Goldstone, Richard J. (2008): »The First Years of the South African Constitutional Court«, in: Supreme Court Law Review Vol. 42, No. 2, S. 25–33.

Gosewinkel, Dieter (2001): Einbürgern und Ausschließen. Die Nationalisierung der Staatsangehörigkeit vom Deutschen Bund bis zur Bundesrepublik Deutschland, Göttingen: Vandenhoeck & Ruprecht.

De Gouges, Olympe (2022): Déclaration des droits de la femme et de la citoyenne, Paris: Folio.

Grimm, Dieter (1995): »Braucht Europa eine Verfassung?«, in: Juristenzeitung 50, S. 581–591.

Grimm, Dieter (2012): »Die Errungenschaften des Konstitutionalismus und ihre Aussichten in einer veränderten Welt«, in: ders., Die Zukunft der Verfassung II, Berlin: Suhrkamp, S. 315–344.

Grimm, Dieter (2017): The Constitution of European Democracy, Oxford: Oxford University Press.

Grimm, Dieter (2017): Verfassung und Privatrecht im 19. Jahrhundert, Tübingen: Mohr Siebeck.

Haardt, Oliver F. R. (2020): Bismarcks ewiger Bund. Eine neue Geschichte des Deutschen Kaiserreichs, Darmstadt: Wissenschaftliche Buchgesellschaft.

Häberle, Peter (1974): »Zeit und Verfassung: Prolegomena zu einem ›zeitgerechten‹ Verfassungsverständnis«, in: Zeitschrift für Politik 21, S. 111–137.

Häberle, Peter (1992): »Verfassungsentwicklungen in Osteuropa – aus der Sicht der Rechtsphilosophie und der Verfassungslehre«, in: Archiv des öffentlichen Rechtes 117, S. 169–211.

Habermas, Jürgen (1992): Faktizität und Geltung. Beiträge zur Diskurstheorie des Rechts und des demokratischen Rechtsstaates, Frankfurt (Main): Suhrkamp.

Habermas, Jürgen (1996): »Über den internen Zusammenhang von Rechtsstaat und Demokratie«, in: ders., Die Einbeziehung des Anderen. Studien zur politischen Theorie, Frankfurt (Main): Suhrkamp.

Haferkamp, Hans-Peter (2022): Das BGB, Köln: Böhlau, 2. Aufl.

Hailbronner, Michaela (2015): Traditions and Transformations. The Rise of German Constitutionalism, Oxford: Oxford University Press.

Hailbronner, Michaela (2017): »Transformative Constitutionalism: Not Only in the Global South«, in: American Journal of Comparative Law 65, S. 527–565.
Hailbronner, Michaela/Fowkes, James (2019): »Decolonizing Eastern Europe: A global perspective on 1989 and the world it made«, in: International Journal of Constitutional Law 17, S. 497–509.
Haltern, Ulrich/Bergmann, Andreas (2012): »Einleitung: Der EuGH in der Kritik«, in: dies. (Hrsg.), Der EuGH in der Kritik, Tübingen: Mohr Siebeck, S. 1–24.
Hamilton, Alexander/Madison, James/Jay, John (2009) [1787–1788]: The Federalist Papers, hrsg. von Ian Shapiro, New Haven/London: Yale University Press.
Hansen, Mogens Herman (2001): The Athenian Democracy in the Age of Demosthenes, London: Bristol Classical Press.
Hecker, Michael (2015): Napoleonischer Konstitutionalismus in Deutschland, Berlin: Duncker & Humblot.
Hegel, Georg Wilhelm Friedrich (1998) [1799–1803]: »Fragmente einer Kritik der Verfassung Deutschlands«, in: Gesammelte Werke, Bd. 5, Schriften und Entwürfe (1799–1808), hrsg. von Manfred Baum/Kurt Rainer Meist, Hamburg: Felix Meiner.
Hegel, Georg Wilhelm Friedrich (1970) [1821]: Grundlinien der Philosophie des Rechts, in: Werke 7, hrsg. von Eva Moldenhauer/Karl Markus Michel, Frankfurt (Main): Suhrkamp.
Hegel, Georg Wilhelm Friedrich (2015) [1822/1823]: »Vorlesungen über die Philosophie der Weltgeschichte«, in: Gesammelte Werke, Bd. 27,1, Nachschriften zu dem Kolleg des Wintersemesters 1822/23, hrsg. von Bernadette Collenberg-Plotnikov, Hamburg: Felix Meiner.
Heilborn, Paul (1912): »Sind die deutschen Kolonien Inland oder Ausland? Vortrag, gehalten in der Schlesischen Gesellschaft für vaterländische Kultur«, in: Archiv für Rechts- und Wirtschaftsphilosophie, Vol. 6, Nr. 2, S. 370–385.
Heller, Hermann (1992) [1933]: Autoritärer Liberalismus?, in: ders., Gesammelte Schriften, Bd. II, hrsg. von Christoph Müller, Tübingen: Mohr Siebeck, S. 643–653.
Heller, Jonas (2018): Mensch und Maßnahme. Zur Dialektik von Ausnahmezustand und Menschenrechten, Weilerswist: Velbrück.

Henkin, Louis (1990): The Age of Rights, New York: Columbia University Press.
Hennis, Wilhelm (1968): Verfassung und Verfassungswirklichkeit. Ein deutsches Problem, Tübingen: J.C.B. Mohr.
Herodot (2017) [5. Jh. v. Chr.]: Historien, Stuttgart: Kröner, 5. Aufl.
Hintze, Otto (1967) [1920]: »Preußens Entwicklung zum Rechtsstaat«, in: Regierung und Verwaltung, 2. Aufl., Göttingen: Vandenhoeck & Ruprecht, S. 97–163.
Hirschl, Ran (2001): »The Political Origins of Judicial Empowerment through Constitutionalization: Lessons from Israel's Constitutional Revolution«, in: Comparative Politics, Vol. 33, No. 3, S. 315–335.
Hofmann, Hasso (1986): »Zur Idee des Staatsfundamentalgesetzes«, in: ders., Recht – Politik – Verfassung. Studien zur Geschichte der politischen Philosophie, Frankfurt (Main): Alfred Metzner Verlag, S. 261–295.
Hofmann, Hasso (1993): »Die versprochene Menschenwürde«, in: Archiv des öffentlichen Rechts 118, S. 353–377.
Hohnerlein, Jakob (2020): Recht und demokratische Reversibilität. Verfassungstheoretische Legitimation und verfassungsdogmatische Grenzen der Bindung demokratischer Mehrheiten an erschwert änderbares Recht, Tübingen: Mohr Siebeck.
Holmes, Oliver Wendell (1920) [1913]: »Law and the Court«, in: ders., The Collected Legal Papers, New York: Harcourt, Brace & Howe, S. 291–297.
Holmes, Stephen (2003): »Lineages of the Rule of Law«, in: José María Maravall/Adam Przeworski (Hrsg.): Democracy and the Rule of Law, Cambridge: Cambridge University Press, S. 19–61.
Holtfrerich, Carl Ludwig (1980): Die deutsche Inflation 1914–1923: Ursachen und Folgen in internationaler Perspektive, Berlin/New York: De Gruyter.
Hume, David (2003) [1752]: The Idea of a Perfect Commonwealth, Cambridge: Cambridge University Press, 3. Aufl.
Ignatieff, Michael (2007): The Rights Revolution, Toronto: House of Anansi Press.
Jefferson, Thomas (1905) [1787]: Letter by Thomas Jefferson to Abigail Adams, 22. Februar 1787, in: The Writings of Thomas Jefferson, Bd. 6,

hrsg. von Albert E. Bergh/Andrew A. Lipscomb, Washington D.C., S. 65.
Jefferson, Thomas (1905) [1823]: Letter by Thomas Jefferson to Adamantios Coray, 31. Oktober 1823, in: The Writings of Thomas Jefferson, Bd. 15, hrsg. von Albert E. Bergh/Andrew A. Lipscomb, Washington D.C., S. 486–487.
Jhering, Rudolf von (1869): Der Geist des römischen Rechts auf den verschiedenen Stufen seiner Entwicklung. 2. Teil, 2. Abt., Leipzig: Breitkopf und Härtel, 2. Aufl.
Jost, John T. (2020): A Theory of System Justification, Cambridge, MA: Harvard University Press.
Kadelbach, Stefan (2005): »Jus Cogens, Obligations Erga Omnes and other Rules – The Identification of Fundamental Norms«, in: Christian Tomuschat/Jean-Marc Thouvenin (Hrsg.): The Fundamental Rules of the International Legal Order: Jus Cogens And Obligations Erga Omnes, Leiden: Martinus Nijhoff, S. 21–40.
Kaiser, Anna-Bettina (2020): Ausnahmeverfassungsrecht, Tübingen: Mohr Siebeck.
Kant, Immanuel (1983) [1797]: Metaphysik der Sitten, Rechtslehre, Werke Bd. 5, hrsg. von Wilhelm Weischedel, Darmstadt: Wissenschaftliche Buchgesellschaft.
Kelsen, Hans (2018) [1929]: Vom Wesen und Wert der Demokratie, Ditzingen: Reclam.
Kersting, Wolfgang (2005): Die politische Philosophie des Gesellschaftsvertrags, Darmstadt: Wissenschaftliche Buchgesellschaft.
Khilnani, Sunil (1998): The Idea of India, New York: Farrar Straus & Giroux.
Khosla, Madhav (2020): India's Founding Moment. The Constitution of a Most Surprising Democracy, Cambridge, MA: Harvard University Press.
Kirsch, Martin (1999): Monarch und Parlament im 19. Jahrhundert. Der monarchische Konstitutionalismus als europäischer Verfassungstyp – Frankreich im Vergleich, Göttingen: Vandenhoeck & Ruprecht.
Klare, Karl E. (1979): »Law-Making As Praxis«, in: Telog, No. 40, S. 123–135.
Klare, Karl E. (1998): »Legal Culture and Transformative Constitutionalism«, in: South African Journal of Human Rights 14, S. 146–188.

Kleinlein, Thomas (2012): Konstitutionalisierung im Völkerrecht. Konstruktion und Elemente einer idealistischen Völkerrechtslehre, Berlin/Heidelberg: Springer.
Koplin, Bernhard (1995): Nationale und ethnische Minderheiten im Verfassungsrecht der osteuropäischen Staaten: Eine rechtsvergleichende Darstellung, Berlin: Berlin Verlag.
Koselleck, Reinhart (1979): Historische Bedingungen des neuzeitlichen Revolutionsbegriffs, in: ders., Vergangene Zukunft, Frankfurt (Main): Suhrkamp, S. 67–86.
Koskenniemi, Martti (2021): To the Uttermost Parts of the Earth: Legal Imagination and International Power 1300–1870, Cambridge: Cambridge University Press.
Kremnitzer, Mordechai/Steiner, Talya/Lang, Andrej (Hrsg.) (2020): Proportionality in Action, Cambridge: Cambridge University Press.
Krieger, Heike (2015): »Verfassung im Völkerrecht – Konstitutionelle Elemente jenseits des Staates?«, in: Veröffentlichungen der Vereinigung der Deutschen Staatsrechtslehrer 75, S. 439–472.
Krisch, Nico (2010): Beyond Constitutionalism: The Pluralist Structure of Postnational Law, Oxford: Oxford University Press.
Krishnaswamy, Sudhir (2011): Democracy and Constitutionalism in India: A Study of the Basic Structure Doctrine, Oxford: Oxford University Press.
Kumm, Mattias (2010): »The Idea of Socratic Contestation and the Right to Justification. The Point of Rights-Based Proportionality Review«, in: Law and Ethics of Human Rights, Vol. 4, No. 2, S. 141–175.
Kumm, Mattias (2019): »Zur Geschichte und Theorie des Globalen Konstitutionalismus. Gegenwärtige Herausforderungen des Globalen Konstitutionalismus«, in: Julian Nida-Rümelin/Detlef Daniels/Nicole Wloka (Hrsg.), Internationale Gerechtigkeit und institutionelle Verantwortung, Berlin/Boston: De Gruyter, S. 105–138.
Lacroix, Justine/Pranchère, Jean-Yves (Hrsg.) (2018): Human Rights on Trial. A Genealogy of the Critique of Human Rights, Cambridge: Cambridge University Press.
Langa, Pius (2006): »Transformative Constitutionalism«, in: Stellenbosch Law Review 17, S. 351–360.
Lassalle, Ferdinand (1993) [1862]: Über Verfassungswesen. Rede am 16. April 1862, Hamburg: Europäische Verlagsanstalt.

Law, David S./Versteeg, Mila (2012): »The Declining Influence of the United States Constitution«, in: New York University Law Review 87, S. 762–858.
Lepsius, Oliver (1997): Verwaltungsrecht unter dem Common Law. Amerikanische Entwicklungen bis zum New Deal, Tübingen: Mohr Siebeck.
Ley, Isabelle (2015): Opposition im Völkerrecht. Ein Beitrag zur Legitimation internationaler Rechtserzeugung, Heidelberg: Springer.
Linz, Juan J. (1994): »Presidential or Parliamentary Democracy: Does It Make a Difference?«, in: ders./Aturo Valenzuela (Hrsg.): The Failure of Presidential Democracy, Baltimore/London: Johns Hopkins University Press, S. 3–87.
Loewenstein, Karl (1951/1952): »Verfassungsrecht und Verfassungsrealität: Beiträge zur Ontologie der Verfassungen«, in: Archiv des öffentlichen Rechts 77:4, S. 387–435.
Loewenstein, Karl (1957): Political Power and the Governmental Process, Chicago: The University of Chicago Press.
Loughlin, Martin (2022): Against Constiutionalism, Cambridge, MA: Harvard University Press.
Loughlin, Martin/Walker, Neil (2007) (Hrsg.): The Paradox of Constitutionalism: Constituent Power and Constitutional Form, Oxford: Oxford University Press.
Luhmann, Niklas (1990): »Verfassung als evolutionäre Errungenschaft«, in: Rechtshistorisches Journal 9, S. 176–220.
Luhmann, Niklas (1993): Das Recht der Gesellschaft, Frankfurt (Main): Suhrkamp.
Lundgreen, Christoph (2011): Regelkonflikte in der römischen Republik. Geltung und Gewichtung von Normen in politischen Entscheidungsprozessen, Stuttgart: Franz Steiner.
MacCormick, D. Neil (1984): »Der Rechtsstaat und die rule of law«, in: Juristenzeitung 39, S. 65–70.
Macfarlane, Emmett (2021): »Judicial amendment of the constitution«, in: International Journal of Constitutional Law 19, S. 1894–1924.
Machiavelli, Niccolò (2007) [1531]: Discorsi. Gedanken über Politik und Staatsführung, übersetzt, eingeleitet und erläutert von Rudolf Zorn, Stuttgart: Kröner, 3. Aufl.

Majone, Giandomenico (1996): Regulating Europe, London/New York: Routledge.
Marchart, Oliver (2010): Die politische Differenz. Zum Denken des Politischen bei Nancy, Lefort, Badiou, Laclau und Agamben, Frankfurt (Main): Suhrkamp.
Marx, Karl (1981) [1843]: »Zur Kritik der Hegelschen Rechtsphilosophie. Kritik des Hegelschen Staatsrechts«, in: ders./Friedrich Engels, Werke (MEW), Bd. 1, hrsg. vom Institut für Marxismus-Leninismus beim Zentralkomitee der SED, Berlin: Dietz Verlag, S. 203–333.
Masing, Johannes (1997): Die Mobilisierung des Bürgers für die Durchsetzung des Rechts. Europäische Impulse für eine Revision der Lehre vom subjektiv-öffentlichen Recht, Berlin: Duncker & Humblot.
May, Kenneth O. (1952): »A Set of Independent Necessary and Sufficient Conditions for Simple Majority Decision«, in: Econometria 20/4, S. 680–684.
McIlwain, Charles Howard (1947): Constitutionalism. Ancient & Modern, Ithaca: Great Seal Books.
McKibbin, Ross (2010): Parties and People: England 1914–1951, Oxford: Oxford University Press.
Meier, Christian (1980): Die Entstehung des Politischen bei den Griechen, Frankfurt (Main): Suhrkamp.
Meier, Christian (1995) [1968]: »Drei Bemerkungen zur Vor- und Frühgeschichte des Begriffs Demokratie (überarb.)«, in: Konrad H. Kinzl (Hrsg.): DEMOKRATIA. Der Weg zur Demokratie bei den Griechen, Darmstadt: Wissenschaftliche Buchgesellschaft, S. 125–159.
Meier, Christian (2015): »Die Ordnung der römischen Republik«, in: Historische Zeitschrift, Vol. 300, Nr. 3, S. 593–697.
Menke, Christoph (2015): Kritik der Rechte, Berlin: Suhrkamp.
Mercier, Hugo (2020): Not Born Yesterday: The Science of Who We Trust and What We Believe, Oxford/Princeton: Princeton University Press.
Mergel, Thomas (2022): Staat und Staatlichkeit in der europäischen Moderne, Göttingen: Vandenhoeck & Ruprecht.
Mill, John Stuart (1990): Writings on India, in: John M. Robson/Martin Moir/Zawahir Moir (Hrsg.), Toronto: University of Toronto Press; London: Routledge.
Millar, Fergus (2002): The Roman Republic in Political Thought, Hanover/London: Brandeis University Press.

Mohnhaupt, Heinz/Grimm, Dieter (1995): Verfassung. Zur Geschichte des Begriffs von der Antike bis zur Gegenwart. Zwei Studien, Berlin: Duncker & Humblot.
Möllers, Christoph (2010): »Verfassung – Verfassunggebung – Konstitutionalisierung – Begriffe der Verfassung in Europa«, in: Armin v. Bogdandy/Jürgen Bast (Hrsg.): Europäisches Verfassungsrecht, Heidelberg/New York: Springer, 2. Aufl., S. 227–277.
Möllers, Christoph (2011): »Demokratische Ebenengliederung«, in: Ivo Appel/Georg Hermes/Christoph Schönberger (Hrsg.), Öffentliches Recht im offenen Staat. Festschrift für Rainer Wahl zum 70. Geburtstag, Berlin: Duncker & Humblot, S. 159–178.
Möllers, Christoph (2013): The Three Branches, Oxford: Oxford University Press.
Möllers, Christoph (2015)[1]: Die Möglichkeit der Normen. Über eine Praxis jenseits von Moralität und Kausalität, Berlin: Suhrkamp.
Möllers, Christoph (2015)[2]: »Krisenzurechnung und Legitimationsproblematik in der Europäischen Integration«, in: Leviathan 43:3, S. 339–364.
Möllers, Christoph (2019): Die Europäische Union als demokratische Föderation. The EU as a Community of European Laws and Values – Thyssen Lectures 2017–2021, Köln: Klaus Bittner.
Möllers, Christoph (2020): Freiheitsgrade. Elemente einer liberalen politischen Mechanik, Berlin: Suhrkamp.
Möllers, Christoph (2023): »Der deutsche Traum von der französischen Souveränität: Abhängige Verfassungsgebung in der neueren deutschen Geschichte«, in: Thomas Maissen/Niels F. May/Rainer Maria Kiesow (Hrsg.): Souveränität im Wandel. Frankreich und Deutschland, 14.–21. Jahrhundert, Göttingen: Wallstein, S. 389–405.
Möllers, Christoph (2024, im Erscheinen): »Constitutional Review«, in: Richard Bellamy/Jeff King (Hrsg.), The Cambridge Handbook of Constitutional Theory, Cambridge: Cambridge University Press.
Mommsen, Theodor (1907): Abriss des römischen Staatsrechts, Leipzig: Duncker & Humblot, 2. Aufl.
Montesquieu (1950) [1748]: De l'Esprit des Lois, in: Œuvres Complètes, Bd. 3, hrsg. von André Masson, Paris: Nagel.
Mouchette, Julien (2020), »The French Constitutional Council as a Law-Maker: From Dialogue with the Legislator to the Rewriting of the

Law«, in: Monika Florczak-Wątor (Hrsg.): Judicial Law-Making in European Constitutional Courts, Abingdon: Routledge, S. 9–27.
Müller-Mall, Sabine (2012): Performative Rechtserzeugung. Eine theoretische Annäherung, Weilerswist: Velbrück.
Müller-Mall, Sabine (2020): Freiheit und Kalkül. Die Politik der Algorithmen, Ditzingen: Reclam.
Müller-Mall, Sabine (2023): Verfassende Urteile. Eine Theorie des Rechts, Berlin: Suhrkamp.
Münkler, Herfried (2013): Der große Krieg. Die Welt 1914 bis 1918, Hamburg: Rowohlt.
Nagle, Luz Estella (1995): »Evolution of the Colombian Judiciary and the Constitutional«, in: Indiana International & Comparative Law Review, Vol. 6, No. 1, S. 59–90.
Negri, Antonio (1992): Il potere costituente. Saggio sulle alternative del moderno, Mailand: Sugarco Edizioni.
Nelson, Eric (2014): The Royalist Revolution. Monarchy and the American Founding, Cambridge, MA/London: The Belknap Press.
Neu, Tim (2013): Die Erschaffung der landständischen Verfassung. Kreativität, Heuchelei und Repräsentation in Hessen (1509–1655), Köln: Böhlau Verlag.
Neumann, Franz (1937): »Der Funktionswandel des Gesetzes im Recht der bürgerlichen Gesellschaft«, in: Zeitschrift für Sozialforschung, Vol. 6, Heft 3, S. 542–596.
Neumeier, Christian (2022): Kompetenzen. Zur Entstehung des deutschen öffentlichen Rechts, Tübingen: Mohr Siebeck.
Neumeier, Christian (2023): »Demolalie. Krise und Kritik der repräsentativen Demokratie«, in: Merkur 77, S. 51–63.
Neves, Marcelo (2022): Symbolic Constitutionalization, Oxford: Oxford University Press.
Nippel, Wilfried (1980): Mischverfassungstheorie und Verfassungsrealität in Antike und Früher Neuzeit, Stuttgart: Klett-Cotta.
Nozick, Robert (1974): Anarchy, State, and Utopia, New York: Basic Books.
Oeter, Stefan (1995): »Souveränität und Demokratie als Probleme in der ›Verfassungsentwicklung‹ der Europäischen Union«, in: Zeitschrift für ausländisches öffentliches Recht und Völkerrecht 55, S. 659–712.

O'Hara, Lawrence (2022): »Rationales Entscheiden jenseits von Abwägung. Deduktiv-konstruktive Regelbegründung in grundrechtsdogmatischen Systemen«, in: Weyma Lübbe/Thomas Grosse-Wilde (Hrsg.): Abwägung. Voraussetzungen und Grenzen einer Metapher für rationales Entscheiden, Leiden/Boston: Brill, S. 327–385.

Osterhammel, Jürgen (2019): Die Verwandlung der Welt. Eine Geschichte des 19. Jahrhunderts, München: C.H. Beck.

Osterhammel, Jürgen/Jansen, Jan C. (2012): Kolonialismus. Geschichte, Formen, Folgen, München: C.H. Beck.

Paine, Thomas (2000) [1792 u.a.]: Political Writings, hrsg. von Bruce Kuklik, Cambridge: Cambridge University Press.

Patberg, Markus (2018): Usurpation und Autorisierung. Konstituierende Gewalt im globalen Zeitalter, Frankfurt/New York: Campus.

Peters, Anne (2009): »Membership in the Global Constitutional Community«, in: Jan Klabbers/dies./Geir Ulfstein (Hrsg.): The constitutionalization of international law, Oxford: Oxford University Press, S. 153–262.

Petersmann, Ernst-Ulrich (1991): Constitutional functions and constitutional problems of international economic law. International and domestic foreign trade law and foreign trade policy in the United States, the European Community and Switzerland, Fribourg: University Press.

Pitkin, Hanna Fenichel (1987): »The Idea of a Constitution«, in: Journal of Legal Education, Vol. 37, No. 2, S. 167–169.

Pocock, J.G.A. (1987) [1957]: The Ancient Constitution and the Feudal Law. A Study of English Historical Thought in the Seventeenth Century: A Reissue with a Retrospect, Cambridge: Cambridge University Press.

Polybios (2012) [2. Jh.v. Chr.]: Die Verfassung der römischen Republik. Historien, VI. Buch, hrsg. von Kai Brodersen, gr./dt., Ditzingen: Reclam.

Poscher, Ralf (2010): »Die erfolglose Suche der Prinzipientheorie nach ihrem Gegenstand«, in: Rechtswissenschaft, S. 349–372.

Preuß, Ulrich K. (1994): »Zum Begriff der Verfassung und ihre Beziehung zur Politik«, in: ders. (Hrsg.): Zum Begriff der Verfassung. Die Ordnung des Politischen, Frankfurt (Main): Fischer, S. 7–33.

Přibáň, Jiri/Sadurski, Wojciech (2006): »The Role of Political Rights in the Democratization of Central and Eastern Europe«, in: Wojciech Sadurski (Hrsg.), Political Rights under Stress in 21st Century Europe, Oxford: Oxford University Press, S. 196–238.
Rawls, John (2005) [1993]: Political Liberalism, New York: Columbia University Press, Expanded Edition.
Reinhard, Wolfgang (1999): Geschichte der Staatsgewalt. Eine vergleichende Verfassungsgeschichte Europas von den Anfängen bis zur Gegenwart, München: C.H. Beck.
Ring, Gerhard/Olsen-Ring, Line (2014): Einführung in das skandinavische Recht, München: C.H. Beck, 2. Aufl.
Rodríguez-Ruiz, Blanca/Rubio-Marín, Ruth (2009): »On Parity, Interdependence, and Women's Democracy«, in: Beverly Baines/Daphne Barak-Erez/Tsvi (Hrsg.): Feminist Constitutionalism. Global Perspectives, Cambridge: Cambridge University Press, S. 188–203.
Rodríguez-Ruiz, Blanca/Rubio-Marín, Ruth (2009): »Constitutional Justification of Parity Democracy«, in: Alabama Law Review, Vol. 60, No. 5, S. 1171–1195.
Röhner, Cara (2020): »Von Repräsentation zu demokratischer Gleichheit. Politische Teilhabe und gesellschaftliche Ungleichheit«, in: Der Staat 59, S. 421–449.
Roinai, Yaniv (2017): Unconstitutional Constitutional Amendments: The Limits of Amendment Powers, Oxford: Oxford University Press.
Röpke, Wilhelm (1943): »Wirtschaftsverfassung und Politische Weltordnung«, in: Die Friedens-Warte, Vol. 43, Nr. 1, S. 24–35.
Rosanvallon, Pierre (1985): Le moment Guizot, Paris: Éditions Gallimard.
Rossiter, Clinton (2002) [1948]: Constitutional Dictatorship. Crisis Government in the Modern Democracies, New Brunswick, N.J.: Transaction Publishers.
Rousseau, Jean- Jacques (1969) [1762]: Du contrat social ou Principes du droit politique, in: Œuvres complètes. Bd. 3, Paris: Éditions Gallimard.
Rubinelli, Lucia (2020): Constituent power. A history, Cambridge: Cambridge University Press.
Sajo, András (2021): Ruling by Cheating. Governance in Illiberal Democracy, Cambridge: Cambridge University Press.
Sala-Molins, Louis (2006): Dark Side of the Light: Slavery and the French Enlightenment, Minneapolis/London: University of Minnesota Press.

Sandro, Paolo (2022): The Making of Constitutional Democracy, Oxford u.a.: Hart Publishing.
Santiago Niño, Carlos (1996): The Constitution of Deliberative Democracy, New Haven/London: Yale University Press.
Schachar, Ayelet (2020): The Shifting Border. Legal Cartographies of Migration and Mobility: Ayelet Shachar in Dialogue, Manchester: Manchester University Press.
Scheppele, Kim Lane (2003): »Constitutional Negotiations: Political Contexts of Judicial Activism in Post-Soviet Europe«, in: International Sociology 18, S. 219–238.
Schmitt, Carl (2015) [1921]: Die Diktatur. Von den Anfängen des modernen Souveränitätsgedankens bis zum proletarischen Klassenkampf, Berlin: Duncker & Humblot, 8. Aufl.
Schmitt, Carl (2021) [1922]: Politische Theologie. Vier Kapitel zur Lehre von der Souveränität, Berlin: Duncker & Humblot, 11. Aufl.
Schmitt, Carl (2010) [1928]: Verfassungslehre, Berlin: Duncker & Humblot, 11. Aufl.
Schönberger, Christoph (2004): »Die Europäische Union als Bund: Zugleich ein Beitrag zur Verabschiedung des Staatenbund-Bundesstaat-Schemas«, in: Archiv des öffentlichen Rechts 129, S. 81–120.
Schönberger, Christoph (2011): »Der Vorrang der Verfassung«, in: Ivo Appel/Georg Hermes/ders. (Hrsg.): Öffentliches Recht im offenen Staat. Festschrift für Rainer Wahl zum 70. Geburtstag, Berlin: Duncker & Humblot, S. 385–403.
Schulze, Hagen (1977): Otto Braun oder Preußens demokratische Wendung. Eine Biographie, Frankfurt (Main)/Berlin/Wien: Propyläen.
Schwartz, Herman (2000): The Struggle for Constitutional Justice in Post-Communist Europe, Chicago: Chicago University Press.
Schwöbel-Patel, Christine (2011): »Situating the Debate on Global Constitutionalism«, in: International Journal of Constitutional Law 8, S. 611–635.
Schwöbel-Patel, Christine (2020): »(Global) Constitutionalism and the Geopolitics of Knowledge«, in: Philipp Dann/Michael Riegner/Maxim Bönnemann (Hrsg.), The Global South and Comparative Constitutional Law, Oxford: Oxford University Press, S. 67–85.
Seewald, Michael (2018): Dogma im Wandel. Wie Glaubenslehren sich entwickeln, Freiburg/Basel/Wien: Herder.

Seinecke, Ralf (2015): Das Recht des Rechtspluralismus, Tübingen: Mohr Siebeck.
Selk, Veith (2023): Demokratiedämmerung: Eine Kritik der Demokratietheorie, Berlin: Suhrkamp.
Shapiro, Martin (1981): Courts. A Comparative and Political Analysis, Chicago: The University of Chicago Press.
Slobodian, Quinn (2018): Globalists. The End of Empire and the Birth of Neoliberalism, Cambridge, MA: Harvard University Press.
Slobodian, Quinn (2023): Kapitalismus ohne Demokratie: Wie Marktradikale die Welt in Mikronationen, Privatstädte und Steueroasen zerlegen wollen, Berlin: Suhrkamp.
Solum, Lawrence B. (2019): »Originalism Versus Living Constitutionalism: The Conceptual Structure of the Great Debate«, in: Northwestern University Law Review 113, S. 1243–1296.
Spinoza, Baruch de (1994) [1677]: Politischer Traktat (Lateinisch – Deutsch), in: Gesammelte Werke, Bd. 5.2, hrsg. von Wolfgang Bartuschat, Hamburg: Felix Meiner.
Stemmer, Peter (2000): Handeln zugunsten anderer. Eine moralphilosophische Untersuchung, Berlin: De Gruyter.
Stinchcombe, Arthur L. (2001): When Formality Works. Authority and Abstraction in Law and Organizations, Chicago: The University of Chicago Press.
Stollberg-Rilinger, Barbara (2016): Cultures of Decision-Making, London: The German Historical Institute.
Stolleis, Michael (2011) [1984]: »Condere leges et interpretari. Gesetzgebungsmacht und Staatsbildung in der frühen Neuzeit«, in: ders., Condere leges et interpretari. Gesetzgebungsmacht und Staatsbildung in der frühen Neuzeit, hrsg. von Stefan Reppuert/Miloš Vec, Frankfurt (Main): Vittorio Klostermann.
Stone Sweet, Alec (2000): Governing with Judges: Constitutional Politics in Europe, Oxford: Oxford University Press.
Stourzh, Gerald (1989): »Vom Widerstandsrecht zur Verfassungsgerichtsbarkeit: Zum Problem der Verfassungswidrigkeit im 18. Jahrhundert«, in: ders., Wege zur Grundrechtsdemokratie: Studien zur Begriffs- und Institutionsgeschichte des liberalen Verfassungsstaates, Wien/Köln: Böhlau, S. 37–74.

Stourzh, Gerald (2007): »Constitutions: Changing Meanings of the Term from the Early Seventeenth to the Late Eighteenth Century«, in: ders., From Vienna to Chicago and Back. Essays on Intellectual History and Political Thought in Europe and America, Chicago: University of Chicago Press, S. 80–99.

Straumann, Benjamin (2016): Crisis and Constitutionalism: Roman Political Thought from the Fall of the Republic to the Age of Revolution, Oxford: Oxford University Press.

Sullivan, Kathleen M. (1995): »Dueling Sovereignties: United States Term Limits, Inc. v. Thorton«, in: Harvard Law Review 109, S. 78–109.

Sullivan, Kathleen M. (2002) »Constitutionalizing Women's Equality«, California Law Review, Vol. 90, No. 3, S. 735–764.

Sunstein, Cass R. (1993): After the Rights Revolution. Reconceiving the Regulatory State, Cambridge, MA: Harvard University Press.

Suteu, Silvia (2021): Eternity Clauses in Democratic Constitutionalism, Oxford: Oxford University Press.

Tanner, Joseph Robson (1961): Constitutional Documents of the Reign of James I, Cambridge: Cambridge University Press.

Techet, Peter (2023), »Die ›Reine Rechtslehre‹ im Kontext der verfassungsrichterlichen Tätigkeit von Hans Kelsen. Verflechtungen und Widersprüche zwischen Theorie und Praxis«, in: Der Staat 62, S. 299–359.

Teubner, Gunther (2012): Verfassungsfragmente. Gesellschaftlicher Konstitutionalismus in der Globalisierung, Frankfurt (Main): Suhrkamp.

Thénault, Sylvie (2017): »L'indigénat dans l'Empire français: Algérie/Cochinchine, une double matrice«, in: Monde(s) 12, S. 21–40.

Thiruvengadam, Arun K. (2017): The Constitution of India: A Contextual Analysis, Oxford: Hart Publishing.

Thornhill, Chris (2018): The Sociology of Law and the Global Transformation of Democracy, Cambridge: Cambridge University Press.

Tiebout, Charles (1956): »A Pure Theory of Local Expenditures«, in: Journal of Political Economy 64 (5), S. 416–424.

Tocqueville, Alexis de (2009) [1835]: »Democracy in America«, in: De la démocratie en Amérique. Democracy in America. A Bilingual French-English Edition, hrsg. von Eduardo Nolla/James T. Schleifer, Indianapolis: Liberty Fund Inc.

Triepel, Heinrich (1929): »Wesen und Entwicklung der Staatsgerichtsbarkeit«, in: Veröffentlichungen der Vereinigung der Deutschen Staatsrechtslehrer 5, Berlin/Boston: De Gruyter, S. 2–29.
Tuck, Richard (2016): The Sleeping Souvereign. The Invention of Modern Democracy, Cambridge: Cambridge University Press.
Tully, James (2012): Strange Multiplicity. Constitutionalism in an Age of Diversity, Cambridge: Cambridge University Press.
Tushnet, Mark (2015): »Authoritarian Constitutionalism«, Cornell Law Review 100, S. 391–461.
Uerpmann, Robert (2001): »Internationales Verfassungsrecht«, in: Juristenzeitung 56, S. 565–573.
Urbina, Francisco J. (2017): A Critique of Proportionality and Balancing, Cambridge: Cambridge University Press.
Vattel, Emerich de (1863) [1758]: Le Droit des Gens; ou, Principes de la loi naturelle, Bd. 3, hrsg. von Paul Pradier-Fodéré, Paris: Guillaumin et Cie.
Vatter, Adrian (2020): Das politische System der Schweiz, Baden-Baden: Nomos, 4. Aufl.
Velasco-Rivera, Mariana (2021): »Constitutional rigidity: The Mexican experiment«, in: International Journal of Constitutional Law 19, S. 1042–1061.
Vermeule, Adrian (2008): »Emergency Lawmaking after 9/11 and 7/7«, in: University of Chicago Law Review, Vol. 75, Iss. 3, S. 1155–1190.
Vermeule, Adrian (2022): Common Good Constitutionalism. Recovering the Classical Legal Tradition, Medford, MA: Polity Press.
Versteeg, Mila/Zackin, Emily (2016): »Constitutions Unentrenched: Toward an Alternative Theory of Constitutional Design«, in: American Political Science Review 110, S. 657–674.
Vesting, Thomas (2011–2015): Die Medien des Rechts, Schrift (2011); Sprache (2011); Buchdruck (2013); Computernetzwerke (2015), Weilerswist: Velbrück.
Voigt, Stefan (1999): Explaining Constitutional Change. A Positive Economics Approach, Cheltenham: Edward Elgar Publishing.
Voigt, Stefan (2020): Constitutional Economics. A Primer, Cambridge: Cambridge University Press.
Voßkuhle, Andreas/Wischmeyer, Thomas (2016): Die Verfassung der Mitte, München: Carl Friedrich von Siemens Stiftung.

Wahl, Rainer (1981): Der Vorrang der Verfassung, in: Der Staat 20, S. 485–516.
Waldron, Jeremy (2006): »The Core of the Case against Judicial Review«, The Yale Law Journal, Vol. 115, No. 6, S. 1346–1406.
Walter, Uwe (2017): Politische Ordnung in der römischen Republik, Berlin/New York: De Gruyter Oldenbourg.
Walters, Mark D. (2021): »The Spirit of Legality: A. V. Dicey and the Rule of Law«, in: Jens Meierhenrich/Martin Loughlin (Hrsg.): The Cambridge Companion to the Rule of Law, Cambridge: Cambridge University Press, S. 153–170.
Weingast, Barry R. (1997): »The political foundations of democracy and the rule of law«, in: American Political Science Review 91(2), S. 245–263.
Wenger, David W. (2005): »Die objektive Verwertung der Grundrechte. Zum Stand der Diskussion«, in: Archiv des Öffentlichen Rechts 130, S. 618–628.
White, Jonathan (2015): »Emergency Europe«, Political Studies 63(2), S. 300–318.
Wihl, Tim (2019): Aufhebungsrechte. Form, Zeitlichkeit und Gleichheit der Grund- und Menschenrechte, Weilerswist: Velbrück.
Zhao, Dingxin (2015): The Confucianist-Legalist State. A New Theory of Chinese History, Oxford: Oxford University Press.
Zollmann, Jakob (2019): »Koloniale Staatlichkeit«, in: Gunnar Folke Schuppert (Hrsg.), Von Staat zu Staatlichkeit. Beiträge zu einer multidisziplinären Staatlichkeitswissenschaft, Baden-Baden: Nomos, S. 185–209.

# Sachregister

**Christoph Möllers**, geboren 1969, ist Professor für Öffentliches Recht und Rechtsphilosophie an der Humboldt-Universität zu Berlin und Permanent Fellow am Wissenschaftskolleg. Zu seinen letzten Veröffentlichungen gehören die Bücher *Die Möglichkeit der Normen* (2015) und *Freiheitsgrade* (2020).

**Sabine Müller-Mall**, geboren 1979, ist Professorin für Rechts- und Verfassungstheorie an der Technischen Universität Dresden. Zuletzt erschienen: *Freiheit und Kalkül. Die Politik der Algorithmen* (2020) und *Verfassende Urteile. Eine Theorie des Rechts* (2023).